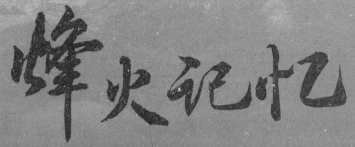

烽火记忆

FENGHUO JIYI

BAIMING KANGZHAN LAOZHANSHI KOUSHUSHI

百名抗战老战士口述史

下

江苏凤凰教育出版社 凤凰职教

图书在版编目(CIP)数据

烽火记忆——百名抗战老战士口述史：全3卷 / 张连红主编. —南京：江苏凤凰教育出版社，2018.8

ISBN 978-7-5499-7562-4

Ⅰ.①烽… Ⅱ.①张… Ⅲ.①抗日战争-史料-中国
Ⅳ.①K265.06

中国版本图书馆 CIP 数据核字(2018)第 180369 号

书　　　名	烽火记忆——百名抗战老战士口述史
主　　　编	张连红
责 任 编 辑	刘 艳 高 燕 李 睿
出 版 发 行	江苏凤凰教育出版社
地　　　址	南京市湖南路 1 号 A 楼，邮编：210009
出　　　品	江苏凤凰职业教育图书有限公司
网　　　址	http://www.ppve.cn
照　　　排	南京紫藤制版印务中心
印　　　刷	建湖县人民印刷有限责任公司
厂　　　址	建湖县经济开发区上海路 666 号，邮编：224700
电　　　话	025-68037410
开　　　本	718 毫米×1 005 毫米　1/16
印　　　张	59.25
版　　　次	2018 年 8 月第 1 版　2018 年 8 月第 1 次印刷
标 准 书 号	ISBN 978-7-5499-7562-4
定　　　价	160.00元(全 3 卷)
批 发 电 话	025-83658830
盗 版 举 报	025-83658873

图书若有印装错误可向江苏凤凰职业教育图书有限公司调换
提供盗版线索者给予重奖

目录

进步家庭
走出来的
抗日英雄

段德秀

"日伪的春季'扫荡'很危险，我差一点就把命丢了。"

★ **口 述 人**：段德秀

★ **采 访 人**：张连红　张若愚　来碧荣　黄梓雁　秦露露　陈祥丽

★ **采访时间**：2018 年 1 月 30 日

★ **采访地点**：江苏省镇江市东吴路

★ **整 理 人**：谢敏　张若愚

【老兵档案】

　　段德秀，1926 年 7 月 18 日生，山东省乳山县人。1941 年 2 月参加八路军胶东军区第 5 支队，1944 年 2 月加入中国共产党。抗战时期担任通信员，历经 1942 年春季"扫荡"与秋季"扫荡"，在马石山惨案中死里逃生。解放战争时期参加胶东战役等，1949 年南下渡江并前往福建剿匪，历任电话排排长、通信连连长等职。1951 年，部队改编为空军，参加抗美援朝，任作战参谋。1955 年授衔大尉，1958 年因病复员前往江苏，在南京、无锡、徐州等地工作，离休后在镇江定居，八级伤残。

1　出生于一个进步家庭

　　我是 1926 年 7 月 18 日生，老家在山东省乳山县[1]。我家是最贫穷的农民。小的时候吃不饱饭，五六岁以前都是光屁股，没有衣服穿。我家兄弟 4 个，还有 2 个姊妹，一共 6 个孩子，因为人多地少，家里穷得很。大哥段德青被我爸

---

〔1〕 今乳山市。

送去下关东了。九一八事变以后,他就逃荒跑回家种田。1940年,他被抓到国民党胶东第50旅当兵,退下来以后就到上海去了。我9岁才开始上学,有时在上课时被叫回家干活,课就被落下了,落下了课就跟不上,也就不愿意上学了。小学名义上是4年,我实际上读书时间可能只有半年,小学等于没有上,在出来当兵的时候连名字都写不好。

我的家庭在那个时候还算是比较进步的。我爸爸叫段东礼,又名段春芳,他那个时候参加了共产党。我有个姐姐叫段佩兰,她比较进步,也是共产党党员。我姐夫是胶东特委书记张连珠[1],1935年他在领导胶东“一一·四”暴动的时候,被敌人抓到县上后杀害了。我姐夫牺牲后,我姐姐被抓到牟平去坐牢了。她坐了一年多的牢,但共产党员身份没有暴露。她坐牢出来以后,就想办法去找组织,大概一年多以后恢复了组织关系,就在农村参加了游击队。我们家那个时候也没有好房子,住的一套房子是我二叔的,他本人下关东了。我记得就在他这个家里面,经常晚上会来一些人,清早我妈把门锁起来了。有时候,我妈就做好饭送进去给他们吃,但是他们具体干什么我就不知道了,后来想应该是在搞地下活动。

2　被吸收进八路军队伍

1940年10月,家里穷得没办法,我就跑出来了。当时找到了牟平县[2]政府电话站,给他们当学徒、干勤务,也就是扫扫地、伺候人。电话站只有3个人,

---

[1] 张连珠(1904—1935),山东文登人,1931年在牟平县立中学附设师范班读书时开始从事革命工作,1932年入党,1934年当选中共胶东特委委员,1935年初任中共胶东特委书记。
[2] 今烟台市牟平区。

一个姓邓的站长,还有他的老婆,再就是我。在这么一个小的电话站里,我就是伺候站长夫妇的勤务员,也没有什么技术好学。但是管理不那么严,我想回家就回家,我想来就来,也没有什么限制。没过几个月,八路军就来了,他们在鬼子占领烟台之后就搬到了镇上。老百姓没有电话,也没有邮政局,就只有这一个县政府的电话站。有一个国民党顽固派也住在这里,他和牟平县政府有联系,所以就与八路军打起来了。1941年2月,他被打败,县政府就解散了。我们这些人怎么办呢? 通通收归八路军,大概有100多人。我们就这样参加了八路军,是胶东军区第5支队。

我参军时父母是知道的。我妈妈虽不是共产党员,但是很进步,所以她经常埋怨我爸爸:"我要是入了党,我可不像你那样。"她积极得很,可支持我参加八路军了。那时候家里没有衣服穿。有一次,我请假回家,妈妈特地给我一条裤子,说我当了兵,腿上没有一条裤子不行,就搞了一条裤子给我带上,是折叠在腰上的老式裤子。这条裤子带去部队以后没穿,用不着穿那个老式的。我参军后部队就发了一套军装,是单衣,米黄色。这个衣服不是老乡们做的,是八路军的被服厂做的。另外还发一套棉衣,面子是新的,里子是旧的。一年只发一双鞋子,鞋子是老乡家里做的。

我们在部队是瞅到什么吃什么,谈不上要求。部队吃粮吃饭,是每到一个村子临时凑粮,凑到什么粮就吃什么,主要是玉米、山芋、山芋干子、小米和其他杂粮。如果真凑不到粮食,部队也就挨饿。1941年反"扫荡"的时候,部队定出了标准:每天半斤粮一两油二钱盐。我们教导队战士每天照这个标准吃,不能超过。我们实际能够吃多少,就看筹粮的情况,筹得到就吃,筹不到就吃不上。有一段时间,部队发动节约粮食运动,号召大家到山区挖野菜,回来以后烧菜粥吃。我们挖野菜的时候一天吃两顿,结果不但没有节约粮食,反而超过标准了。因为挖了野菜以后,就敞开肚皮吃菜粥。于是部队里马上开会,不能这么吃,因为这个月超标了。

我们平时有体育训练，锻炼身体，还用木头杆子当枪练习刺杀。所有的战斗部队都要天天练，天天练格斗刺杀。因为那个时候弹药少，枪支少，就依靠大刀、刺刀。连长做示范，我当时是通信员，司令部还有个警卫员，每天早起训练刺杀。因为没有子弹，所以基本上不打枪射击。我们打仗的时候，每人3发子弹，但不许放空枪，不能随便打。3发子弹打完后，就没有了，我们有比较多的手榴弹。

3　在敌人的春季"扫荡"中脱险

我们支队司令部有4个科，第1科是作战科，第2科是侦察科，第3科是突袭科，第4科是总务科。总务科管理我们这些小孩，新兵如果各方面跟不上就调到总务科。在1942年春季日军"扫荡"的时候，我们部队在胶东活动范围小，力量也小，我们这些年龄在16岁以下的十几个小伙子用处不大。部队是白天睡觉，晚上行军，我们这些小孩跟不上，不能跟着部队走。领导决定把我们都遣散回家，当时我们一听说要回家，就集体哭着不肯走，总务科也没办法，就请示司令。胶东第5支队司令员和政委就决定成立一个班，找一个老兵郁德班作为班长带队。以后，鬼子一"扫荡"，我们班就都疏散到农村老乡家里。

日伪的春季"扫荡"很危险，我差一点就把命丢了。我们住的那个小村子有一个乡长，是很好的人，他平时晚上都在外面。乡长家属对我们这些孩子也很好，用草铺一铺，大家都睡在地上。可是一天晚上，乡长回家的时候，反动派把我们都包围在他家了。他们都穿着绿色军装，口口声声喊他们是来给乡长送行的，但他们的实际目的是来抓乡长。我们听到以后都往外跑。农村秋天秸秆都堆一堆，有很多草垛子。我们有的就躲到草堆里头，有的爬到田沟里头。我和另一个姓王的娃娃兵半夜在外值岗,我在村西头,他在村东头。我穿着棉袄,把一个手榴弹藏在袖管里,他没有手榴弹。他有一个缺点——上身穿的军装褂子很显眼。我俩值岗的时候同时被反动派抓到了。他们抓着我的袖子说:"一起走,一起走!"这大概是半夜一两点钟的时候。反动派抓着我,我就不敢拔手榴弹了。我被拽着走,心里就怕。这时听到那边在喊:"乡长!乡长来了!"这个敌人稍有疏忽,我就用力一抖,摆脱了就跑。敌人当时不敢打枪,因为一打枪就惊动了。我拼命地跑,这样才逃脱了。那个娃娃兵就没逃走,和乡长一起被敌人抓去了。

到了早上四五点钟的时候,因为敌人早已走了,趴在草地上的人都出来了。班长召开会议,点点人头,问:"姓王那个呢?"我说:"没有了,被抓走了。"还不到中午,就传来消息说乡长遇难了,小王也遇难了。这个时候,我们班长才开会,大家都来批评我说:"你的胆子太大了。谁叫你上去搭话?!"我说:"他们来的这些人都说是乡政府、区中队的人,我们上前去一看就被他们抓住了。"班长说:"你要是像小王一样被抓去,我回去该怎么交代?你不应该去和他们说话。"我说:"不说话,你夜里怎么知道来的是什么人呢?"那个时候全班都说我应该受到严厉的批评。后来班长总结说,我们一个损失也没有,小王不属于我们这个班,不是我们班管理,他不能随着我们一起行动,他自己也有责任。我们这个班就是为了应付"扫荡"。我挨了半个月的批评,但是还好,我们这个班没有其他损失。

■4 跳出敌人对马石山的包围

我们逃过敌人的春季"扫荡"后,就被送到教导队。教导队只有两个队,第1队和第2队,人数不多。第1队都是连干部、排干部,第2队都是排干部、班干部。我在第 2 队第 3 排第 9 班。到了 1942 年秋季，敌人又开始大"扫荡"，比春季"扫荡"更厉害。鬼子在胶东"围剿"，拉网合围，也叫铁桶合围。胶东这么大，东边是威海，北边是烟台、龙口，南边是海洋，西边是掖县。这么大区域内有很多鬼子据点，据点里的鬼子白天出动，到晚上就点起一堆一堆的火，第二天早上又继续出动，开展拉网"扫荡"，最后收网。群众都跑到马石山山顶上了，教导队也被包围在这个山上。

晚上，我们站在山顶上一看，周围都是大火圈。头一天看不到，因为这个圈开始时围得大，第二天、第三天包围圈就小了，所以站在山顶上就能看到了。我们教导队头一天半夜开始突围，朝西南方向走，因为周围看着都是火圈，就那个地方没有火圈。但是，原来这里是鬼子的大本营，所以不生火。前边的部队好像已经被鬼子发现，就打起枪来了。我们就一起跟着大部队冲上去，但是出不去，又往回走，回到马石山，天已经亮了。

头天晚上走了一夜，回到马石山后又没有饭吃，大家都饿着肚子，先休息，到了晚上再往外冲。等到晚上七八点的时候，大家困了，蹲着就睡了。等到醒了以后，有人说起来吃点东西，是烧的山芋，不知道从哪里搞来的，每个人分了一块山芋。夜里我们又向东南方向走，朝海阳方向前进，走了三四个小时，才回到队里，但是前面几十里又出现火圈了。教导队决定当天晚上一定要冲出去，第 2 队掩护第 1 队突围。第 1 队都是连排干部，很顺利地冲出去了。

在那个火堆西边是一个大火堆，只有两个人在这个地方。大概是队长带着第 1 队走了，教导员带着我们第 2 队。第 2 队决定第 3 排掩护，第 1 排、第 2 排冲，也冲出去了。我们第 3 排也要冲，但等到我们冲的时候，天已经要亮了。我们排长又没有战斗经验，就说不能走了，前面鬼子一边喊一边打枪，不能明着冲过去。我们就往后退，慢慢悠悠退一天，退到晚上又到马石山了。

到了晚上，鬼子不走了，又点起火来。我们排长就召集大家说，明天白天过后,这火圈又小了,我们怎么办?我们一个排才 20 来个人,不到 30 人,所以决定晚上分散开来,分成 3 个组,3 个班长带着走。第 7 班、第 8 班我不记得怎么样了,但我们第 9 班连班长还剩 8 个人。我们就说,明天怎么办?大家合计后决定,夜里头爬到那个山坡上去,不能睡到地洞里。

老乡们都挖地洞躺在里面,那时候我们和老乡不分彼此。突围的时候,第 5 旅是主力军,他们一到晚上就带着老乡冲。只要能拆下来的房子木头,鬼子都拿在那儿烧,火堆很大。第 5 旅他们先打掉火堆,老百姓就跟着跑。鬼子不敢离开其余的火堆,只能空放枪。所以,跳出火圈后,就没有危险了。第 5 旅只在晚上带着老百姓突围了两三次。我们不行,教导队没有战斗力。我背着的枪没有子弹,所以无法突围。

我们就在这山坡上躺了一夜。第二天早晨,当我们还在躺着的时候,鬼子就搜山了,一个挨着一个地搜。我们离马石山顶太近,这个村子叫马石巅,鬼子把大目标都集中在山顶上,因为当时只听说山顶上有第 5 旅。那个时候有两个部队,一个第 5 支队,一个第 5 旅。第 5 旅有一半在山顶上,但是头天晚上都带着老乡一批一批地突围了。鬼子搜到离我们待的地方大概 100 多米的时候就不搜了。一个鬼子喊话把他们的人员集中起来。鬼子一集中,班长就告诉我们不要动。那个时候虽然我们隐蔽在很高的草丛里,但是心跳得厉害,说不出来什么滋味,是生是死那都听天由命。我们看到鬼子集中起来至少有三四百人,指挥官骑着马,在马上用指挥刀指挥。

这个时候,小鬼子就上马石山顶了。他们沿着北坡上山,我们就在南坡底下,很近很近。鬼子从山顶上搜下去,在我们前面没多远就集合了。非常侥幸,我们看到鬼子到了北坡以后,压着机枪往山上扫射,根本不看目标。我们从早晨八九点钟一直到中午都趴在草丛里不敢动,一直等到晚上才开始撤。撤退的时候,就看到马石山周围鬼子又点起了一堆一堆的火,但是这个时候我们就在火圈外面了。到第三天早晨,鬼子把马石山"围剿"完后,又回来搜山,我们就往前跑,脱离了包围圈。我们就这样逃离了马石山。

出去之后,我走过一个村子碰到一个人,他问:"你哪里的?"我说:"是教导队的。"然后我就问他是哪里的,他就说不要问了,他是第1队的。他让我第二天到另一个村去报到集合。鬼子"扫荡"结束之后大概四五天,我们又恢复了编制。但跑得很远的第2队第1排排长很有经验,他带着全排到了威海,鬼子跟着他们,他们最后退到海边找到农村的渔民,弄了船到海里去了,成功逃脱。那时鬼子不可能在农村大规模占领,只能孤立地小片占领。他们"扫荡"完了,就守着据点,我们称据点叫"乌龟壳"。那时候我们对鬼子不能硬碰,不损失就是胜利。所以在总结的时候,教导员说我们反"扫荡"是胜利的,因为没有损失。但是,在马石山反"扫荡"过程中,我们有两个逃兵,其中一个是我们排的。

5 通信员的日常生活

我们脱离危险后很高兴,积极开展各项工作。我们部队每到一个村子都要联系老百姓,帮助老百姓挑水、打扫卫生、干农活。每天回来以后,晚上都开班会,一个个汇报自己今天做了什么事情,个个像写日记一样记下"我今天早晨帮大爷挑了三担水"等等,一天所做的事都要汇报,最后由班长点评。我们和老乡的关系真是鱼水之情。

我的当兵生活很艰苦,但也是很快乐的。有一次行军,我们进到一个村子里以后,百米以内封锁起来,周围站上岗,老乡们只许进不许出。我们一般白天在村里睡觉,等到了夜晚,就起来行军走路。这样行军了一个多月,衣服没有换,也没有洗澡,身上全是虱子。虱子太大了,那时我们还给它取名叫"光荣虫"。我们在青山要休整半个月。因为冬天已经过去,棉衣要换了。我们就把身上的棉衣脱了,把棉花里子都拆下来用火烧,里面全是虱子。面子再用开水烫一下,洗一洗,做个褂子再穿起来。

1943 年,毛主席提出了"今年反攻,明年胜利"的口号。我那时在一个电话站搞侦察。开始时,我从教导队到部队去是当通信员,就是背着枪送信。1943年至 1944 年期间,我在山东军区成立的军区参校[1]学习,主要学习无线电知识。我只学习了一点理论知识,没有实际操作过。我的文化程度低,基础差,学习起来很慢。学校无线电方面就一个教员,电讯班有二十几个人,参差不齐,我当时只有十六七岁,年纪大的是 30 多岁,都是各地方推荐上来的。我学习了一年,回去后就被分配到侦察通信站,这个站离敌人据点很近,大概就 5 公里。我们在老乡家里住下来,安上一个电话,每天刺探敌情、传达情报、及时汇报,就相当于情报员,也是个侦察哨。我就这样干了一年。1944 年 2 月,我入了党,算是青年党员。当时入党主要看你平时表现好不好,有没有进步的愿望,另外就是工作成绩怎么样。入党后我们每周开一次党小组会议和支部会议,都是晚上在老乡家里进行,一般都是布置任务,也有批评和自我批评。党员身份战士之间都是相互知道的,但对地方上不公开,老乡们不知道我们谁是党员。

日本鬼子宣布投降的时候,我们在莱阳,听到这个消息后太高兴了。胶东军区遣返日本的战俘和日侨,我们正好驻在莱阳城,各地的日侨都汇集到这里来。我那时在电信局,和日侨经常接触。他们到中国来之前都进行过训练,在中国又待了好几年,所以中国话说得很好。他们都知道要把自己送回去。我们在接收他们时都不说话,他们主动找我们说话、打招呼。他们早晨都在河里洗脸,河两岸都是人,刷牙的刷牙,洗脸的洗脸。我们没有更好的条件,那些日侨和战俘跟我们一样打地铺。

---

〔1〕段德秀老人已经记不起"参校"的具体名称,可能性较大的是"山东军区参谋学校"。

很少有战俘不服从管教。我们电信局有一个技师就是日本人,他有老婆和小孩。我们俘虏他以后,因为他是技术人员,就把他留下了,作为我们的成员。我们平时打打招呼,语言不通就比画比画。还有其他一些服从管教的俘虏也被吸收过来了。

6 南下剿匪与抗美援朝

抗战胜利以后,内战很快爆发,那时我在胶东军区电信局当电话员。1949年底,我们从青岛出兵到福建去剿匪,这个时候部队番号是第 32 军第 95 师。

我们在福建剿匪也很艰苦。有一次我们赶到一个地方,侦察连的一个排长和一个司务长坐着一辆美国吉普去买菜,还没到地方就遇到土匪,车上 3 个人都被打死了,车也被打烂了。我们到马尾后也需要剿匪,土匪狡猾得很,我们剿了一年也没有什么成果。我们到那里去,语言也不通,开个大会都请当地人做翻译。所以剿匪很困难,剿了一年成绩也不大,就抓了十几个土匪处理了。

1950 年年底,我们接到任务,部队要改编成空军,要到北京去。这下子全师都高兴得不得了。我们部队一批批从山里向外撤。当我们集中的时候,土匪也大意了,我们接到老乡密报后,一下子抓了 5 个土匪头子。然后就在建瓯开了一个剿匪胜利大会,把这 5 个土匪司令枪毙了。

到北京后,我们改编成空军第 14 师。没多久,抗美援朝战争爆发。抗美援朝时我是作战参谋。

1955 年前后,我得了肺结核,吐血以后就到长春的一个医院去住院,住了 3 个月以后病情稳定了。但是,半年以后又复发了,再去治疗,康复之后又回去工作。大概工作了 2 年,身体还是不行。1958 年我就复员到地方了。

逃离父母虐
待去参军

施长银

"新四军宣传不打人、不骂人，结果个个都想去当兵，我也想去。"

★ 口 述 人：施长银
★ 采 访 人：张连红　张若愚　来碧荣　巫梦婷　杨田甜　董治　崔聪聪　江云帆
★ 采访时间：2018 年 2 月 6 日
★ 采访地点：江苏省扬州市西湖镇
★ 整 理 人：毕向波　张若愚

【老兵档案】

施长银，1926 年 12 月 24 日生，江苏省扬州市人。1942 年参加新四军，曾任新四军游击队战士，甘泉支队战士，卫生院通信员，甘泉支队第 2 连第 2 班班长，新四军军部特务团警卫连战士、班长、排长等职。曾参加十五里塘战斗、攻克六合城、莱芜战役、孟良崮战役等。1949 年复员返乡。

1 童年的记忆

我出生于 1926 年 12 月 24 日，老家在扬州西湖镇金槐村施家冈。小时候，我家里弟兄 5 个，我是老四，还有 2 个姐姐，家里很困难。我爷爷那时候到人家家里给别人杀猪，人家问："老爷子，你家几个儿子？"我爷爷回答说："1 个。"人家又问："几个孙子？"我爷爷回答说："5 个。"人家再问："几个孙女？"我爷爷回答说："2 个。"人家看我家兄弟姊妹多，就一定要把我要过去，所以我就被送给别人养了。我的养父母开裱画店，给人裱画，我 10 岁时养父去世，养母一个人养不活我，所以我又被还回到我自己家。

　　我回家之后,父亲施元福和母亲施姚氏都虐待我,我受了6年罪,他们把我打得要死、骂得要死,还不给好东西吃,这都是因为我是在别人家里长大的。我十二三岁时被打得要死,还要做苦事。到了十五六岁,我就发起愣来,心想:"好,你们打我,等我当兵回来,把你们一起杀掉。"那个时候,地方上都是日本鬼子和二鬼子,二鬼子都是汪精卫投诚过来的。我小时候不知道好歹,只知道自己被打了要去当兵。妈妈曾说:"你要当兵,就把你捆起来送到寺庙里去!"后来别人把我父母将我捆在家里的事情告诉了村里的保长王志丹。王志丹人很好,他两面做事,既给日本鬼子做事,又给共产党做事。他喊人在鬼子那边做工,鬼子不跟你讲理,做得不好要被打,但他都是帮着我们这边,所以他本质是好人。有人告诉保长说:"施家老四被打得可怜呢!"保长就出面跟我父母说:"下一次不许再打他,再打他,我跟你们不客气!"父母就把我放了出来,不是他的话,我就没命了。等我到了16岁的时候,新四军来了,宣传不打人、不骂人,结果个个都想去当兵,我也想去。保长就把我的名字报过去,16岁我就跟着他们穿便衣,跑这跑那打游击,17岁就正式到部队去当了兵。

2　参军打游击

　　起初我在游击队,后来到了新四军第2师甘泉支队,师长是罗炳辉,因为他肚子大,系皮带系一个半,人称"罗大肚子"。他骑马都是骑两匹,这匹马走十里路就换另一匹马,光靠一匹马吃不消。打游击不敢固定在一个庄上,固定了怕鬼子来"扫荡"。我们一个晚上跑到三四家去住,今天住在这个庄上,睡到半夜又搬到那个庄上。我们游击队有一百几十个人,发的武器是老套筒步枪,一打就卡壳,所以我们给它起名叫"跺脚造"。我们要拿栓条掏,打一枪就要通一下。

后来,苏联在日本鬼子投降以后,把他们仓库给缴了,发给了我们连队三八式步枪,一打"啪啪"两响,还挺准。我们第1营里面尽是"日本造",全都换新式了。

在游击队时,我们打仗少,几乎没打过什么仗。第一仗是在十五里塘跟日本鬼子打的埋伏战,他们夜里没注意掉队,等发现掉队就跑,中了我们的埋伏。侦察员侦察好以后,我们把地雷埋在桥洞这里,这支部队经过十五里塘朝扬州走,我们人就在小山荒子上面,因为子弹不多,每人只有五发,所以我们不敢打。但侦察员侦察错了,说:"里面没有鬼子,都是二鬼子。"没想到里面有六个鬼子往这边走,多亏地雷炸死了走桥这边的几个鬼子,马都被炸飞了。那时我们小,才开始当兵,差一点被日本鬼子掳过去。我进去后,还有一个鬼子没被炸死,被他发现,我跑不起来,他跟在我后面追,我说:"班长,不得了,鬼子在我后头。"鬼子在那里说日语,得亏班长在角落打了一枪,把鬼子撂倒。我掉头一看,离我就一点点远。我弄了一把枪,回来报功说:"不是班长,我今天就被日本鬼子俘虏了。"我们班长受到褒奖,后来枪也被班长得去了。当时鬼子要我不要跑,他想抓活的,要不是想抓活的,他手一端就能把我命玩掉。这一仗我们也俘虏了不少二鬼子,我们执行优待俘虏的政策,不打他们,不骂他们,还把好的给他们吃。二鬼子绥靖队被俘虏过来,问他们要不要当兵,看他们思想好不好,思想不好,还要把他们弄去学习。学习以后就跟我们走了,有的还当了干部,思想好的人照当班长、排长。

第二仗是1945年8月20日跟二鬼子在六合打的。当时二鬼子在六合城,是保安队,我们侦察员侦察错误,指望六合城有多少鬼子,结果发现没有鬼子,都是二鬼子。我们也厉害,爆炸包放在墙根底下引爆,六合城高,所以用两张梯子接起来上城墙上。我们枪一响,他们就喊投降了。这个时候我还发了"洋财",拿了17块银圆。我和另一队友在鬼子军官的家里发现一个皮箱,用刺刀一捅,捅破了撬开,有一箱子银圆,我们一人抓了一把,已经不少了,我抓了17

块银圆。因为这个东西"叮当"响,我们就用毛巾扎起来,捆到身上。打仗缴获的东西要交公,不交公是犯错误,所以回来我就交给了营长的警卫员王寿昌。营长警卫员因为不上前线,就蹲在家里,把这 17 块大洋朝他的小箱子里一锁,由他保管,没有人知道,也不会搜查他。后来我复员回家,我拿 10 块,他拿 7 块。我从小在养父母家,有一个认的姐姐,姓徐,生了 3 个儿子,我给他们每人 1 块银圆,总共给了 3 块,还有 7 块我自己打麻将输掉了。

3　随陈毅开赴山东

1944 年,我到卫生院做通信员,之后,下到甘泉支队第 2 连当第 2 班班长。再后来我就调到新四军军部特务团,给陈毅当了一年多的警卫员,后来当班长、排长。新四军特务团的任务是保卫军部,保护陈毅。我们就跟着陈毅到了山东,一级一级转移,先到淮阴,然后再朝山东进发。当时还有一首顺口溜是这么说的:"反攻反攻,反到山东;手拿煎饼,口咬大葱;大好形势,思想不通;有啥意见,要回华中。"

刘伯承是八路军第 129 师师长,陈毅是新四军军长。我们特务团负责保卫陈毅,警卫连连长是忠友仁。我们到山东来,陈毅要我们特务团打枣庄。包围不费事,没想到,那边电网很多,四处安了电网,而且埋在地里,是暗的。我们排长死得冤枉,他是被电死的。他走电网旁边,走着走着朝地下一睡,我们看到了还不敢拖他,碰到电网就死掉了,身边的狗也被电死了。当时触电死的人不少,都是 1937、1938 年入伍的老兵!

陈毅是四川人,说话侉,他老婆张茜人蛮好,我们在他家门口站岗,夜里一边一个,她就弄夜餐给我们吃。我说:"在岗位上,怎么能随便吃呢?"她说:"不要紧,有我呢!"还说,"夜里不冷吗? 来来来,不要担心,我在呢,我帮你看。"陈毅有一个连的警卫员,今天挑两个,明天挑两个,每天都换。警卫连威风,九龙袋子一系,快扳枪皮带子后面一挂,多漂亮! 那时我们都是淘气鬼,陈毅都叫我们"小鬼"。

到山东一年多后,我们就换成了黄军装,之前一直是灰军装,但还是新四军。山东人还很搞笑,我们到了庄上没有人,人全部跑到省政府去了。他们说我们是"洋八路",说我们穿得不一样,吃得不一样,穿灰色衣服,吃大米,还有肉。他们吃小米、煎饼。陈毅吃得跟我们一样,都是一般化,没有特殊。部队里吃得好,鱼、肉都有,官兵平等。团长、师长发一块钱,我们也发一块钱,那时一律平等。其实当兵也不要钱,当了干部就有钱拿。

施长银在新四军军部特务团
时期军装照

我从小没上过学,文化是在部队里学的。我才当兵的时候,一天学 5 个字,用土和砖头建一个台子,把黄沙倒进去,就在黄沙上用棍子写。我们先学"新四军""八路军""共产党"这几个字,把这几个字学会,然后才学"一二三四五"。当时部队里有文化的占少数。

部队里经常训练,很辛苦,内容有爬障碍、爬木层、跳木马、跳远、跳高。部队里专门训练,要是思想不好,就弄去学习。

我没有入党。1943、1944 年支部小组长问我想不想入党。我那时候什么都不懂,不知道入党是什么样子,什么是为人民服务,就把志愿书填了,但总部不批,说我政治不清,把我划掉了。我大哥后来给日本人当翻译、做先生,到哪里都仗势欺人、打架、闯祸,组织一了解,我就入不上了,理由是政治关系不纯。我大哥如果不是因为我,他都已经被枪毙了。解放后共产党工作组逮着他,驳壳枪在他头上敲,说:"施长金(我大哥),你要晓得,要不是你家老四(我),我就把你敲掉了，你还做日本翻译。"他吓死了，之后躲在常州剪头师傅家，后来家里就不找他了。

4　犯错误被关禁闭

1945 年我在特务团警卫连当班长时，亲自干掉两个日本鬼子。在部队里逃兵少，开小差逮着，抓回来直接枪毙。我还在山东的时候，我们特务团警卫连里面有个家伙叫张德义，听说那时要打仗（实际没有打），他吓死了，就把自己脚打烂，准备假装枪走火，骗住院。结果我们一查就查出来了，枪走火怎么可能打到脚上去呢？枪离脚打得很近，伤口附近是黑的，有黑灰。后来我们开大会，拿他做典型。

部队里纪律很严明，偷别人东西的没有，但部队里有人跟有夫之妇谈恋爱，被发现了，鉴定下来就是犯错误一条，关了三天禁闭，就相当于坐了几天牢一样。如果是强奸妇女就直接枪毙。我有一次"发洋财"被发现了，也被关了三天禁闭，也算犯错误一条，违反制度！

当时在山东忻州打完，我们打扫战场，第一个事情就是摸死去敌人身上的炸弹、子弹之类，武器全部收掉。从死人身上摸到手表、戒指这些，手表我们都不要，直接用枪砸坏，省得犯错，戒指也应该直接交给连长、指导员，但我们七个人那次就没交。这个戒指我藏得不巧，我把戒指扳直了，把钢笔的簧拿掉，把它藏在钢笔里头，结果被查了出来。还有人把鞋底烧个洞，把东西穿到鞋底下，也被查了出来。还有藏在头发里面，帽子戴起来的，后来弄梳子一梳，梳出来了。

当时我们到了大操场，把背包放开，武器、饭包都得放下来，我们向后转，开始检查，查那些"发洋财"的。有的人东西不少，摆在背包里不行，摆在饭包里也不行，只有交公。我们被检查出来后，关了三天禁闭。禁闭室就是一个房间，把我们七个人关在一起，一个人站岗，解小便要报告，就这样在禁闭室里坐了三天。当时我是班长，还宣布暂时停我的职，停了三天，出来以后又恢复了原职。

5　负伤后死里逃生

到 1945 年日本鬼子投降后，我还在山东枣庄负了一次伤。那时我当班长，我们埋伏在这一带，我说"听我口令"。不巧国民党的子弹就打来了，了弹打在我左肩胛骨上，打通了也不疼，一点都不疼。我们隔壁当兵的小王说："班长，你负伤了。"他一说，我就昏了过去。我心里知道，热乎乎的血淌了一身，我身上九龙袋子、炸弹袋子、子弹袋子，都挂在身上，东西很重。然后担架把我抬到后方，没有开刀，指望没有子弹，没想到子弹打在身体里面，没有出来。负伤后我手肿得像馒头，一个胳膊肿得有两个胳膊粗，子弹在里面作怪，出脓血。六个月后到山东沂州时，我才开刀取子弹。开刀前打麻药，麻药打重了，"1、2、3、4"，数到 17 我就昏睡过去了。医生把布蒙在我脸上，只留一个嘴、一个鼻子透气。没等一会儿就开刀了，脓血淌在部队里的三床小被上，一拧可以拧很多血水下来，我的脸雪白。

开完刀后，两个女卫生员帮我洗澡，就是用酒精把身上擦一擦。她们再到后勤处把衣服领过来，新衣服、新鞋子、新帽子，我穿得整整齐齐地睡在铺上，脸上放一张白纸，看看有没有断气。当时没有风，棺材放旁边，如果白纸不动，就把我放在棺材里面。所以我是捡到的命，棺材都放旁边了。那是很薄的棺材，后来我没有死掉，营长牺牲了，棺材给了营长。

我伤痊愈以后又归到部队来，就下连队当班长，后来当排长。以后我们打仗主要就打山东莱芜。我参加过莱芜战斗、孟良崮战斗，着重就是孟良崮战斗，

1947年我们打胜了。我们有一段歌这样唱道:"1947年,是胜利的一年,反攻胜利在眼前,74师顶呱呱,美国装备机械化,老蒋嫡亲的部队,我们坚决消灭它。"刚开始反动派猖狂,我们到河南,他到河南,我们到河北,他到河北,我们到胶东,他到胶东,我们到渤海,他就到渤海,跟在我们后面追。我们才歇下来,要弄一点水洗洗脚,"嘣嘣",国民党的机关枪就打来了。

6 为结婚复员回家

　　1949年以后,我们南下到了泰州,我就复员回来了,参加地方劳动工作。后来农村里面土地改革,我回来做干部,当了3年队长。队长当完以后,我就直接去化工厂干了12年,后来又去了奔驰厂,直到退休。

　　那时我巴不得复员回来,我要回来结婚。早在1946年我中途回来的时候,就听说当兵的找不到对象,都说"好男不当兵,好铁不打钉"。后来我就化妆戴礼帽,穿着照相馆里的衣服拍了一张照片,让人拿着照片帮我找对象。再后来,帮我找对象的这个人告诉女方我是开洋店,造金子银子的,还把我拍的这张照片给她看,然后就成功了。我家老丈人把婚定下来,订婚给了很多钱,给了她家16担稻。订过婚后,媒人带着我老丈人来到扬州见我,那时我到了扬州当排长,穿的军装。老丈人回去告诉我岳母,说:"老婆子,你晓得女儿嫁给什么人吗?"我岳母还说知道,是开洋店的。我老丈人就说:"开的什么店啊,他开的铁匠店!"意思就是我一天到晚跟铁打交道,是抓枪的人。那时部队里不许结婚,排级干部也不允许。当时我是排长,想家想结婚,就在部队里打申请复员回家,部队给了我一个退休证,我就复员回来结婚。我老伴叫徐桂兰,比我小几岁,家里也是农村的,放牛种田。

在军校时即
上战场

施金陵

"我们出来当兵，当然是不怕死的。"

★ 口述人：施金陵
★ 采访人：肖晓飞　薛刚　王元萍　张英凡　胡烨　袁子安
★ 采访时间：2016 年 10 月 21 日
★ 采访地点：江苏省无锡市玉祁镇敬老院
★ 整理人：肖晓飞

【老兵档案】

　　施金陵，1922 年生，无锡玉祁施家塘人。少年时曾在上海法租界拉格勒小学、中华职业学校读书，珍珠港事件以后，日军进入法租界，便离开租界到大后方，考取黄埔军校七分校十八期步科，在校期间曾被临时抽调前往增援潼关防守。毕业后分到第 12 军工兵营，在河南、安徽一带作战。抗战胜利以后，随部队进入济南，1949 年在重庆向解放军投诚。1950 年回到无锡，生活至今。

1　从上海法租界到西安

　　我出生于 1922 年，老家是无锡玉祁的一个自然村，叫施家塘。我的祖辈基本上都是农民，土改时候，我家被定为中农，生活还可以。那时候我家有三四亩地。父亲跟着我姑父在上海打杂。我有个哥哥，也在上海，后来逃难去了昆明，没回来。我家里还有个弟弟。

　　我上的是老家的完全小学，小学毕业以后，就进了无锡的一个工业铁工厂做工人。去了不久，日本人占据了无锡，无锡沦陷，铁工厂往内地迁。我本来打算第一批走,但没走掉,只好回家。那时候我十几岁。

日本人到我们村上来的时候,他们要大姑娘,要吃的喝的,村里只好满足他们。我那时候小,看到的日本人个子不是很高,矮得很。那时我们这个地方上游击队很多,有好几个。有一次,三个日本人到我们玉祁镇上吃茶,让游击队知道了,一个被游击队抓住了,剩下两个跑了。跑掉的两个一个在兴桥被打死了,一个躲在我们村旁边的荷叶塘里。这下不得了了,第二天早上,几十个日本人下来,一路走一路找,几十户房子都被烧了。

我的父亲在上海法租界黄鹤楼拉格勒小学做事,校长是我姑父,我父亲在那儿工作了好几年。姑父叫沈仲俊[1],他很有名,对共产党很有贡献,当时一般学生去法国勤工俭学,都通过关系找我姑父介绍。他是"三开人物"[2],各方关系都很熟。

后来我就去了上海,先读拉格勒小学。这个学校跟我们中国学校一样,老师都是中国人。在学校里我学过英语,但没学过法语。接着我在中华职业学校上学,学校在上海环龙路。那时候法租界是安全的,日本人不能进来。当时的上海既有国民党地下党,也有共产党地下党。珍珠港事件以后,日本人开始进租界。有一天晚上,黄浦江边一片火海,是日本人倒的汽油烧着了。当时我十八九岁,住在姑父家里,从五楼看到外面乱得不得了。日本人开着卡车,在马路上横冲直撞,到处抓青年人,要送去当劳工。我们村里有一个人被抓去了,当了20多年劳工。

日本人打进法租界,我初中还没有毕业。姑父的两个女儿通过地下党到了苏北解放区。我们几个同学往后方走,一路上吃了不少苦,通过关系买到通行

---

〔1〕 沈仲俊(1886—1972),又名沈梁,无锡堰桥乡人。少年时曾留学法国,回国后在上海华法教育会、寰球学生联合会工作,主持留法勤工俭学工作,曾获法国政府颁发"法兰西翰林院院士"勋章。

〔2〕 三开人物,"文化大革命"时期用语,指在日本人时吃得开,国民党时期吃得开,解放以后还吃得开的人。这里是指沈仲俊社会关系广阔。

证,通过了日伪的盘查。到了安徽界首,看到黄埔军校招生。黄埔十六期的武振声介绍我们同学七八个人一起去报名。报名以后,我们一路走到河南潼关。路上有小毛驴可以乘坐,十里路两毛钱。日本人在潼关有兵,只要有声音,机枪就"哒哒哒"响。我们趁着夜里悄悄通过,过了潼关,坐火车到了西安。

2 先训练后抗战

黄埔七分校[1]在陕西,我们在凤翔县的孔庙里安顿下来,还要自己弄炕,弄桌椅。进去以后,我们被编入入伍生第3团,余翼群是我们入伍生团的团长。有个蒋根宝是无锡人,在去西安的路上认识的。大概一年吧,要正式考试了,上面派人下来安排考试。我们在凤翔正式考试,我还记得作文题目叫"寻找出路"。考试成绩好的送去西安,不好的留下来,在军事教导队里。当时也有共产党的标语,有人就宣传,说不去的,就到榆林去参加共产党,他们要,接着就到西安的宋家花园。不少没考上的就去了榆林。

我们南方的学生都是吃大米的,在凤翔吃的是玉米、小米、玉米馒头,吃得拉肚子,死了好几个学生。

我们正式进入军校后,编入十八期第22总队第2大队第4中队第1区队,开始军校生活了。总队长叫余厚之,袁朴也当过总队长,他也是胡宗南第1师的师长。大队长叫刘世知,中队长叫王化夷,区队长叫杨懋。

我是学习步科的。一进去,要学习普通的文化知识,即几何三角这些知识。后来开始学习军事知识,包括步兵的基本训练,工科里如筑城、炸桥、爆破都要学。我们学完步兵的基本动作以后,开始学习指挥,如一个连、一个营怎样指

[1] 黄埔七分校,即陆军军官学校第七分校,简称七分校,1938年在陕西凤翔成立。

挥。此外,我们还要到野外爬山、训练。我那时候年纪轻,射击打靶的成绩还可以。

除了军事课程,政治课也要上。在军校一天两顿饭,上午九点,下午四点。衣服一年发两次,都是土布衣服,冬天发一件背心、一件棉袄。宿舍是我们自己盖的民房,有一部分学生住在窑洞里,生活也挺苦。

在军校里,我还上战场参加过一次战役。大约1944年,汤恩伯一个月把河南就差不多丢光了,日本人一路打到潼关边上。上面要求从七分校抽一部分学生军支援。发下来6支还是8支战车防御枪,简称"战防枪",用飞机运到西安,直接送到了七分校。结果就发到我们第4中队,中队长王化夷是军校十四期生,要找几个勇敢不怕死的学生积极分子。中队长告诉我们,这次的任务刚好在一个关键时刻。我们出来当兵,当然是不怕死的。

这种战防枪比机关枪大一点,外国进口而来,子弹很长,射程大概在两三百米,以前从未见过。上战场之前,还试验了一下,拿一公分厚的钢板,让我们试射。两个人一把枪,一个做子弹手,一个做射手。我们十几个人就去了,先练了一两天。当时防守潼关的是第40军,我们十几个人到了军部,吃了一顿晚饭。接着第40军的参谋过来,把地图给我们一看,讲一讲现在的形势。我们都是接受过军事训练的,都能听懂。大家心里都很高兴,因为这是新武器,以前没用过的。看过地图以后,我们又去现场看了地形,做了一个简单的掩体。

第二天早上吃过早饭,我们把掩体都埋好,看到日军开着几十辆坦克车过来。我们大约每隔100公尺架1支枪,上面军号一吹,我们就开始打枪。战防枪有3颗子弹,一颗是穿甲弹,第二颗是爆炸的,第三颗是燃烧的。我们一起开枪,日本人的几十辆车在公路上瞬间就燃起了一条火龙。只见日本人都跑下来,我方阵地步兵、骑兵都冲上去了。这一仗,日军大概退了好几十里路。

战斗结束以后,我们回学校,学校表扬了一番,当时的报纸还做了报道。不久以后毕业,我被分配到原来张学良的部队——第12军工兵营第1连第1排当排长。我们最高司令是卫立煌,军长是霍守义,老东北,排长是朱安生,无锡人。我们部队的枪都是苏联的,东北军过去和苏联关系密切。

因为我是工兵,所以没怎么和日本人直接打过。我们工兵就是做架桥、炸桥这些事情的。架桥也没有好的材料,都是用老百姓的门板、桌椅、凳子搭好。有一次在亳州,这里是苏鲁豫皖边区,有个日本人炮楼里面有迫击炮,我们要进去抢这个迫击炮。工兵营营长张作弼叫我去第112师师部去报到,我带了一个排去,两门野炮也带去了。去了以后,我们看好了地形,就开始建造掩体。掩体做好后,大概有一个营的步兵去抢日军的炮。下午四五点钟时候,日本人从炮楼里出来,一出来,我们就吹冲锋号,部队冲上去。这一次炸了碉堡,缴获了十几挺机枪,几十支步枪,打死了不少日本人,但是俘虏的很少。可惜日本人的炮没有得到,被他们自己破坏了。

有一次在河南项城,日本人经常出来抢百姓的粮食,第12军军部要求我们师部派一个排去日本人经常出没的地方埋地雷,我们就在他们必经之路上埋好自己做的土地雷,有一个营埋伏在外围,等日本人下来以后进攻,这次差不多打掉日本人一个中队。像这样的小型战斗,我们在鲁苏豫皖边区参加了不少,我前后参加过七八次,多的时候能炸死几十个日本人,但是大的战役我没有参加过。

▌3 抗战胜利以后的经历

1945年8月,日本人宣布投降,上面通知下来,我们高兴得不得了。紧接着,我们部队到济南去接受日军投降,我们工兵营没有去,留在后方的蚌埠,保护全军的眷属。在蚌埠的时候,我回家待了一个多月,就回上海了。后来部队里面来信,说是要去济南,让我回去。

当时国共两党在重庆谈判,谁知道很快要打内战了。本来听说抗战胜利了,我们部队的老兵都高兴得不得了,都说可以回家了,这下要打内战了,老兵都掉眼泪,自九一八事变以后,他们入关都十几年了,从来没有回过家乡。这些老兵都是东北人,新兵一般是从安徽、河南招来的,厌战情绪很浓。

后来,我们工兵营和军部一起坐飞机去了济南,陇海路被八路军破坏了,不能走。我调到了第 12 军军事教导队担任区队长,干了好几年,主要是教习基本动作。济南战役以后,我们第 12 军基本上垮了,都跑散了。后来在徐州整编,我又被编到第 111 师当第 7 连连长。后来我到成都第 7 编练司令部任上尉连长。

1949 年,解放军渡过长江,解放南京、上海。我们一开始在宜宾整训,后来调到重庆,随后又调到南充,叫我们固守一个据点。结果仗还没开始打,我们部队人都没有了,一夜里全跑光了——我们连大约有一半是四川人。我们又回到了重庆,我带了几十人到重庆,重庆早解放了,由军管会管,军管会主任是邓小平。解放军贴出布告,欢迎国民党军投诚,愿意留下的就留下,愿意回家的就回家。以前有的老兵被解放军俘虏了又回来了,说过共产党优待俘虏的政策。我带着人去了解放军军管会投诚。去了以后,让我留下来做区队长,带了 100 多人。本来他们想让我留下来,后来告诉我,现在胜利了,干部人数很多,你回家帮助土改,你回去好了,我们写个证明给你,给你安排工作。我就领了路费,从重庆坐轮船到南京,接着坐车回家。这是 1950 年。

回来以后,我就去区政府报到,他们说好,他们欢迎,便安排我担任民办教师。我也工作得很好。

纵横苏皖
驱日寇

姚一汉

"如果不刻苦训练，就会被战争淘汰。"

★ 口 述 人：姚一汉

★ 采 访 人：王金鑫

★ 采访时间：2017 年 4 月 29 日

★ 采访地点：江苏省扬州市仪征市城南社区

★ 整 理 人：王金鑫　查媛

【老兵档案】

姚一汉，1916 年 1 月 2 日生，江苏省仪征市人。1937 年参与组织苏皖边区抗日义勇军，1940 年参加新四军，同年加入中国共产党。曾任淮南抗据地路东区仪征县模范营侦察员、新四军东南支队侦察员、东南县金集区沙集乡乡长、华东军政大学学员、仪征县首任人武部部长兼县委常委、六合县人武部部长等职。曾参加金牛山战斗、谢家集战斗、桂子山战斗、淮南保卫战、淮海战役、江淮战役、渡江战役等。1955 年被授予中校军衔，获三级独立自由勋章、三级解放勋章、独立功勋荣誉章，副师级离休待遇。

----

1 良师益友引导我成长

1916 年 1 月 2 日，我出生在江苏省江都县谢家集的三里庄。小时候，军阀混战，加上自然灾害，我们当地老百姓民不聊生。我家虽然并不富裕，但还算殷实。当时，父亲和母亲为了我将来能有个好前程，他们勒紧裤腰带，将我送进了村里的私塾读书，希望我以后能够光宗耀祖。但是，没过多少年，不幸就降临到我的家里。我10岁的时候，母亲便因病去世了。后来，父亲又娶了一任妻子，但她对我很不好，经常打骂我。14岁的时候，父亲也去世了，我成了孤儿，和奶奶住在一起，靠穿百家衣、吃千家饭长大。当时，家里的伯父和叔叔都劝奶奶不要收养我。但是，奶奶还是经常照顾我，还继续供我读书。我前后一共读了五六年的私塾。

当时，私塾设在我的儿时玩伴魏家齐[1]的家中，我们两家是邻居，两个人一起长大，一同学习，一块玩耍。魏家齐参加革命以后，就改名叫魏然，是老一辈无产阶级革命家邓子恢同志的得意门生、王震副主席的心腹爱将。建国后，魏家齐担任了铁道兵的副参谋长，是铁道兵的早期领导人和奠基者之一。

魏家齐（左）与侯贯（右）

那时候，他家不仅是书香门第，也是拥有200多亩土地的地主家庭，生活较为富裕。因此，就请了私塾老师在家设学塾，并招收我们这些附近邻居的学龄儿童去学习，由侯贯[2]老先生在私塾里教我们。侯贯老师当时是青年进步塾师，除了教我们《三字经》《千字文》《百家姓》《四书五经》《唐诗》《宋词》等这些古籍外，还教了我们不少中国文学和历史典籍，像《古文观止》《文心雕龙》《龙文鞭影》《资治通鉴》等等，同时也学点地理，那时候我们写作文使用的都是文言文。

---

〔1〕 魏家齐(1918—1995)，原名魏家实，后另起名家齐，参加革命后改名魏然。江苏仪征人。1939年加入中国共产党。曾任国民党仪征县政府常备队中队长、淮南路东军分区参谋长、铁道兵第1军副政委、铁道兵副参谋长等职。1955年被授予大校军衔，获二级独立自由勋章、二级解放勋章、独立功勋荣誉章。1995年10月12日病逝于南京，享年77岁。

〔2〕 侯贯(1884—?)，江苏仪征人。为人性格耿直刚烈，仪征地区抗日领导人之一，曾任仪征县粮食局局长、副县长等职。

在读书期间,我最崇拜的就是侯贯老师和魏家齐学长。侯贯既是我的老师,也是朋友,他没有尊师重道的严格要求,还经常接济一些衣服给我,好让已是孤儿的我能够遮风避雨,使我得到了慰藉。而魏家齐学长则给我带来了精神上的洗礼,他时常给我灌输进步思想,使我感到了心灵的震撼。事实上,就年龄上而言,我比魏家齐同志的年龄大,我今年都虚 102 岁了,家齐同志明年才整100 岁。可是,我却一直喊他"家齐大哥",因为他心智成熟,而且入学比我早。更重要的是,他是我革命路上的引路人。

2 在南京组织义勇军打鬼子

后来,魏家齐同志去天长县第一中心小学上学,我回家种田为生。卢沟桥事变后,魏家齐同志回家乡宣传抗日,组织青壮年拿起武器保卫家乡,动员大家学习东北的义勇军和在上海抗日的第 19 路军,并鼓励大家说:"中国人多力量大,不怕打不败鬼子兵。"我很赞成他说的道理,于是,便和他一起筹备组织抗日武装。南京沦陷前后,国民党军狼狈溃逃,很多枪支武器散落在民间。魏家齐同志和我以及洪璧如三人设法搞到了四支枪,加上一部分土枪,以"防散兵骚扰,抗日自卫"为口号,组织起三四十人的队伍。参加的人大多是农民青年,由魏家齐同志对我们进行军事训练,并教唱聂耳、冼星海的抗日救亡歌曲,大家的热情很高。

1937 年 12 月 13 日,日寇占领了首都南京。12 月 16 日,日军第 11 师团天谷支队一部由扬州西进,分别于当日和 24 日占领了仪征县城和毗邻的安徽天长一线。当时国民党的党政机关在日本人来之前已经跑到了清江,就是今天的淮阴,地方上只剩下乡保长,奉行无政府主义。日本人一来,就烧杀抢掠,杀人放火,强奸妇女,社会十分混乱。刚组织起来的队伍也被他们各自的家人拉了回去,老百姓心里恐慌,四处逃命。

当时,魏家齐同志就对大家说:"日本鬼子来了,就是要消灭我们的,你们逃能逃到哪里去?"于是,1937年12月20日这天,魏家齐同志在横山[1]的天宫寺,会同天(长)、仪(征)、扬(州)、六(合)地区的十几名青年学生,揭竿而起,高举抗日大旗,发起武装抗日,组织义勇军。因为东北有义勇军,所以他们便效仿东北义勇军,成立了苏皖边区抗日义勇军,也就是苏皖边区游击队,宣布抗日打鬼子。我经侯贯老师和魏家齐同志的动员,带枪同洪璧如等人一起参加了初创的义勇军,共同组织义勇军,将队伍发展至40余人。这是南京沦陷后我国江北(即长江北岸)地区第一支由青年学生自发组建的民众抗日武装,地方史志和战史上都有记载。

不久,南京大屠杀的消息传来,大家群情激愤。部队开下横山,打击了扬州维持会会长金宝芝。1938年1月,我们40余名青年攻进并一度收复天长县城,捣毁了汉奸维持会。当时,到处有人打着抗日的旗号,但都是假的,是为了敲诈老百姓,是假抗日的,只有我们和活动在陈集的陈文[2]及他的部队才是真抗日的。陈文部队最初只有几十人,后来迅猛发展成3 000多人的队伍,取得了对日寇的一系列胜利。但是,很快就被国民党江苏省主席韩德勤的部队消灭了,陈文也惨遭国民党杀害。

同时,我们自己虽然成立了游击队,但是并不懂得怎么样去发动群众和有效地消灭敌人,也没有稳定的补给,想抗日却结果没有饭吃。仪征地方上的地

---

[1] 今南京市六合区境内。

[2] 陈文(1902—1939),著名爱国将领,安徽郎溪人。1926年任毕桥民众自卫大队大队长。1928年4月,率部接受中共郎溪特支改编为郎溪农民自卫团,同年5月参与发动郎溪农民暴动。暴动失败后,化名冈寿龄,隐居高邮湖西宋家桥。1937年年底,召集旧部组织成立抗日义勇团,率部先后进行公道桥伏击战、夜袭扬州西郊机场等100余次战斗。1939年8月,遭国民党韩德勤部围剿,为掩护部队被俘,同年被秘密杀害。

主乡绅认为我们游击队不是新四军,看不起我们,说:"你们是游吃队,游吃队,骗吃骗喝的!"因为受地方恶势力的排挤和国民党安徽省主席蒋作宾的打压,加之经费无着,因此,义勇军很快就被迫解散了。一直到 1939 年,国民党派黄家驹代替反动县长戴志强担任仪征县长后,情况才有了改善。

当时,魏家齐同志已经和中国共产党取得了联系,并于当年 9 月入党。地下党的领导同志指示他,拉队伍要有合法的牌子作依靠,有给养,有发展空间,才能实现抗日心愿。于是,他又到樊公殿[1]一带拉起一支队伍。由于魏家齐同志的母亲与黄家驹的父亲是同学,黄父又死于日本人之手,魏家齐同志借用黄家驹担任了仪征国民党县长的关系,进入了县政府常备大队,成了中队长,以便开展抗日工作。

但是,这个常备大队名义上抗日,当日伪军一来"扫荡",上面就下令撤退逃跑。国民党的不抵抗政策无法实现他的抗日心愿,魏家齐同志的内心十分痛苦。在这期间,我一直在家,一边做农活,一边等待时机。事情一直到 1939 年 11 月,陶勇司令员率领新四军苏皖支队过江进入仪征后,才发生了根本性的变化。之前一直很混乱,新四军过江后,事情才步入了正轨。

1939 年 12 月,中共仪征县委在陈集西边的小村庄中成立。苏皖支队到达仪征后,在与日伪军进行首次正规化交火,取得月塘保卫战胜利后,又粉碎了天(长)、六(合)、仪(征)、扬(州)日伪军的"扫荡",打垮了联庄会、大刀会等反动武装,并且赶走了从淮阴调来专搞摩擦的国民党省防军第 16 团和黄家驹的国民党仪征县政府。1940 年 4 月,仪征抗日民主政府成立,我成了仪征县模范营的侦察员,并于同年经金集区张区员的介绍,加入中国共产党。当时的介绍人就只有张区员一个人,因为那时候是敌占区,敌情很复杂,党员又很少,都是单线联系,谁也不知道谁是党员。出来参加革命工作后,我曾发动仪征当地的青少

---

[1] 今仪征市月塘镇铁坝村境内。

年,带领他们参加革命,很多人年纪很小就开始当了"红小鬼",跟在各级首长身边工作。

3　金牛山战斗粉碎敌人偷袭

当时的仪征属于淮南根据地路东地区,这里的"路东"是指津浦铁路以东的地区,路东地区共含八个县,分别是盱眙、明光、来安、天长、仪征、六合、高邮和金湖。路西地区则是四个县,分别是滁县、全椒、定远、凤阳,那里我也曾经去过。1940年皖南事变后,淮南根据地原有的新四军第4支队、第5支队编成了第2师,司令部设在盱眙的黄花塘,师长是罗炳辉将军。我曾亲眼见过他,他身边有一头骡子和一匹马,是用来换着骑的,因为他很胖,但是他的枪打得的确很准。罗炳辉师长逝世后,天长县就改称炳辉县了。当时天长是一个小县城,较为贫穷,没有什么东西。

1941年4月,当时还是仪征县模范营情报侦察员的我,参加了著名的金牛山战斗。这是第2师成立后对日军进行的第一场硬仗,那时候还是第2师副师长的罗炳辉亲自指挥新四军第2师第4旅第12团,在天长、仪征、扬州、六合地区进行反"扫荡",打击日伪军,以进一步巩固和发展我们津浦路东根据地。12团在仪征县模范营的配合下,先后6次对谢家集、甘泉山[1]等地进行连续作战,在成功完成任务并于16日撤至金牛山[2]休整后,遭到了驻扎在扬州的日军第12旅团第1部和伪军共约700人的偷袭,第12团在参谋长谭知耕的组织

---

〔1〕 今扬州市邗江区境内。
〔2〕 今南京市六合区境内。

下,成功粉碎了敌人的偷袭。战斗中,仪征模范营从大营李[1]的方向前去增援,共同夹击日伪军。在天河坝附近,我们和鬼子突然相遇。装备不如鬼子,弹药也吃紧,子弹打光了后,我们就拎着大刀和敌人贴身肉搏。在金牛山战斗中,新四军第2师一共毙伤200余名日军、约300名伪军,生俘了2名日军和30名伪军。战后,第12团与仪征县委为牺牲的56名烈士在金牛山修建了墓地,进行了追悼和安葬仪式。

同时,也是在1941年的4月6日,日伪军占领了我的老家谢家集,并修建了据点。虽然第4旅第12团在之前的反"扫荡"中,两次攻打谢家集据点,但是由于敌人工事坚固和火力强势,所以并没能打下据点。敌人占据谢家集后,遍地搜捕新四军家属,几乎天天去周边"扫荡",所到之处的暴行罄竹难书。当时,我的妻子和我9岁的儿子姚勇也被敌人抓走,进行关押审查。当地的乡民们在得知消息后,都跑去给她们母子俩作证,他们才幸免于难。在后来日寇的"扫荡"中,他们母子都是在树林、稻田等处藏身,乡亲们则常常夜里摸黑去给他们送吃的。如果没有当地村民的帮助,我们一家人真的是很难再团聚的。最后实在没有办法,我将家人带进了部队,自己只身从事革命工作。

4 拔除敌人谢家集据点

1942年年底,魏家齐同志出任仪征县县长,布置我探敌情,捉汉奸,捣毁伪乡自卫团,我都努力地去做。一次冒险去瓜洲运送一批军火,也顺利完成任务。到了1943年2月,由于实行精兵简政和党的领导一元化政策,原有的路东九个

---

[1] 今月塘镇大营村境内。

县的建制被撤销,合为盱嘉、天高、来六、东南四个办事处,原来的仪征县和冶山县合并为东南县,两县的领导机构合为东南办事处,由天长、六合、扬州、仪征四县部分地区组成。范围包括长江以北,六合城至汉涧公路以东,天长城以南,扬州以西和仪征县全境。由魏家齐同志任主任,原冶山县县长郭石和李绳武为副主任。

同时,将路东军分区主力独立第4团大部与仪征、冶山两县总队的一部分部队合并为东南支队,负责东南办事处、湖西办事处和水南办事处的军事。由魏家齐同志兼支队司令员,原第4团政委、老红军王义勋任副司令员,我在东南支队里还是负责情报侦察工作。东南支队当时的活动地区处于日伪南京政府的核心地带,今天的六合就属于南京的辖区,仪征和南京隔江相望。作为中国共产党领导下的地方抗日武装,东南支队可以说是嵌入日伪政权心脏的一枚钉子,让汪伪政府寝食难安。

东南支队作为长期坚持在日伪敌占区的新四军抗日武装,部队的情况也与其他如八路军这样的部队不一样。由于当初国民党部队溃逃时,有一个师的部队将武器丢了下来,因此,仪征可以说是家家有枪,一般一家两支,我们穿的也是从国外进口回来染色的灰色军装,穿起来更舒服,不像八路军他们穿的是土黄色的军装。而且因为我们这儿是敌占区,物资很容易能弄到手。原仪征县的部分部队甚至还配备钢盔,至于子弹,有的人是两排几十发子弹,有的人是十排上百发子弹。这主要看个人的缴获,缴获多少就用多少。

东南支队成立后最为重要的一次军事行动是拔除谢家集据点。

1941年4月6日,由于卢维国等叛徒的出卖,日伪军进驻仪征谢家集,设立据点,祸害当地百姓,压缩新四军活动范围。在当时,日军对东南支队形成了高压态势,北边到大仪、龙河都驻扎着鬼子,南边从茅桥一路往侯家营[1]、东沟也

----

〔1〕 今仪征市青山镇境内。

驻扎着鬼子,另外还有汉奸、二鬼子,在这中间就是谢家集!日伪军把谢家集一卡,我们新四军就不好活动了,活动范围小了。当时,日军驻防谢家集,不仅让我们新四军的活动空间整整向西压缩了几百平方公里,同时也助长了日伪掠夺苏皖边区财富的野心。他们经常不断地下乡绑架富人,索求财物;对待进入谢家集的村民说打就打,说杀就杀;时不时还开进10多里外的月塘、曹集等地,进行烧、杀、抢、掠。日伪军的暴行,可以说是不计其数。

为了拔除谢家集据点、打开战局,魏家齐司令员要求我们加强对据点的监视,注意收集日军驻守、日伪兵力部署和火力配置情况。我是谢家集当地人,又是东南支队的侦察员,所以成了进入谢家集收集情报的首选。我主动接下了任务。当时的谢家集碉堡林立,形成了一个工事圈,日伪军防范十分严密,乡亲们也都办了所谓的"良民证"。一些汉奸、二鬼子还助纣为虐,为了讨好日本人,尽干些伤天害理的事。因此,公开进入谢家集十分凶险。

于是,我利用晚上时间悄悄地摸进了谢家集,敲开了进步人士张泽成老板的家门。张泽成是我的一个远房表哥。日军驻守谢家集后,他一直在谢家集街道开饭店,做餐饮生意。我选择落脚张家,一方面考虑到是亲戚,另一方面张泽成人还算正派,算是四方活络圆,不将他逼急了,一般不会轻易得罪人。正如我所揣测的一样,他知道我吃的是"共党"的饭,看到我深更半夜摸到敌人"心脏"里来找自己,顿时大汗淋漓。"老弟,你怎么进来啦?不要命啦!吃饭了没有?没有吃饭我给你整点吃的,吃饱喝足早点离开,天一亮让汉奸看到,小命就没有了。"我听出了话外音,也没有强其所难,只是让他相约碉堡里的二鬼子大队长,明天请他吃饭,并拜托他务必要请成功,说完我便转身离开了张家。

结果,他一夜没有睡好,但天亮后,他还是来到了戒备森严的碉堡,跟伪军大队长说:"请大队长晚上赏光,到小店喝杯水酒。"晚上,不知有诈的伪军大队长如期赴约,来到张家喝酒。而我神不知鬼不觉地混进了饭店,还在张的介绍下坐上了酒席,跟伪军大队长喝起酒来。酒喝到高处的时候,当了几年二鬼子的伪军大队长不知不觉间和我划起了拳。我成功地赢得了"对手"的好感,做起了"哥们",交上了"朋友"。

当时,时间紧迫,情报收集到了关键时候。然而,由于汉奸的告密,日伪军队加强了对进入谢家集人员的盘查。但我还是在严密的盘查下混进了谢家集,找到了伪军大队长。最后,谢家集日伪军的工事、炮楼、火力点位置以及日军人数、伪军人数,都被我摸得一清二楚。其中,最为重要的一条情报是日军将于1943 年 6 月 19 日调往仪征县城。在我及时传递准确的情报后,魏家齐司令员认为这是一个千载难逢的好机会,于是上报路东军分区,得到了上级领导的批准和支持,决定由东南支队攻打谢家集据点。同时,为了防止战局发生逆转,由新四军第 2 师第 5 旅旅长、路东军分区司令员成钧和第 13 团团长饶守坤亲率旅属第 13 团进行支援。第 13 团的 2 个营在谢家集以南的三十里墩伏击仪征县城和十二里岔[1]据点前来增援的敌人,1 个营作为预备队,并且派第 13 团第2 营机炮连协助东南支队攻打谢家集据点,东南支队则以 4 个连作为主攻部队,剩余的 3 个连机动策应。

据点里的伪军番号叫"讨逆军",又叫"自卫总团",伪军的司令卢维国是1940 年叛变投敌的原新四军苏皖支队特务营营长,手下有 3 个大队,由他的副司令冬兴才率一个大队 200 余人驻守谢家集据点,一个大队驻守十二里岔据点,剩余的伪军则驻守在仪征县城里。谢家集据点里的伪军骨干都是叛徒构成的,并且工事坚固。谢家集据点有 3 道封锁线,第一道是铁丝网,第二道是 8 米宽、3 米深灌满水的壕沟,第三道是土围子,还有地堡和盖沟,东北角还有一个大炮楼。

6 月 19 日当天夜里,我东南支队在魏家齐司令员和王义勋副司令员的带

---

[1] 今仪征市马集镇岔镇村境内。

领下,在对谢家集据点完成包围后,迅速发起进攻,防守据点的伪军依靠炮楼防守严密、火力配置充足等优势,拒不投降,坚持抵抗,以密集的火力进行封锁,还不时向进攻的部队扔手榴弹,手榴弹"嘭嘭嘭"地炸了起来。支队战士们在突破铁丝网后,被敌人的火力压制在水沟中。当时,外围的守敌除了死伤的,剩下的都逃进了土围子和炮楼里。部队组织了多次冲锋,却始终无法突进土围子里,且已经有了很大的伤亡,路东军区司令员成钧便征询魏家齐同志是否派一个营帮助东南支队突击据点,但是魏家齐司令员坚持仍应由东南支队全线突击,第13团的一个营配合行动。

随后,魏家齐司令员将部队撤下,在万五家后园里重新进行简短动员,号召同志们一定要拿下谢家集据点,为牺牲的同志们报仇,并进行了重新调整,决定以随同行动的机炮连先用迫击炮打掉敌人的炮楼,随后立即发起总攻。于是,部队在第二日天明时,由魏家齐和王义勋同志率领部队发起攻击。第13团第2营机炮连有两门之前从日军那里缴获来的迫击炮,然而只有1门迫击炮和3发炮弹可以使用,并且迫击炮连的战士们大都不识字,也没有经过专门的训练,所以根本不知道怎么使用,几乎等于是废铁。在紧急的时刻,机炮连战士袁家义同志上过几天私塾,他根据迫击炮上的文字进行揣测,然后架起迫击炮,经过目测敌人炮楼的距离,在调整好刻度盘上的角度后,将一发炮弹填进炮筒中,炮弹飞出去后,刚好打中炮楼,击塌了炮楼的一角。接着,在机炮连连长的命令下,又连续两发打进了敌人的炮楼和土围子中。

伪军此前已经抵抗了一夜,手榴弹也扔光了,岔镇等地的援军又受到新四军其他兄弟部队的阻击,无法前来增援,军心开始全线动摇。东南支队的战士们便趁此时迅速攻进据点,加之还有上千人民群众举着大锹、扁担、锄头前来助威,伪军的防守立即土崩瓦解,兵败如山倒,纷纷举手交枪投降。随后,当地群众迅速涌进据点,将里面所有的工事全部铲平。这次战斗击毙和俘虏伪军160

多人,只有冬兴才等几个伪军头目逃脱,东南支队也伤亡了近百人,第6连指导员唐述棣负伤,第8连副连长曾华庭、排长张有喜、战士黄志信、王良堂等40余人牺牲。

谢家集一打下来,天长、仪征、扬州、六合地区抗日斗争的困难战局很快就得到了扭转,我们新四军活动的地方也大了。拔除谢家集据点后,谢集的敌人也狼狈逃跑了,天长、仪征、扬州地区抗日根据地连成一片,谢家集据点周边的20多个乡镇被迅速收复,湖西办事处和水南办事处合并成甘泉县,打通了淮南根据地与苏中根据地的联系。为了庆祝这次胜利,淮南根据地大众剧团的何捷明、陆艺、吴祖庚、何仿等同志还创作了《谢集大合唱》,印发给根据地的部队和各地群众。其中,由何捷明同志创作的第一首歌曲《谢集怨》的影响最为深远,歌词大致是:

> 谢集街,碎石路,
> 长长半里多,
> 青山伏四面,
> 绿水绕山流,
> 生意买卖还不错。
> 谁知平地起风波,
> 半空降下塌天祸。
> 来了鬼子二百多,
> 强行霸占如狼虎。
> 从此哀声四起,
> 日子如地狱。

谢集街，碎石路，

落难虎口两年多，

种种罪行难计数，

血债积成山，

血水流成河，

恨燃烧如烈火，

睡狮今醒发怒吼！

总有一天天翻地覆，

还我旧山河！

谢家集被攻克后，魏家齐同志便找我谈话，他对我说："这两年你为抗日做了不少工作，真革命就要摆脱个人小家庭，投身革命大家庭，为民族解放、为劳苦大众谋幸福而献身。"我回答说："你的言和行，我现在懂得多了，你下命令，我坚决干下去。"他说："那就好，现在就委任你到沙集乡去当乡长。"就这样，我担任了东南县金集区沙集乡的乡长。从此，我就从不脱产转为脱产，成为了一个革命干部。

5 血染桂子山，遇险高邮湖

1943 年秋，东南办事处获悉，驻扎在六合八白桥[1]的一个日军小队，有伪军一二百人，将于 8 月 17 日来我根据地四合墩一带抢粮"扫荡"。8 月 16 日上午，情报及时送往驻扎在天长汊涧附近的新四军第 2 师第 5 旅第 13 团处，第 13

---

[1] 今南京市六合区金牛湖街道境内。

团团长饶守坤立即将情况汇报给了第 5 旅旅长成钧司令员,经过饶守坤团长和第 5 旅首长们分析讨论后决定,先派遣第 13 团第 2 营和团侦察队于 17 日拂晓前先占领位于四合墩和八百桥之间的桂子山[1]后,由团侦察队继续往八百桥方向前进侦察和监视敌军,第 1 营、第 3 营和团直属队则随后行动,在 17 日天亮时到达桂子山。

饶守坤团长回到团部后,立即按计划进行了周密部署。随后,部队开始行动。第 13 团按照计划到达了指定地点后,前去侦察的团侦察队与敌人的先头部队先交上了火。随后,饶守坤带领后续部队立即投入战斗,结果发现敌人足足有七八百人,并不是之前侦察到的日军一个小队和一二百伪军。情报有误,敌人其实是日军第 61 师团的一个大队和八百桥日伪军,一共 800 多人。在随同部队行动的第 5 旅旅长成钧和第 13 团团长饶守坤的指挥下,部队重新进行了调整,决定彻底击溃前来"扫荡"的敌人。第 13 团的战士们在桂子山与敌人进行了殊死拼杀。战斗中,我们东南支队奉命在仪征扬州方向警戒敌人,阻击前来增援的敌军,配合第 13 团进行桂子山战斗。桂子山战斗中,敌人不甘心失败,甚至还对第 13 团的战士们使用了毒气,但是敌人最终还是被我们打败了。这场战斗,我们新四军战果斐然,共毙伤日伪军 300 余人,其中包括毙伤日军 180 余人,俘虏日军 5 人。

抗战时期,我曾好几次遇险,险些被敌人抓住。印象最深的是在一年冬天的时候,我正担任高邮湖的巡查大队长,负责搜查周围来往的船只,结果遭到了日伪军的围剿,我们驾驶的只是普通的小木船,敌人是汽艇,我们 40 余名干部被敌人围在高邮湖里,几天几夜都无法突围,当时我们大家急得向老天求救说:"老天爷,我是东南支队的一个好干部,帮帮我吧!"结果没想到,很快天降大雪,湖面结冰了,我们 40 多个人通过冰面,就这样突围了出去。

---

[1] 今南京市六合区境内。

6 汪伪警卫三师起义，日本无条件投降

到了 1945 年 8 月份，鬼子快投降了。那时，与我们部队长期对峙的汪伪警卫第 3 师，在华中局敌工部徐楚光同志的策动下，由警卫第 3 师师长钟健魂率所部 3 000 余人进行起义。起义部队在 8 月 12 日的时候，朝我们根据地六合地区开进，然而早在 1944 年 9 月由于抗日斗争的需要，东南办事处被撤销，先后改为冶山县、六合县，东南支队也最后被改为六合支队。

由于警卫三师起义属于机密，事发突然，我们新四军六合支队和民兵以为是来扫荡的，结果发生误伤，后来经过解释，得知情况后，警卫三师在六合支队的配合下，得以顺利进入根据地，并于六合钟家集[1]由师长钟健魂同志正式宣布起义，投靠共产党。后来起义部队就开进了仪征月塘的大营李，由魏家齐同志主持召开了欢迎大会，之后警卫第 3 师开赴淮安，编为华中解放军第 1 军，后来参加了解放战争。

1945 年 8 月 15 日，日本鬼子投降了，那时候我们正在月塘、谢集一带活动。至于庆祝活动，因为抗战时期，我们这处于敌人的心脏地区，一直很混乱，我们打仗也一直是在汉涧那一带比较多，所以也没有什么庆祝活动。

抗战时期，仪征军民为抗战做出了巨大的牺牲和贡献。南京沦陷后，我们苏皖边区抗日义勇军和陈文部队就组织起来抗日打鬼子保家乡，原仪征县副总队长汪心泰同志便英勇牺牲在仪征地区，他是新四军第 5 支队的前身桐柏山豫南红军游击队的 7 位创始人之一，也是新四军在抗战中牺牲的团级以上的军官之一。月塘区曹集乡的民兵们在我们的领导下，长年战斗在谢集据点的外围，先后作战 50 余次，毙伤日伪汉奸上百人，曹集民兵代表陆毅同志出席过新四军

---

〔1〕今六合区横梁街道钟林社区境内。

二师与淮南地区英模大会,受到了根据地首长的表彰。

7 重返淮南,迎接解放

抗战胜利后,国民党卷土重来了,到 1946 年 7 月,国民党军开始全面进攻淮南解放区。由于敌众我寡,敌我力量悬殊,淮南地区的主力部队被迫全部"北撤",只留下了新四军第 2 师第 6 旅第 16 团来配合我们地方部队进行敌后斗争。为了集中兵力进行有效的斗争,仪征、六合、甘泉三县的武装重新组建东南支队坚持对敌斗争,由老红军艾明山同志任司令员,魏家齐同志任副政委。到了 9 月 23 日,我们东南支队奉命"北撤",从高邮湖突围至运河以东,经高邮、兴化地区到达阜宁县的益林镇,部队被编入华中军区警卫第 2 团。之后,我和其他领导干部一起被安排进入华东军政大学学习,随同部队进入山东地区作战,直到 8 个月后的 1947 年,才回到淮南地区。

从 1946 年到 1948 年,经邓子恢、谭震林等首长的指示,原淮南根据地的党政干部和部队先后分批重返淮南地区,要把红旗插到长江边,恢复淮南解放区,策应刘邓大军挺进大别山,更为日后大军南下和渡江解放南京做好准备。受华东局的指示,由杨效椿同志率领的华东野战军第 12 纵队第 34 旅

前排左起艾明山、杨效椿、孙传家,
后排左一张伯锷、右一魏家齐

第 100 团[1]第 2 营和徐速之、张伯锷率领的一个连及地方干部,以淮南二工委第 2 支队的名义南下淮南。之后,我同魏家齐和李世农同志率领的淮南支队第 3 营和地方干部大队于 1947 年 4 月中旬南下,我们越铁路,过淮河,跨沼泽,千里行军,直下淮南。1947 年 11 月 27 日,华野第 34 旅第 100 团在旅政委李世焱的带领下南下,三支部队会师后,攻克了敌人的龙岗据点。

1948 年 2 月 24 日,华野第 12 纵队司令员陈庆先亲率第 34 旅第 101 团、第 102 团南下,成立了淮南军区,在陈庆先司令员的指挥下,部队先后攻克铜城、古城,历经长山之战,又同国民党部队 13 个团在淮南地区先后作战达 43 天。部队经过长期艰苦的斗争,最终全面解放了淮南解放区。淮海战役胜利后,淮南地区主力部队第 34 旅和淮北独立旅以及何基沣率领的国民党起义部队编成了中国人民解放军 34 军,淮南地区的地方部队开始收复各重要县镇地区,并且准备配合大军渡江南下解放南京,各地解放以后的工作就是剿匪。

8　仪征全境解放,担任首任部长

1949 年 4 月 7 日,我中国人民解放军三野第 26 军解放了仪征县城。4 月 20 日,第 34 军在军长何基沣、政委赵启民的率领下解放了十二圩,整个仪征得到了解放,我也回到了仪征。建国后,我担任了仪征县的首任人武部部长和县委常委,1955 年授衔的时候授的是中校军衔,获三级独立自由勋章、三级解放勋章。

"文化大革命"时,我兼任了仪征县革委会的副主任。1968 年至 1974 年,我被调至六合县,先后任六合县人武部副部长、部长。因为我自己本身年龄大,

---

〔1〕 即原新四军第 2 师第 6 旅第 16 团。

参加革命也早，受到了上级领导和同志们的保护，所以"文化大革命"中没有受到多大的冲击。

我在任人武部部长，一直到 20 世纪 80 年代才离休。离休后，我还不时和家齐同志会面。1995 年的时候，我的前妻去世了，我们两人只有一个孩子，也是我唯一的儿子姚勇。1998 年，经扬州军分区的同志介绍，我和现任妻子相识。她当时退休了，前夫在一场车祸中去世了，她在人民医院王院长等几户人家做过保姆工作。扬州军分区经我同意，想请她来照顾我，起初她不太愿意，后来她看我人还好，又是一个人，确实需要帮助，就答应来照顾我，我们俩就这样在一起生活 19 年了。

我是师级离休，以前每个月发放 4 000 元，近几年调到了每个月17 000 元。妻子作为退休职工，每个月有两三千的退休金，生活上没有什么困难。我们经常给一些干休所、基金会和灾区捐款，为社会做一些应有的贡献。我现在身体大不如从前了，早两年还好，现在耳朵听得也不太清楚了。同时，记忆力也下降了，毕竟已经 102 岁了，岁月不饶人。但是，我的臂力还是不比年轻人差的，这是年轻时在新四军里刻苦训练的结果。我曾多次和日本鬼子面对面拼刺刀，如果不刻苦训练，就会被战争淘汰。目前，我家从部队为我建的楼房里搬了出来，住在外面。家里是四代同堂了，儿孙们有的在教育局工作，有的在经商，还有的在国外留学、居住，妻子的孩子有的是律师，有的在当教师。平时我们两个人就一起四处逛逛，有时我就带着妻子到我们以前根据地的东边和西边去看看。

战斗中头部
留下弹孔

晁尚志

"这是我负伤最重的一次，头上被打了一个洞，这个洞现在还在，里面不知道还有没有弹片。"

★ 口述人：晁尚志
★ 采访人：王志龙　薛刚　张英凡
★ 采访时间：2017 年 8 月 29 日
★ 采访地点：江苏省无锡市 73011 部队第一干休所
★ 整理人：张旭飞

【老兵档案】

晁尚志，1924 年 12 月 31 日生，山西省垣曲县白窑洞人。1944 年入伍，1946 年 1 月入党。1945 年到 1946 年 1 月担任部队文书，后任华北军区第 13 纵队第 37 旅团部参谋长、连长，第 61 军第 181 师团部作战参谋，第 60 军第 181 师副营长、营长、炮兵主任，第 60 军第 180 师炮兵司令部参谋长、团长、副师长。1983 年担任巡视员，1984 年离休。荣获解放勋章、独立功勋章。

1　被迫给日本人当差

我叫晁尚志，1924 年 12 月 31 日出生在山西省垣曲县白窑洞。白窑洞离县城十几里路，但是它直接归县城管。我们大家庭有祖父祖母、父亲母亲、两个叔父、两个姑姑。我家里弟兄一共六人，还有一个妹妹，当兵的就只有我一个。我祖父本来是外地的，祖母就是当地人。祖父来了以后，就和祖母一起在这里成家立业，以农业为生。这里原先本地人不多，都比较穷，住的是窑洞，房屋很少。

我家在这个村算是比较富裕的，主要是因为我爷爷特别勤劳，种的庄稼也特别好。我父亲读书很少,但是他劳动比较好,所以在我们村子里,我的生活是比较好的。那时候,因为能耕的地比较少,我们村东边有一条河,我父亲冬天就去搬石头到河里围,等洪水来以后,石头没冲掉,但淤泥沉下来就变成地了,他就在这里面种庄稼。等淤泥厚了以后,他就栽点小桃树,后来就变成桃园了。我家大约有20亩地,都是自己耕种。土改时,起初他们把我家定为富农,最后又把我们定为上中农。我们村里没有地主。

1931年我开始上学,小学上了四年,高小上了一年半。小学就在村子里,由于村民家比较穷,所以小学里都是男学生。高小是在县城上的,那里才有女学生。我上的是第一高小,叫古亳林子小学校,属于公立学校。这个学校里有初小和高小,一共要上六年。城里还有一个学校叫济仓小学,是由城里一个叫济仓的人捐建的。上学期间,有一个老师叫刘师因,他有些字不认识,"睡觉"两个字都念错了,还把"邮差(chāi)"念成"邮差(chā)"。

后来,日本鬼子来了,学校解散,我就待在家里面。1939年,我们那里有一个在民主革命大学[1]工作的人叫姚景庚,他回来招生,就介绍我去上民大,说去了以后可以不用交学费,也不用愁吃穿,还会发衣服。所以,我就去民主革命大学了。我们在那里需要进行军事训练,但是我只待了一年半就回家了。

由于日本人连续去了我家乡好几次,我们一家人没办法就逃到河南。当时我还赶着牛过黄河,后来把牛卖了300块钱,但钱被弄丢了。我在河南待了一年多,又回了家。后来,日本人来我家乡抓丁,搞得鸡犬不宁,村里人和家里人就动员我去,所以我就去了,在垣曲县东石村给日本人当差。1944年八路军把我们解放了,我就加入了八路军,被分到太岳军区第59团。

---

〔1〕 这个学校的校名应该是"民族革命大学",简称"民大"。该校是在中共抗日民族统一战线政策指导下,阎锡山于1937年年底和1938年春创办的培养军政人才的大学。

■ 2 参加涟水战斗负重伤

1945 年年初,我们部队过了黄河,来到河南渑池县,在此遇到了国民党军队,和他们合作了一段时间。1945 年 3 月到 4 月间,国民党立场变了,我们就和他们打了一仗。当时我们部队有些人叛变,我们团第 1 连的一个连长、第 3 连的一个指导员、第 4 连的一个指导员都叛变了,派去县城的干部都被叛军杀掉了。我们发现他们叛变后,就马上采取行动,和他们打游击,最后叛军投降了,得到了宽大处理。

日本人投降时,我们部队还在渑池县。当天下午部队开会,会上说:"美帝国主义是我们最大的、最凶猛的、最后的敌人。"没过几天,国民党就打过来了,我们就准备退过黄河。二分区过黄河了,我们第 59 团被从二分区分到皮定均负责的七分区来了,就没有退。

1945 年快年底的时候,国民党打了过来。我们部队南下,到中原军区与李先念率领的新四军第 5 师汇合。在行军途中,我们和国民党军队打了起来,到 1946 年 1 月 13 日停战。当时部队整编,我们本来是叫分区,后来改成了旅,皮定均担任我们第 1 纵第 1 旅旅长。

后来,我作为文书参加了中原东路突围。经过 20 多天的急行军,我们皮旅由中原到了华中苏皖交接地带,马上参加涟水保卫战、临淮保卫战等战役,我们坚守了六七天,最后还是被敌人突破了。1946 年快接近尾声的时候,我们在涟水、淮阴打了几仗。涟水战斗以后,我就当副排长、排长了。但是在打涟水时,我负伤了。这是我负伤最重的一次,头上被打了一个洞,这个洞现在还在,里面不知道还有没有弹片。我们团在这场战斗中伤亡比较大,三个营长都负伤了。后来国民党大部队又来了,当时中央叫第 6 纵队留下,叫我们守住涟水,不过黄河。但是,第 6 纵队后来还是要过黄河,国民党把涟水占领了,我们就一直向北撤退。在北撤时，别人用担架抬我，一直抬到了山东德州。恢复以后，我又回到了部队。

3 邯郸整编后继续战斗

我回到部队后，参加了邯郸战役，打下邯郸后部队开始整编。华北军区组建了第 13 纵队，第 13 纵队有第 37、第 38、第 39 三个旅，我所在的皮旅就编成第 37 旅了，后来改成第 181 师。邯郸整编以后，我们就到华北作战了，先打山西临汾，临汾战役打了很长一段时间，我的左脸颊负伤。战斗结束后，我被调到团部当参谋。接着，参加晋中战役，我再次负伤，但是比较轻。1948 年下半年，我担任连长。太原战役中，我又负了一次伤，伤在背上，后来去住了一段时间院，卫生队长给我开了刀，很快就好了，又回到连队。解放太原后，调我们去攻打西安。我们部队还没有到，西安就已经解放了。1949 年春夏间，马步芳、马鸿逵攻打咸阳，我们师展开阻击，三个团全部投入了战斗，很快就把马胡子打回去了。这一仗我们打得非常漂亮。

咸阳阻击战之后，又准备组织秦岭战役。当时我还是连长，我们师里面一个侦察科长带上我和一个副营长、一个排长，到敌人内部待了一个晚上。后来，我去参加了军长韦杰组织的作战会议，汇报了在敌人内部的侦察情况。秦岭战役实际上并不残酷，打得也比较顺利。后来就是向西南进军。到四川后，成都已经解放了。我们把三台解放后，就停在这个地方过了春节。春节以后，我们连留下一个排，带着三个排去成都，走了一天多才到成都。第 181 师当时建了遂宁军分区，要把国民党的一支部队送到军分区。我们去主要是押解他们，防止路上出现问题。遂宁当时刚刚解放，土匪很多，所以我在那边参加了一次剿匪。

1950 年春，川北军区政委胡耀邦到我们那里讲话，说"要好好建设四川"，所以大家下定决心要把四川建设好。1950 年 8 月，团里面组织整风，我回去以后，团里要把我调去参加航空陆战队，实际就是跳伞兵。我不想去，团长就给我打电话，我说："我不去。"他说："你不去就是不服从命令。"然后又说，"你不去，那你想到哪儿去就到哪儿去，或者你回到团部来。"我又给他打电话，说："我是残废，还能跳伞吗?"我当时被定为二等残废。团长考虑了一下，就同意我不去了，留在团部当作战参谋。

4 从抗美援朝到抗法援越

抗美援朝战争爆发后，部队为入朝作准备，到河北沧州集结，我们部队编到第 60 军，还叫第 181 师，另外组织了一些干部集训，每个团要抽八九个干部驻重庆第二高级步校，我就去驻校了。当时的校长是刘伯承，政委是余秋里。我们在那里驻了 1 年半，1952 年 6 月驻校学习结束了，我们就坐轮船从重庆到武汉，后到沈阳，再到丹东，就从那里入朝了。我们到朝鲜后参加了几次战斗，我还组织了部队侦察。九七三高地战斗是我们打得最好的一仗，也是第 181 师打得最好的一仗。在这场战斗中，我又负了一次伤。当时第 181 师是主攻，我们营是突击营，我是这个营的副营长，没有营长。这场战斗 3 000 人打潜伏，我是第一个潜伏的，我一个人去前线潜伏，去了三四次。这场战斗中的一个班长李云峰，为了让部队通行无碍，3 次趴在敌人的铁丝网上面，让别人从他身上过去。他负伤回来以后，鞍钢工人知道了他的事迹，就送给他一件貂皮大衣，由第 60 军接收。

朝鲜停战后,我们第181师就回来了,先驻在徐州,然后驻到滁州,我们第2团驻在全椒县。1954年4月,我被调去越南。我们到军部以后,马上坐火车到北京。粟裕当时是总参谋长,他专门和我们谈话:"越南和朝鲜相当于我们的两个膀子,是我们的左右手。敌人把我们的左右手打了,我们能不支援吗?"然后还给我们提了一些要求。这次一共调了12个人,去越南帮助他们打坑道,但最后只有6个人去了。我们去的时候,陈赓已经回来了,换成了韦国清。我们到越南以后,碰上了奠边府战役[1],这一仗打得好。有人跟我们说,在我们来越南之前,越南人打得很差。越南没有坑道,当时发现的那个坑道实际上是日本人搞的一个地下冷藏室,面积很大,可以躺9个人,蹲二三十个人。后来我们接到通知说不需要修坑道,就去了解一下那边的战争情况。1954年7月,我们就回国了。

后来,团里派我去南京学习战斗训练法,就是参观高级步校是怎么训练的,在南京住了一个多月。回来后,团里让我当炮兵主任兼营长,我从1954年一直干到1956年,其间又去南京汤山学习了三个月。1956年5月,我到第180师炮兵司令部当参谋长,实际是个副团干部,在这里待了三个月。

1956年9月我去了南京军事学院,在此学习了四年。从学校回来以后,我到军炮团干了两年。1962年下半年,我又被调回师里。1966年到1967年,我在第52团当团长,后来当第51团团长,1969年调到师里当副师长,一直到1982年。1983年我担任巡视员,1984年离休。

---

〔1〕 1954年3月到5月,在韦国清为团长的中国军事顾问团的指导下,越南军民对侵越法军基地奠边府实施了围歼战,该战役的胜利,促进了恢复印度支那和平的《日内瓦协议》的签订。

从伪军壮丁到新四军机枪手

倪万成

"等革命成功了，我再回去！"

★ 口述人：倪万成

★ 采访人：陆玉芹　王金鑫　陈于可慧　卢珊

★ 采访时间：2016年12月24日

★ 采访地点：江苏省盐城市大丰区健西三村

★ 整理人：王金鑫

【老兵档案】

倪万成，1925年生，江苏省大丰区人。1944年10月，被伪军抓壮丁。1945年9月参加新四军，同年加入中国共产党。曾任新四军苏中军区第四军分区特务第2团机枪手、新四军华中野战军第1师第1旅第3团第3营第2连机枪手、第8连机枪班轻机枪手等职。曾参加高邮战役、苏中七战七捷等战役。1947年任德丰乡小学教师，1948年定为三等一级伤残，1950年复员。1957年任同德镇会计，1992年退休。

1 被抓壮丁后参军

我1925年出生在盐城的大丰，原籍是江苏省南通市海门市，家中除了我还有一个姐姐，现在住在山西。我8岁时开始上小学，但是，到10岁时，由于庄稼被水淹没，于是就不去上学了。

后来，我又去上五年级的下学期，但是当时的校长说我："只上到三年级，怎么能上五年级的课程！"就这样，我还是又去了两年，六年级毕业的时候，我得了第三名。

我 16 岁这年又继续上了初中，当时初中除了要学语文、数学外，还有英语。但是，我的英语学得并不好。也就在这一年，鬼子来了，我就不去上学了，所以我小学上完后，就上到了初一为止。

1944 年 10 月份，我被伪军旅长谷振之[1]的部队作为壮丁抽去当兵。到了 1945 年 8 月 15 日，鬼子投降了，新四军让谷振之投降，但是他自杀了。到了 9 月 13 日，我就被新四军俘虏了。于是，我就参加新四军的部队了，和我一起当兵的有郑元宝、王逸舟。刚开始的时候，我是在新四军二分区特务第 2 团[2]，后来粟裕司令率大军过来了，我被编入新四军华中野战军第 1 师第 1 旅第 3 团第 3 营第 2 连当机枪手。

当时在部队吃得可好了，比伪军好。在伪军那里，中午吃的是烂面条，又没有菜。在新四军里，我能吃三大碗饭。当时部队领的是地方的公粮，地方上交的公粮是有规定的，不像伪军是抢老百姓的粮食，过年的时候菜还多一点。

平时，部队里文工团来慰问演出，文化教员叫大家写稿子登团报，我写过很多，有的登过报，有的没有。其中有一篇登过的是《我的家信》。在部队的时候，我经常写信回家，父亲则找人代写寄给我。有一次，家里来信要我回家结婚，那时候我的未婚妻子早在 19 岁的时候就来到我家里照顾我父母，之后我就被抓当壮丁去了。指导员知道了我的事情，就让我写一封回信。我在信中的回复内容是：

父亲、母亲：

你们的信我收到了，我是不可能回去结婚的，部队是不能允许的，等革

---

〔1〕 谷振之(？—1945)，又名谷金声，江苏南京江宁人。曾任通泰汪伪苏皖边区绥靖军独立第 1 旅旅长等职。1941 年叛变投敌，沦为汉奸。1945 年 9 月，苏中新四军发起大中集战斗，谷振之见大势已去，举枪自杀。
〔2〕 此处有误，应为苏中军区第四军分区特务第 2 团。

命成功了,我再回去!

儿倪万成

指导员就把这封回信登在了团报上,因此,班长和排长认为我政治觉悟高,就介绍我入了党。还有一次是上交的一篇报告登过团报,名叫《我对党的认识》。

2 参加对日最后一战

我参军后的第一仗,是从大丰前去攻打如皋的林梓,我们打下了林梓。当时的师长是粟裕,旅长是张震东,团长是刘春山,营长是胡俊义,连长是潘良栋,排长姓王,班长是曹登华。1945 年 12 月份的时候,我随部队参加了高邮战役。当时,我们是在高邮外围的邵伯,原本是我所在的第 8 连进攻鬼子和伪军的,后来突然改成第 7 连上去了,我们成了预备队了[1]。

有一次,在如皋的李堡镇,当时国民党有一个团,他们一架重机枪放在前面,第 7 连冲上去都牺牲了,连长也牺牲了,只有指导员等几个人下来了。后来把我们第 8 连调上去了。我们把机枪放在屋子上,本来国民党都准备投降了,但是我们冲上去以后,他们又打了。结果第 3 班班长负伤了,和我一起当兵的战友也都牺牲了,营长也负伤了,于是就不让冲了。上面让通信员通知部队进行调整,我们 5 挺机枪对付敌人 1 挺机枪,后来又让第 1 营和第 2 营从两侧包抄,不让我们第 3 营上了。

战斗中,我们在李堡的一个庙里发现了国民党的战地医院,便占领了这个

---

[1] 此处老人记忆有误,老人此时应还在特务第 2 团。

伤兵集中地。那些伤病员,治好的都当了兵,没治好的,我们优待俘虏放他们回了家。后来在老把口,国民党的一个连冲了上来,当时我们部队正在进行撤退,我作为轻机枪手和两个弹药手负责掩护,后来顺利撤退了。

那时我们没有工事,后面又有条河,还好撤得快,不然对方手榴弹一扔就被打死了。当时我的旁边有一个新战士站出来冒出头了,当场就被打死了,我的耳朵也被子弹擦伤了。原本我是不知道的,还是旁边的战友告诉我的,本来轻伤是不下火线的,因为我是新兵,还是让我下了,在后方的朝阳医院里休养了一个多月。

3 轻伤下了火线

后来,我就参加苏中七战七捷了,在泰兴休息了 2 天,但是,突然来通知要求到达如皋白蒲北边大概 3 里地。我们在白蒲公路的两边埋伏,大概 7 点的时候,有两辆卡车来了,我们一起开火。我们是 2 挺重机枪、5 挺轻机枪和 2 个步兵营,敌人的一辆车有 30 个工兵,另一车是野炮炮弹。战斗结束后,我们每个人扛着 1 枚炮弹离开,走到三四里,上面下令由后面负责的人来运送,部队阻击到来的敌人。9 点的时候敌人来了,部队把敌人拦住了,同时还缴获了敌人 3 门野炮。

我最后一次战斗是在 1946 年 9 月份攻打海安,那一次我所在的一个机枪班牺牲了好几个人。当时,我们是吃过晚饭后调防上去的,我们没有冲,一直在碉堡里,外面敌人调了火炮过来,我们两个组负责射击敌人。

当时,敌人的子弹打伤了我的膀子,排长说我负伤了。另一个组的重伤员躺在一副担架上,我们一起下了战场,到了后方医院。负伤后下午 8 点左右,医院的人说敌机来了,但是我没有找到那个受伤的战友。后来,第3排长告诉我:"你们机枪班有个顾闻克负伤牺牲了!"我才知道他牺牲了,我的老班长曹登华据说后来在山东牺牲了。

4 成为人民教师

1946年10月份,我从医院回到了家乡。同年12月,我和妻子结了婚,后来生了3个儿子、2个女儿。1947年我在德丰乡做了两年的小学老师。那时候学生很少,老师就我一个。到了1948年,我就不去了。1948年,我被部队定为三等一级残废,1949年进行了复查,1950年我正式复员回家。

1952年,我在德丰乡当了副村长,做了几年后,便到初级社当村长。1956年建立高级社后,当了副社长,后来又兼会计。到1957年任同德镇会计,一直到1992年才退下来。2014年,妻子去世了,我一直照顾、陪伴着她直到最后。

十年转战
华东

徐见山

"我们缴获了那门九二式步兵炮，就是现在北京的中国人民革命军事博物馆里陈列的那门炮。"

★ 口 述 人：徐见山

★ 采 访 人：王骅书　王金鑫　陈于可慧　卢珊　吴念祺　谢卓池

★ 采访时间：2016 年 11 月 19 日

★ 采访地点：江苏省盐城市射阳县海河镇烈士村

★ 整 理 人：王金鑫

【老兵档案】

　　徐见山，1925 年生，江苏省射阳县人。1941 年参加新四军，1944 年加入中国共产党。曾任新四军第 1 师第 2 旅第 4 团战士，新四军第 6 师第 16 旅第 48 团特务连战士，新四军苏浙军区第 1 纵队第 1 支队特务连战士，华中野战军第 6 纵队第 48 团特务连战士，华中野战军第 6 师第 16 旅旅部警卫员、通信排排长，华东野战军第 6 纵队第 16 师师部通信排排长等职。1948 年转业至地方工作，后回乡务农。

1　参加老虎团，过江打游击

　　我小名叫徐五，小时候家里很穷，父母靠种田为生。兄弟姐妹共有六七人，其中上有 3 个哥哥，我排行老五。1941 年新四军来了，我就当兵了。那年我 15 岁，枪都还扛不动。2 年后，领导说："可以下班了！"我才下了连队当了战士。我参加的部队是新四军最强的主力"老虎团"，番号是新四军第 1 师第 2 旅第 4

团,旅长是王必成,团长是刘别生[1]。

1942 年年底,部队过长江到江南打游击,打了好几年,一直到抗战胜利。部队过江后,第 2 旅改为第 6 师第 16 旅,我们团改成新四军第 6 师第 16 旅第 48 团。当时,第 1 师和第 6 师的领导机关早就内部合并了,所以两个师的师长都是粟裕,政委是谭震林,旅长还是王必成,政委是江渭清。

那时候,我在第 48 团团部特务连,我们那个团里日本武器都集中于特务连。我有一个战友叫张闻庆,他在机枪班,用的是"歪把子"。我用的是三八式步枪,子弹用的是缴获的,打得准,还打得很远。当时,部队会组织训练,但是天天打仗,也没时间专门训练,都是在战斗中成长。

2 转战江南,游击日伪

平时,部队吃饭由地方提供,粮草供应都有借粮证、借草证。地方供应过粮草后,部队会发放证明给地方干部。军装发的是灰色军装、军帽、棉袄,还有两副绑腿,鞋子是草鞋。1943 至 1944 年期间,发过一次买来的好鞋子,但是,走了二三里路就断了。当时,部队里每个月会发两块钱草鞋费,发的是洋钱。没有后方的话,我们就把破的夏衣和棉衣胎打成草鞋。

当时,部队一直在宜兴、郎溪、广德等几个县流动作战。当时打鬼子相比解放时期都是小打,印象较深的是 1943 年 8 月 15 日,有 100 多名鬼子下乡,而且还是全部下来了,扛着红太阳膏药旗。鬼子枪打得特别准,你枪一响,就必须离

---

[1] 刘别生(1915—1945),原名刘达林,化名方自强,江西福安人。1928 年参加中国工农红军,1934 年加入中国共产党。曾任新四军第 1 支队第 2 团第 3 营副营长、新四军军部特务团团长、新四军第 1 师第 2 旅第 4 团团长等职。1945 年 6 月 4 日,在新登反顽战役中不幸中弹,英勇牺牲,年仅 30 岁。

开,不然鬼子掷弹筒炮弹打过来就危险了。

1944 年 3 月 29 日,我随部队参加了杭村大捷。当天,有老百姓报告说:"驻扎在广德的门口塘、流洞桥两个据点的 100 多个鬼子和 300 多伪军到了,还带了一门九二式步兵炮。"战斗是我们特务连和第 3 营打的,鬼子逃了一部分,我们缴获了那门九二式步兵炮,就是现在北京的中国人民革命军事博物馆里陈列的那门炮[1],这也是我在抗战时期印象最深的一次战斗。

杭村大捷所获九二式步兵炮

1945 年 8 月抗战胜利的时候,我们正驻扎在苏南,住在下门[2]的大庄子里,部队领导说:"同志们,鬼子投降了!要收复南京、上海喽!"当时,大家都很高兴和激动。但是,抗战胜利以后,我们就撤到了江北,到了东台、淮阴、淮城[3],住个三四天就走了。

3 担任旅部警卫员,参加涟水保卫战

1945 年 11 月,部队整编为华中野战军第 6 纵队。到了 1946 年,又扩编为华中野战军第 6 师,下辖第 16、第 18 两个旅。我就是在这个时候被调到了旅

---

〔1〕 现陈列于中国人民革命军事博物馆兵器展厅东大厅内。
〔2〕 今郎溪县梅渚镇境内。
〔3〕 即原淮安县城。

部,当了政委罗维道[1]的警卫员。我在第48团的时候,他就是我们团的政委。他后来当了旅长,我基本上都跟着他。解放战争爆发后,到涟水保卫战的时候,我是第16旅旅部骑兵通信排的排长,仍跟在罗维道旅长身边。当时,排级干部用的是盒子枪,战士是长枪。一打仗,排里的通信员就分配到首长身边负责传达命令。

打涟水的时候,我就在旅长身边。当时,兄弟部队的一个团负责守西边,国民党第74师一冲,那个团就撤退了。旅长骂了一句:"他妈的!"后来,把我们旅换上去了,结果发现阵地已经被第74师占领了。于是,旅长命令:"第47团两个营从东边向西打,西边向东打。"结果没有人了,旅长就派我去通知部队。当时,我还带了两个通信员。后来,我夜里跑去通知第47团的时候,城上机枪还在,打还有火光。我先到第47团,通知了第47团的团长,另外两个人通知在西门的第48团。

当时,旅长说:"人打光了,也要把阵地拿下来!"后来,师长王必成来了,王必成告诉旅长说:"老罗啊!有天光,国民党飞机要来了!"那时候,飞机就飞来了,当时我们又没有高射炮,你机枪一打,他飞机上就"咚咚"一阵排炮。我们部队没有办法,站不住脚,结果国民党援军又上来了。后来,部队拼手榴弹,拼光后拼刺刀,没办法,就是拼。战斗中,第47团团长的警卫员来报告说:"部队打光了,团长认为对不起党,自尽了!"第47团的团长是位老红军。当时,国民党打来,我们实在没办法,王必成师长才下令撤退,我们旅部司号员吹号集中,一起撤退到山东了。

---

[1] 罗维道(1914—2011),江西泰和人。1929年参加中国工农红军,1932年加入中国共产党。曾任新四军第1师第2旅第6团政委,新四军第6师第48团政委,新四军第6师第16旅政委、旅长等职。1955年被授予少将军衔,获二级八一勋章、二级独立自由勋章、一级解放勋章。2011年10月18日病逝于南京,享年97岁。

4　大战莱芜与孟良崮，灵胸战役左臂负伤

　　到了鲁南之后，我们打了鲁南战役，在枣庄地区击毁和缴获了国民党军 36 辆坦克。到 1947 年 2 月的时候，部队统一整编为华东野战军，我们华中野战军第 6 师整编为华东野战军第 6 纵队，下辖第 16、第 17、第 18 三个师，我们旅改称第 16 师。罗维道旅长先被调走，后来又回到师里，当了师长。我一直待在师部里，打莱芜战役和孟良崮战役的时候，跟在首长们身边。

　　进行莱芜战役时，领导就说过："这是大会战，要打很多天！"那一战，我们消灭了敌人 1 个师，有很多地方部队配合我们作战。打孟良崮战役，仇人见面就眼红，国民党第 74 师被困在山东孟良崮[1]，我们 70 多里直接跑过去，结果上山上不去，打也打不准。国民党是美式武器，用的是排炮，但是也怪张灵甫自己，在山区打炮打不准，最后被我们全歼了。

　　我身上负过最严重的伤是在左臂，时间是 1947 年 7 月，当时正在进行灵胸战役。打灵胸的时候，山区下了大雨。第 2 纵的 7 个连去攻打灵胸这个古城，但夜里发生了山洪，同志们一个拉一个，7 个连全部冲进城中，后面的部队没跟得上。敌人将城门关闭，7 个连，每个连 100 多人，弹尽后被全部消灭和俘虏了。粟裕司令员认为计划泄露，下令撤退不打了。

　　我当时正在师部，被打来的炮弹打中了左臂。我负伤后，被送到了医院。在山东的后方医院里，只喝中药，不吃西药，还吃了不少的黄牛肉，我现在都不吃牛肉了。我在后方，吃的是双伙食，前方发一块，后方是两块，津贴还照发，伤残等级定的是二等乙级。

---

〔1〕今山东省临沂市蒙阴县垛庄乡境内。

5 转业地方，回乡务农

　　1个月后，我回到了部队，后随部队到河南打开封，进行豫东战役，战役是由粟裕司令员指挥的。粟裕打了很多胜仗，有功劳，军事上有一套。1948年这年，我在河南转业到地方工作，最后从福建返回家乡。回到家乡的时候，我父亲已经去世了，母亲还健在，当时已经50多岁了。我还在部队的时候，有一天，母亲夜里梦到我喊她，以为我牺牲了，所以为我烧了两三年的纸钱。

　　我是1944年入的党。回家后，领导人介绍我去原华中五分区工作，我认为自己没文化、没有水平，就没有去。1953年，我经姐夫介绍，结了婚。当时我28岁，妻子22岁，家里只有两间茅草屋，也没有钱买嫁妆办酒席。我们俩生了一个儿子，今年也51岁了。过去打仗，安徽、浙江、山东、河北、河南、福建我都去过，最后就是从福建回到家乡的。

小学教员
从军报国

徐恭权

"那个时候我们学校里头宣传'国家兴亡，匹夫有责'，我们对日本人都很仇视。"

★ 口 述 人：徐恭权
★ 采 访 人：叶铭　莫非　杨天贤　毛天　邵泽玥
★ 采访时间：2016 年 8 月 10 日
★ 采访地点：江苏省南京市玄武区锁金二村
★ 整 理 人：乐凡　郝文璐

【老兵档案】

徐恭权，1915 年 2 月 26 日生，南京六合人，原先做小学教师。1935 年投笔从戎，加入军政部交通兵团第 2 团做汽车兵。抗战爆发后，1941 年考入中央军校第 18 期特科，1943 年毕业后到军政部学兵总队炮兵团做上尉参谋，参与保护援华石油管道。1949 年在云南起义。建国后 1951 年复员到江南汽车公司，1978 年退休。

1　师专毕业当小学校长

我于 1915 年 2 月 26 日出生在现在的六合区新集镇，现在属于六合区的龙池乡。我是地地道道的南京人。我父母生了四个孩子，后来老大夭折了，还剩三个孩子，我是老三。我父母是小商贩，家里头过去曾经开过茶馆，也开过米行。米行就是现在那种叫"买空卖空"的，当中赚个手续费就是了。

我小学读的是万里沟小学。毕业后，新集镇没有书读，就跑到县城，就是现在的六合区雄州镇。那时候雄州有个师范专科。旧社会上学收费很高的，一般人家读不起。但是旧社会有个好处——进师范不要钱。师范毕业以后要服从分配。我家里头没有钱，我就进了师专。那时候旧社会把进师范的叫"师范花子"，就是说像叫花子那样没有钱的人才到师范读书，有钱的都是进旧社会的普通中学。九一八事变之后，1932年的一·二八淞沪抗战由著名的蔡廷锴率部来抵抗日本人。那个时候，我们学校里头宣传"国家兴亡，匹夫有责"，我们对日本人都很仇视。当时，中国人当中汉奸很多。很多商家都在卖日本货。我们那时候就抵制日货，不买日货。我在师专学校的时候，学校都反对日货，劝大家不要买日货。但是过去有句话叫"无商不奸"，商家不奸就赚不到钱。日本货那时候是好的，许多汉奸卖日货，又便宜又好。我们怎么办呢？我们就告诉商家，日本人侵略我们国家，如果还卖日货，就是把我们国家人民的财富给日本人了。有时候宣传效果不行，我们就采取过激的行为，把日货拿去烧掉，想要以此引起商家重视。那时候社会上这种矛盾很多。

那时候我学习成绩比较好，是前几名，毕业以后就分配到现在的金牛湖那边，在马集有个大塘湾，我就到大塘湾小学当校长。那时候农村里头还不相信这种学校，都去读私塾。我来到这个初级学校，犯难了。那时候学校里面人不多，我觉得农民好像对这个学校不感兴趣。

我们那个时候也做些工作，就是鼓励家乡老百姓，告诉他们国家肯定有一天要好起来的。后来，我毅然投笔从戎，来到了南京。

2　投笔从戎考入黄埔军校

我1935年考取国民政府军政部交通兵团。那时候交通兵团有两个团：一团是空中的，就是搞无线电；二团是地上走的，就是开汽车。那时候旧社会有种说法，一个人要学出一个技术就不会没有饭吃，学个技术就有饭吃。所以我那时候也是中这个"毒"，我就说我要在交通兵团学开汽车，就到了二团。当时我们那个团长名字好像是斯立。1937年抗日战争全面爆发，我那时候就运输抗战物资上前线，也会开车去前线接伤兵。1938年台儿庄战役，我到那里运物资，然后运伤兵回来，先运到合肥，再运到武汉。还会把伤兵临时送到乡村的庙宇和学校里面，避开空袭。上前线拖伤员回来这一路，我亲眼看到我们国家太落后了。我们在前线带回的伤兵太多了，送到伤兵医院后，医药缺乏，医术也缺乏，伤兵受的伤目不忍睹。他们怎么治病呢？我一下想不起来了，就是想要治病却没有药。比如腿中弹了，要截肢了，怎么办？没有药，就只能是用锯子把腿锯断了。伤兵受不了，惨叫时真是叫人耳不忍闻、目不忍睹。这个太惨了！我那个时候虽然在汽车队里头已经升任到队长了，但看到这种情况，我觉得我还是要学点别的本领。

我要考黄埔军校第18期特科。为什么叫"特科"呢？军校里头分步、骑、炮、工、辎等科。我们这个特科是化学兵科。为什么学化学呢？到了后来我才知道，日本在东北有那个731部队，我们有个特科就是针对731部队。不过那个时候国际公约规定不能用化学品，就像现在不能用核武器一样。

我考军校是在四川报名、考试的，数学、物理、化学都考。还问一些问题，比如问我有没有看到学校门口写的口号，我说："看到了。"考官说："看到就要做到。"我说："当然了。"那时候的口号是"不成功便成仁"。我毕业拍的照片上面也有这句话。这是蒋介石讲的，他是校长。当时考军校要体检，我虽然有沙眼，但是不怎么重，所以通过了体检。

军校那时候在四川成都。考进学校之后，我们就参加入伍生团，学了有半年时间。在入伍生团还学数、理、化，也学一些持枪、瞄准、射击。有一个阶段学习的是步枪、迫击炮，学习一个阶段就打靶一次。我们人多，步枪一个人打三发,迫击炮一个人一发。那时候子弹少。当时给我们发的枪是三八步枪,一个房间有一挺机关枪,是捷克的。也练过拼刺,这都是必修课。在军校一天吃三顿饭,早、中、晚各一顿。我那时候因为个头小,饭量小,所以觉得不大饿。但有许多人吃不饱。饭是定量的,每人一个大碗,打饭的人把饭打到碗里,再拿一个碗一刮,就成了一平碗,一个人吃两平碗。我们上午学 4 节课,到第二、第三节课时,我们肚子就饿了,因为早上的稀饭、馒头吃不饱。那些从家里带钱来的同学都买东西吃去。我那时候没有钱,但我还忍受得了那种饿。我是 1941 年毕业的,就是日本偷袭美国珍珠港那年。我是提早毕业的,就是因为日本偷袭珍珠港,美国对日宣战。以前美国不好,只知道赚钱,我们国家抗战 1937 年到1941 年这 4 年期间,美国人都同日本人做生意。日本人偷袭珍珠港以后,美国才恼火了。

3　保护援华的飞虎队

1941 年毕业后,我被分到军政部化学兵总队。那时候美国已经对日宣战,我们那时候接受美国的援助。我们国家那时候太穷了,军队的装备很差,武器也很差。如果争取美国援助,我们就要参加远征军。我那时在军政部学兵总队炮兵团第 2 团当排长,准备到印度接受美国援助。我到了昆明,在上飞机的时候,要检查身体,我那时候沙眼很重。沙眼是传染病,发作的时候身上有癣,我就因此留下来在昆明治疗。那时候中国人害沙眼的多,留下来治疗的人很多。在我熟悉的几个团里,差不多有三分之一的人都留在昆明了。

我们这些人又成立了一个团,还成立了一个炮队。那时候美国援华的有一个飞虎队。陈纳德将军在昆明,我们就保护他,同时保护飞虎队队员的安全。

我们对上轰日本的飞机,对下保护陈纳德的人身安全。飞虎队队员的情况比较复杂,他们技术的确是好,也很勇敢,但有些人私人生活不是很检点,有嫖娼的,有酗酒的。我们还为此做他们的工作。那时候日本人偷袭珍珠港以后,他们知道美国有个援助中国的军队驻扎在昆明,就经常到这边来打飞虎队。我们就保护飞虎队。有一次,我记得很清楚,日本人来了几百架飞机,遮天蔽日,飞虎队毫不惧怕! 我看得很清楚,因为我那时候观察得很仔细。飞虎队队员起飞以后,径直冲到日本几百架飞机中间过去,一冲过去以后,日本飞机就分散队伍,然后就互相打。那时候我腿部被飞机的弹片击中,受了点轻伤。但还算好的,命保住了。

总队长李忍涛[1]将军我见过,他经常同我们讲话。他是云南人,美国西点军校毕业的,跟孙立人是同学。他是个大胖子。他后来阵亡的时候是保密的,因为要稳定军心。后来追认他为烈士,我们才知道他牺牲了。

我们除了保护飞虎队,还做机要工作。那个时候中国很多地方都被日本封锁了,只有从昆明到印度可以用飞机作运输。印度有个驼峰,山峰当中低一点,飞机就从驼峰飞过去。我们这个学兵总队的总队长李忍涛,就是在驼峰那里被日本飞机打死了,成了烈士。我们那时候除了保护空中交通线,还在地下修汽油管道。从印度铺到云南,我们白天就铺这管道,一共有上千公里,我们一直铺到抗战胜利。

在部队的时候吃得稍微好一点。在昆明时,美国人的单位很多,我们要站岗保护他们。他们吃的剩菜,我们回来当主食吃,有时候还收不到。我们当时军服穿坏了、穿旧了,就以旧换新。我们这个化学兵总队的符号、肩章是保密

---

〔1〕 李忍涛(1904—1944),云南鹤庆人,中国化学兵创始人。赴美国弗吉尼亚军事学院留学,毕业后又赴德国陆军参谋大学深造,学习理化科学和军事化学。1944年赴印度视察中国远征军防化学兵部。回国时所乘飞机被日军击落而牺牲。

的，不能够对外。

我们在昆明高射炮团，用自己以前用的机关枪，几乎没有高射炮。后来美国对日本宣战以后，美国支援我们一些高射炮。以前的飞机也好打，它俯冲过来，可以用机关枪扫射。后来敌人飞机就不俯冲了，改成直飞。我们用的高炮口径有好几种，我记不清楚了。那个时候拿给我们用，我们就用，不能挑选。那个炮弹是一排一排装填，这样威力大。

我那时候是上尉参谋，稍微有点文化。平时参谋的业务是联络，就是我们铺管道，哪一段要派多少人去，要带什么工具。有时候飞虎队队员出去玩，我们就派人跟着，还穿个马夹，上面写着"洋人来华助阵，军民一起爱护"。联络参谋就是负责和美国人联络的。那时候在昆明有个培训计划，在一个参谋学校。学校的领导是美国人，中国人是副职。我在那个学校参加培训，还学习英语会话。参谋业务没有培训什么东西，时间很短，就两三个月，是临时性的。

4 抗战胜利以后

抗战的时候吃不饱、穿不暖，胜利以后我们想过个好日子了，没想到国共分裂了。国共合作到 1946 年正式结束。那时候美国派了马歇尔来调停，但调停失败，国共双方又打起来了。1949 年 12 月 9 日，我在昆明，掌兵的卢汉将军那时候是云南省主席，他起义了。起义以后，我参加了人民解放军，1951 年复员回到六合，那时候六合属于苏北。当地民政部门问我："你回来想做什么事？"我说："我是四中毕业的，原来是在这边当校长的，我还想搞教育事业。"民政部门就把我安排到文教科。那时候是 1951 年 10 月份，文教科说："我们最近没有缺，不好安排。"我就去了公交公司，那时候叫作江南公司。我就干驾驶员，一直干到 1978 年退休。当然,解放以后,因为我是特科,被人说成是"特务科",以为是戴笠的那个特务科,所以我一直背着特务科这个黑锅。当时我履历上面有"特嫌"两个字,就是"特务嫌疑",这影响了我的家庭,影响了我的子女。后来平反了。

情报战线
建奇功

徐造熙

"轰炸我遇了很多次，都是死里逃生，所以我这个命是老天爷给的。"

★ 口 述 人：徐造熙

★ 采 访 人：叶铭　莫非　王泽颖　杨汉驰　毛天　杨天贤　邵泽玥

★ 采访时间：2016 年 10 月 14 日

★ 采访地点：江苏省南京市向阳养老院

★ 整 理 人：叶铭

【老兵档案】

　　徐造熙，祖籍安徽定远，1925 年出生于江苏南京。1941 年重庆大隧道惨案幸存者。1942 年进入国民党军委会特种技术研究室，1944 年进入国民党军事委员会政治部军中播音总队。

1　少年逃亡离家

　　我儿时在南京三牌楼小学读书。1937 年，日本飞机轰炸下关火车站。停课在家的我在老师的带领下，揣着家人给的 5 块钱出门"远足"。我们先是坐车去下关，打算出轮渡过江。到下关后，又逢日军飞机来袭，我们就赶紧乘轮渡过江。过江后，日本飞机在上面扫射，火车站附近也有机关枪扫射，带我们的老师也害怕。当时我们都是小萝卜头子，男孩女孩都有。虽然害怕，也要爬火车，没有客车，就爬闷罐车。当时飞机在陇海线上用机关枪在扫射，很危险。最终，闷罐车沿着陇海线把我们拉到徐州去了。从那时起，12 岁的我就离开了自己的父母，成了流亡学生。我离开家 7 天之后，南京沦陷了。我之后又到了河南鸡公山。当时在鸡公山有一处后方医院,我被安排去安慰一名伤兵。当时医院里的慰问品多得吃不完,足见社会各界多么支持抗日。

2 照顾受伤连长

后来,我先是到了郑州,然后去了东北大学。学生嘛,满腔热血,就搞了很多救亡工作。女孩子都给国民党一个后方医院收去了,当护士,还穿上了军衣。那个时候国民党和共产党是合作的。共产党把我们一些同学带到延安,就读陕北公学[1]。我则跟着江苏同学会、陕北同学会到了湖南浏阳。那个时候因为年纪小,我还当不上兵。女孩子当护士,有工资,有饭吃。我被安排去照顾一个国民党连长,他两条腿被打断了。我给他倒尿罐子,给他唱歌,帮他写信。他把他吃不完的慰问品分给我吃。

接着,我就跟伤兵们一道迁到河南。刚到河南不久,武汉又打仗了,我们就又到了湖北,就是洪湖赤卫队那个地方。那时我特别想家,可是回不去。有一天,我在长江边上走来走去,遇到了一个人,这个人讲:"小伙子,你多大了?"我说:"13岁。""你在这看啥?"我说:"我看这江水东流啊,就想起我的家。流亡了1年啊!"之后几经辗转,我被介绍到重庆一所学校读初中。

---

[1] 陕北公学是抗日战争时期中国共产党创办的一所具有统一战线性质的干部学校,是中国人民大学和西北政法大学等高等院校的前身。

3 隧道惨案中死里逃生

后来,战事紧张,我们一路后撤,经湖北沔阳到了湖南浏阳。抵达衡阳后,又一路奔波到重庆。在重庆,我先被分到大厦附中,后又转学到位于江北的南京青年会中学。那时,日本飞机几乎天天轰炸。[1]我那个时候年轻,才13岁,身体好,不在乎,不怕死。日本飞机疲劳轰炸,一批一批的,几天几夜不停歇。我们躲在防空隧道里。躲的时间太长了,隧道里面也不安排好座位,也没有通风设备。大家都坐得满满的,氧气不够,呼吸不通畅。我身上带了很多人丹、八卦丹,就吃了很多,让自己睡着,因为人睡着的时候呼吸慢。等我醒过来时,周围全是死人。我就往外爬,是在死人身上爬过去的。等到我爬到一半,救护队的防护兵进来了。他们先找活人。他们看见我,就把我抱出去了。这真是一次死里逃生!

我记得蒋介石亲自到这个洞口里来看过,这么多尸体,他都流泪啊!

还有一次日本飞机轰炸的时候,我去洞里避难。在那里面实在是受不了就跑出来了。可忽然之间,提示轰炸的灯笼又挂起来,飞机又到了重庆,我就近跑到别的洞里去了,那一排都是防空洞。结果正好日本飞机一个炸弹下来,掉在了我跑出来的这个洞子上,土方啊、石方啊全部把这个洞口埋了,500多人就死在那里面了,扒都扒不出来。想救人,只要一扒,上面的土就下来了。轰炸我遇了很多次,都是死里逃生,所以我这个命是老天爷给的。

---

[1] 日寇动用大量空军,日夜轮番空袭,对重庆市区进行惨无人道的"疲劳轰炸"。1941年6月5日晚发生了震惊中外的较场口防空大隧道窒息惨案。一夜之间,因窒息挤压而死伤市民数千人。这是中国抗战期间发生在大后方最惨痛的事件。

4　专攻日文情报翻译

重庆被轰炸成那个样子，蒋介石也没有说要投降，而是要和中共合作，抗战到底。这一点我们不能不称赞。之后，我考取重庆国民党军事委员会技术研究室第四组日文科。考取这个技术研究室人员训练班的时候，我才十六七岁。我毕业以后就是上尉了，专门搞无线电情报。我学日文的，所以就发挥所长，在日文科工作。日本偷袭珍珠港发动太平洋战争这个情报，就是我们科里收到和翻译的。担任翻译的是我们单位一位专门翻译日文、德文和意大利文的情报员。说来也巧，这个人也是我们江苏的。因为这个情报，他立刻从少校军衔升成少将军衔。后来，斯大林和中方在重庆成立了一个中苏情报合作所[1]。我后来又考入军事委员会政治部的军中播音总队，参加技术人员训练班。

5　爱好文艺，异国姻缘

我在重庆的时间，就跟蒋介石在一起，和宋美龄也经常见面。周总理我也见过，他是江苏淮阴人。我还记得他对我说过："小老乡，过来，过来。"之后我到政治部，也接触了文艺界的很多人，比如赵丹、北洋、秦怡，都见过。我上他们的课，学戏剧学，最爱莎士比亚悲剧。说起来，我也算是爱好文艺。长大后，我跟着张治中到了新疆，再到俄罗斯，我的老婆就是俄罗斯人。

---

〔1〕　中苏情报合作所，其正式名称为中苏技术研究所，1938 年 7 月 15 日在汉口秘密成立，后迁到重庆。

改造汪伪
起义海军

徐增先

"老百姓与我们的关系很好，他们给我们做好吃的，照顾得比照顾自己的孩子都好。"

★ 口 述 人：徐增先

★ 采 访 人：王志龙　薛刚　张英凡　李得梅　龙珍　潘祺琦　李梦雪

★ 采访时间：2017 年 8 月 28 日

★ 采访地点：江苏省无锡市国防科工委无锡干休所

★ 整 理 人：张旭飞

- -

【老兵档案】

徐增先，1927 年 9 月 26 日生，山东省烟台市海阳县小纪镇西索格庄人。1944 年 8 月参加八路军，1945 年 4 月加入中国共产党。曾任连指导员，师政治部干部部助理员、干部科科长，哈尔滨军事工程学院干部部干部科科长，长沙工学院第 1 大队负责人，国防科学技术大学精密机械系副政委。曾参加辽沈战役、抗美援朝战争。1955 年授大尉军衔。1985 年离休。

- -

1　日军扫射沙埠头小学

我是 1927 年 9 月 26 日出生的，老家在山东省海阳县小纪镇西索格庄村。家里有爷爷、奶奶、父亲、母亲、我和 4 个妹妹。在我小的时候，爷爷管家，父亲经常到东北做生意，贩卖点花生什么的，但是他很早就被人害死了。母亲叫辛花田，大妹妹徐增桂 1947 年当兵，起初是护士，后来又当了医生、妇产科主任，在沈阳离休。二妹妹和三妹妹结婚以后，就都到内蒙古当农民了。我从朝鲜战场回来以后，看到小妹妹在家里没有事做，就把她带到大连上学。因为当时我的大妹妹调到大连,我去南京学习以后,小妹妹就跟她大姐一起在大连。小妹妹上完小学以后,又去学了师范专业,毕业后在大连当老师到退休。

我家当时有二十几亩土地,由爷爷耕作,我因为很小,没怎么参加劳动。家里基本可以维持最低生活水平,平时吃饭就吃地瓜,饼子算好东西了,过年才可以吃馒头。我们庄子有 180 户人家,没有大地主。我家的生活水平在庄子上属于中下等。

1934 年到 1935 年间,我在村子里的一个私塾上学,里面只有两个老师。在上学时,由于我学得不好,经常挨老师的板子,家长即使知道也不会去找老师。在私塾学了两年后就上小学,学校的名字叫沙埠前小学,离我们村有四五里路。那时上学要交学费,并且不住校。我在小学学习了《三字经》和《百家姓》,但是由于很懒,没有学到多少东西。大概上到五年级的时候,日本人来了,他们在山上架起机关枪,对着我们学校扫射。当时形势很混乱,我就回家了。由于日军的侵略,我的小学没有读完。

2 面对日军扫荡继续求学

1941 年春,八路军赶走胶东昆仑山地区的国民党地方部队后,就建立了根据地,并在文登楚岘村创建了东海中学。我那时在家无事,但是非常想读书。听到这个消息后,就和我的邻居徐丙忠一起去报考。他当时没有考上,而我考上了。我到东海中学学习,选择了师范班,是想将来可以当个教师养家糊口。学校离我家有 100 多里路,当时兵荒马乱,我是一个人走路去学校的。

我们在东海中学过的是军事化的生活。学校归当地政府管。我们学校做饭给学生吃,如果学校没有做,就到老百姓家吃,不用给钱。根据地的老百姓负担军队和政府,包括政府办的学校。学校不提供衣服,我们在校穿的都是便服。

学校没有固定的地点。日本人来了马上就得走,有时候老师讲一讲课,讲完了以后就走。我们天天和日本人捉迷藏,今天在这个村子住,明天又到那个村子去。有时日本人来"扫荡",学校干脆就解散了,我们就跟老百姓一起跑,完了以后再回到学校。1942年日军开展"大扫荡",采取拉网战术,白天用机关枪扫射,把我们往海里赶。学生们被迫向荣成、文登方向退,眼看就要退到大海边无路可走了,最后还是八路军带着我们在敌人扫荡的空隙中慢慢突围出去。我就这样才捡了一条命。但是,学校的学生被日军冲散以后,确实死了好多人。我们突围以后,就到老百姓家里住下。老百姓与我们的关系很好,他们给我们做好吃的,照顾得比照顾自己的孩子都好。

由于日军的不断侵扰和扫荡,我们在学校根本就没上多少课。有时候,东海分区[1]的领导也来学校做报告,对我们进行政治教育。他们有的是老红军,有的是老八路。听了他们的报告后,我的思想觉悟有所提高。

3 参与改造汪伪海军

从1944年的8月份起,东海中学的所有高年级学生陆续都被编成了学兵团[2],由部队派政工干部、军事干部驻学兵团。我也被编入了学兵团,到部队驻地专门进行大概3个月左右的军事训练。我们穿上发的军服,配备步枪,带着手榴弹,像战士一样生活,早上起来跑步、爬障碍、投手榴弹、打射击。我的射

---

〔1〕 1942年胶东军区成立,第一军分区的主力是东海独立团,后第一军分区改为东海军分区。
〔2〕 在抗日根据地办的中学,高年级学生一般都要组成学生兵团参加专门的军事训练,主要是为部队输送人才作准备。

击、投弹、刺杀技术都是在参加学兵团时期学的。军事训练结束后,我们回东海中学继续上课。

在我们回到东海中学后不久,党组织决定从各个学校选一些人去改造刘公岛汪伪海军起义部队,同时也从作战部队里调了几百名班长、战士去那里。当时学校的领导就问我:"徐增先,你去不去?"我说"去",然后就报名了。我就这样去部队了。

到了部队后,很快就发给我们军装和步枪,政委和指导员天天给我们讲课,重点讲如何与起义的海军相处。学兵团成员与起义的海军以及选调的部队官兵混编在一起。部队来的有的当兵,有的当副班长或班长。我们学生来都是当兵。我们实际上就是去改造起义的海军,所以除了上课以外,天天与起义的海军在一块交流,并且按照八路军的规定,该训练训练,该上课上课。

刘公岛汪伪海军起义,是因为当时抗战形势发展,他们除了投靠我们,没有别的出路。所以,我们改造这些海军没有难度。此外,他们的文化程度比较高,我们调去改造他们的人也是部队中非常优秀的干部和战士,文化程度也比较高。部队让我们这些中学生去动员他们,就是因为考虑到了文化程度。这些安排也大大地有利于改造,双方官兵融合得很好。所以,他们过来以后,没有出现不服从改造、暴动之类的情况。当然,我们也提防他们,很注意他们的动作,这是很正常的。到日本投降的时候,我们还在改造这支部队。

4 赴东北参加剿匪和土改

我们听到日本人投降的消息后,大家都很高兴。但是,离青岛30多里地的即墨仍然被日本人占领着,他们拒不投降。我们当时准备去打青岛,但是首要任务是把即墨的日军解决。我们部队在打即墨时属于第二线。这场战斗大概打了一个晚上,俘虏了伪军 3 000 多人。后来,我们放弃攻打青岛,中央决定调我们去东北。我们就到龙口会师,在此还集训了个把礼拜。1945 年 10 月 25 日,我们从龙口登船出发前往大连,10 月 27 日早晨,我们在庄河登陆。我们这支部队当时叫辽东支队,支队的领导人叫田松。

然后我们一路行军,到达了黑龙江的牡丹江军区,主要执行剿匪任务,肃清哈尔滨以北的根据地土匪。另外,我们还要建根据地,搞土改。我们的部队到了以后,当时大部分土匪已经没有特别好的战斗力,他们听到我们来了就跑。我们打得比较费劲的一仗在一面坡。一面坡在一个平原丘陵地带,地处哈尔滨到牡丹江的交通要道上。那个地方的土匪比较顽固,我们打了一天才解决。

1947 年,牡丹江军区把我们从关内带来的能打仗的老兵都送到了前线,交给了在哈尔滨双城县的第 1 纵队;排以下的干部都去搞土改。我当时在连里当指导员,就带着连长、排长和副排长总共有八九个人到一个乡里面搞土改。那里没有恶霸地主。我们领导农民先把地主土地没收了,然后重新分配给农民,这样持续了 3 个月。因为我们去东北以后,整个根据地都在实行土改,大势所趋,所以在没收土地的过程中没有遇到太大阻力。

我们一边开展土改,一边动员老百姓去当兵。农民分到土地了,感觉共产党好,就愿意当兵,当时有好多年轻人当兵。我们扩大了一个连,大概有一百八九十人,基本都是土改中得利的农民。然后我们就训练他们,训练好以后,我们就去参加围攻长春。

5 从围攻长春到进军北平

1948 年 5 月,我们把长春的国民党军队围起来了。围攻长春的不光有我们这个师,还有好多部队。我们大概围攻了半年。长春跟外地断绝了关系,就是个孤城。国民党天天用飞机给他们投粮食。国民党投粮食的时候,我们就用炮打。我们的阵地离国民党的阵地大概不到 2 000 米,双方阵地中间是平坦地带。他们的粮食有时候就投到我方阵地。当时有的国民党军队士兵饿得受不了,就在晚上跑到我们这边来,我们也给予接待。我们战士穿成便衣去八里堡侦察时,看到老百姓很困难,没有吃的。老百姓从长春城里出来要吃,我们就给他们饭吃。老百姓是偷着跑出来的,我们在外面专门给他们熬稀饭,一大锅一大锅的。有一次,城里国民党军要突围,我们白天就得知晚上会有两个团突围。我们就在长春的八里堡外围和他们打了一仗,打了一天多的时间,这一仗我们牺牲了好几个连级干部。

解放长春后,我们就到了辽西,准备休整半个月。实际上没有休整,下午开会后就出发了。当时一个连队补充几十个国民党的兵,我们连补充了四五十个,都是分到各个班里。国民党老兵经过了很好训练,素质都比我们战士好。我们的战士是农民,没有经过严格训练。补充好了以后,我们马上开始行军,当时我在连里当指导员,带领战士一天走 100 多里路,走了半个月。从古北口跨过长城以后,我们直插廊坊,把北京包围了,把天津孤立起来。我们到了廊坊以后,就天天练兵,准备打北平。打天津时,我们部队没有去。有几个团长去看看是怎么打的,结果有团长牺牲了。天津打下来以后,北平很快就和平解放了。我们师没有南下,而是留在北京保卫中央。

1949 年 3 月中央进北京的时候,我们在西郊的西苑飞机场列队欢迎,并接受检阅,当时有炮兵、装甲兵,还有我们所在的陆军。我们留在北京的中央警卫部队那时改称中央纵队,有两个师的兵力,我们属于第1师。

6 献身国防科教事业

1950年,我们连到满洲里接收苏军装备,专门负责把武器送到广州军区,干了大概半年。那时,苏联给我们运送各种武器,数量很多,但是他们也向我们要钱。当时苏联有军队在旅大地区驻防,有空军师驻在东北,还有很多空军到朝鲜参战。1951年年初,我们师就调到朝鲜去了,1954年才回来。我们到朝鲜的任务是保卫交通安全,天天和美国的飞机战斗。美国飞机天天轰炸,要把交通要道包括铁路桥梁等炸断,切断我们的交通。当他们的飞机低空扫射投弹时,我们就用步枪、机关枪打他们。我当时在师政治部干部部当助理员,一直干到回国。回国以后,我们在大连接收苏军防务,成了大连军区警卫部队,归沈阳军区管。我又回到组织科当副科长。后来,政治部成立干部科,我就到干部科当科长。

1958年,我离开部队,到南京中高级步校学习。大概在1959年,中高和军事学院合并。1960年5月,我毕业了,没有回部队,而是被调到哈尔滨军事工程学院。我到哈军工时,院长是陈赓。当时陈赓不在哈尔滨,而是在北京,但他还是院长,大事要到北京跟他汇报,由他决定。我在学校没有见到过陈赓。1961年陈赓去世,由副院长刘居英当院长。当时是叫我们去当政治教员,其实我到哈军工以后根本就没干这个事,而是在干部部的一个科当科长。我在干部部工作了10年。1970年,哈军工迁到长沙,改为长沙工学院,后改为国防科技大学。到长沙以后,我就离开政治部到系里工作。我先到导弹系工作,后来成立了精密机械系,我又被调到精密机械系工作。1985年,我退下来,到了干休所。

这一生走对了路

凌 峰

"我参军前就做了两个思想准备：第一是不怕吃苦，第二是随时准备牺牲。"

★ 口述人：凌峰

★ 采访人：肖晓飞　谢吟龙　来碧荣　陶韬　程爱林　汪瑞琳　张英凡

★ 采访时间：2017 年 11 月 13 日

★ 采访地点：江苏省无锡市梁溪区曹张新村

★ 整理人：谢吟龙　肖晓飞

【老兵档案】

凌峰，原名凌龙泉，1924 年 11 月 4 日生，上海市人。少年时曾做过学徒、油行职工。在新四军干部顾强的介绍下，于 1944 年 11 月奔赴苏北参加新四军，在苏中二分区供销合作社、兴化独立团供给处担任会计。曾经参加过解放兴化战斗。渡江以后，在镇江军分区担任财务股长，后来调至高炮第 65 师担任后勤主任。1978 年 10 月，转业到无锡，1983 年 2 月从无锡市司法局离休。

---

1 从上海"出走"

我叫凌峰，原名凌龙泉，1924 年 11 月 4 日出生，儿时家住上海南市区泸溪街 26 号。抗战爆发以后，我逃难到法租界，局势稳定以后搬到了浦东。我的母亲是家庭妇女，父亲凌桂森是一家名叫为民植物油厂的机械工人。我兄弟姐妹共有五人，有一个大哥，我是老二，还有两个弟弟，一个妹妹。家中只有我参加革命。

我从 7 岁开始上小学。由于家里信天主教的，所以一开始上的是教会学校,但时间很短,是过渡性的。后来我转到私立商船小学,一直上到了高小五年级。

1937 年 8 月 13 日,日军侵占上海,我们先逃入法租界胜昌路避难。日军在1932 年 1 月 28 日来过上海,那时候我太小,没有印象,但是八一三时,我已经十三四岁,隔着苏州河就能看到四行仓库。当时逃难的人很多,我和我祖母走散了。我逃入法租界后,就到我父亲师兄开办的洋行里避难,在那里当看门的杂工。洋行靠近黄浦江,我看到江上有五颜六色的旗帜,有法国的、英国的,都是外国侵略中国的标志。和祖母失散后,就再也没见过她,所以我也不知道祖母是怎么去世的。

学校关门了,父亲的油厂也关门了。我几乎没怎么见过我父亲,平时他都不回家,一直在厂里。我和我祖母住一起。印象深刻的是,每年夏天很热的时候,他会回家,晚上会喝点酒,我们跟着"沾点光",喝一点正广和汽水。

此后,我在拉菲德路 503 号的亨太烟纸杂货店做学徒,这是一个四个人的小商店。我们三个人晚上就裹上被子在停汽车的车库里睡觉,自己买菜、做饭、打水。做学徒主要就是卖卖东西,打打杂。学徒没有工资,每个月发一点"月规钱",用途一个是理发,一个是洗澡,一般只够做这两件事。还有一个就是吃饭,我是自己买菜、烧饭、打水、送东西。那个地方洋人很多,我住的旁边就是一栋公寓楼,前面就是刘海粟住的地方,所以我就成了大画家的邻居,但我们没有见过面,因为当时他已经下南洋了。

我做了四年学徒工,打下了能吃苦耐劳的基础。那时候我就有了参加抗日的想法,因为看到日本人侵略我们,无恶不作。但是由于我文化低,也缺乏门路,没有人介绍,也就把抗日的想法埋在了心底。

四年以后,我被介绍到南成新油行门市部做职员。之前做学徒一分钱工资没有,只是发放月规钱,本来说是有分红,结果一分钱都没分到。当了职员以后，就有了工资，有了钱以后，我买了一套《鲁迅全集》，但后来我只拿回来两本，其他的都被别人拿走了。我还买了一台矿石收音机，不时地收听内地的消息。我又买了一架风琴，当时上海抗日救亡歌曲很流行，平时工作之余，我就自己弹。弹风琴我是自学的，没有人教。我印象中有一次风琴坏了，我就找一个苏州的工人来修，他会弹风琴，有的指法是向他学的。我的油行同事羌谷初，他的字写得特别漂亮，他教我怎么打拍子，后来我又自己学会了看简谱。

门市部后面有一条弄堂，环境非常脏。原先各家之间没有来往，我就发动邻居一起来打扫，以便之后大家来往。邻居家有一个叫"三囡"[1]的，大名叫顾莉萍，是个小学生，经常来跟随我学习唱歌、弹琴。她有一个大姐，是一位家庭妇女，叫顾涌。她还有一个哥哥是新四军，叫顾强。

不久，她姐姐顾涌也过来了，给我详细地介绍了苏北新四军的情况，也给我看了许多解放区的书籍和材料。我就迫切产生了要离开上海、参加抗战的想法。

后来，顾强得知我要参军的消息，便让我写了经济情况、社会关系的材料，准备介绍我参加新四军。这里还有一件事需要补充，1943 年的一个晚上，我刚好回浦东看父母，店里来了一帮日本人，还有汪伪的 76 号特务[2]，要抓共产党。那一夜我刚好不在店里，但我们油行的门市部主任刘继先被抓走了，后来在老板花钱打理之下才出来。第二天我回到店里，店里的人惊慌失措，都很害怕。我也很担心，如果那一次我在的话，我藏在两平米小阁楼夹墙里抗日救亡歌曲的手抄歌词就会被查出来。如果被抓，后果则不堪设想。

在这种情况下，我更加心切地要参军。1944 年 11 月 9 日，我终于离开上

---

[1] 第三个女儿的意思。
[2] 汪伪特工总部 76 号系汪伪政府的特务组织，全称为"国民党中央执行委员会特务委员会特工总部"，位于上海极司菲尔路 76 号，故名"76 号特务"。

海。那次顾强正好来上海采购,实际上他是来发展部队的。我们一起参加军队的还有上海永安公司的七个人,我和他们不在一起,我是单独的。我们乘火车到镇江,再从镇江渡江到江北,一路上都要经过检查。那个时候都是走小路。顾强是苏中第 2 分区第 18 旅的,苏中第 2 分区包括宝应、兴化、姜堰、高邮。到部队之后我们就没有见过面,之后他去了江西商业厅工作。他的妹妹顾莉萍后来在上海和油行的一个学徒结婚了,解放以后我回上海,还见过一面。

参军以后,永安公司里有一个人可能是由于身体方面的原因退回来了,退回来以后到第二年的 3 月份,他就当了日本人的特务。1945 年春天,羌谷初和顾强的姐姐顾涌也一起参军了。

到了解放区以后,顿时感觉心情舒畅了,似乎呼吸到了自由的空气,那时候我就下定决心跟党走。我参军前就做了两个思想准备:第一是不怕吃苦,第二是随时准备牺牲。一进解放区我就感觉到路走对了,参军直到现在已经有 73 年了。我参军后第二年就入党了,党龄也有 72 年了。

2　部队里爱唱歌的会计

我参军时已经到了抗日战争的尾声了。我是做会计工作的,一开始在苏中第 2 分区的供销合作社的门市部做会计。在第 2 分区做会计,主要就是记账,对下面团一级、县一级的分支单位进行管理。那时候的经费、马料、粮食,凡是部队里面的供给方面,都由我负责。供销合作社不像现在的商店,东西很少。像牙粉、草木灰都是上海采购来的,有专门负责的采购员,还有一些部队里的日常用品如纸张、布匹等,都是由我们供应。东西都装在箱子里,晚上要搬到船上,当汉奸部队来"扫荡"时,我就把船摇到草荡子里面去,埋伏起来。晚上我都是睡在船上的,船就是我的家,一待就好几个月。

到了第二年,我就被调到了兴化独立团,在供给处当会计。在兴化独立团主要是负责会计和出纳,做的也都是流水账。每个月也有一点津贴,很少。

对日作战的过程中,我只参加了一次战斗,就是解放兴化的战斗。8月15日,日本人投降。本来是我们受降,日军和伪军的武器装备应该交给我们,但蒋介石下命令让我们原地待命,所以日本人保持现状,不让我们接收武器装备。最后我们进攻兴化,并打下兴化。兴化的伪师长叫刘湘图[1],他手下有6 000多人。这场战役是由苏中军区组织的,我们兴化独立团主要是打北门。打下兴化以后,主要的任务就是清理战利品,前后共清理了一个星期。在整个对日作战期间,我就参加了解放兴化的一仗。

我是1945年12月1日入党的。当时部队有一定变动,我也跟着调动了好几次。介绍人有两个,一个是组织干事,另一个是宣传干事,但是我们很少见面。入党有三个月的候补期,有入党宣誓仪式。

之后就是解放战争,我参与了全过程——从开始一直到渡江战役。在解放战争初期,条件非常艰苦,我们的力量很薄弱。当时蒋介石大举进攻我们解放区,同时还乡团也回来了,所以一开始的时候,我们没有立足之地。老百姓也怕,过去我们和老百姓的关系很好,但这时候去敲他们的门都不开了。我们就从原来的根据地撤出来,那时候很困难。之后情况慢慢改变,有的地区恢复了,不过想要回到那些老地方也是很困难的。原先解放区想要吃粮都很方便,因为有自己的政府机构。我虽然是会计,但也要帮助他们运粮。有时粮食从敌占区运送过来,接应不上了,我们便经常半夜三更去买粮。到了一个新地区,粮食问题都是很困难的,我们主要是从做生意的那里买进粮食。记得有一次,部队粮

---

[1] 刘湘图,原国民党将领,曾担任国民党鲁苏联军西北集团军总指挥,1941年4月与国民党军第117师参谋长潘干丞一起投降日伪,后被汪伪政府任命为伪22师长。1945年9月,在解放兴化城战役中被新四军俘虏。

食困难，我揣了几颗手榴弹，找了一个侦察员，带了一些伪币到老乡家里面买粮食，具体地点就在周庄。

我们从扬州渡江，到达了镇江。在渡江之前，我是供给处的副主任；渡江以后，我就在镇江军分区做财务股长。解放战争中，我立了一个三等功，到了镇江军分区当财务部长时，立了一个二等功，同时被评为机关工作模范。

我的文化程度是小学五年级。渡江以后，部队上就找了一批知识分子到教导大队，有军事的，有政治的，共 100 多个人。他们找我编写军队会计教材，还让我讲课。我那时候也不知道什么是困难，上面交给什么任务，就得想办法去完成。讲课我也不太会讲，我家里都是不大会说话的人，面对的学生大多是初中生，也有高中生，我只能硬着头皮讲。

另外，我还提倡改善部队伙食，那时候部队吃两顿稀一顿干，早晚都是稀的，中午才是干的。我提出吃两顿干的，一顿稀的。后来我带着财务部的年轻人积极工作，顺利完成了各项工作，报的是三等功，上级提了一等，算二等功。

当年在上海的时候，抗日救亡歌曲就广受群众传唱，我学会了很多，如《松花江上》《流亡曲》。《流亡曲》这首歌的歌词特别好，我很喜欢这一首歌。最令我感动的是《五月的鲜花》，这首歌的写作背景是东北 3 000 万人遭到日本帝国主义的侵略，蒋介石不抵抗，东北成为沦陷区。2015 年是抗日战争胜利 70 周年，我记得我还朗诵了一段呢。参加了新四军，我唱的第一首歌就是《新四军军歌》。平时我在部队唱得多的是《大刀进行曲》《保卫黄河》《太行山上》《黄水谣》。黄水谣的歌词写得很好，日本鬼子来中国前后，这首歌的歌词重新填写了。离休以后，我还经常出去参加合唱、独唱表演，唱的都是革命年代的歌曲。

3 建国以后的经历

渡江以后，我还在财务系统工作。到了 1952 年，开展"三反五反"运动，反贪污、反浪费，财务机关就成了"深山密林"。所谓"深山密林，就有大老虎[1]"，财务既管钱又管物，你就成为了打"老虎"的对象，在这一关上我是过硬的。我自己是一个勤俭奉公的人，我经常会拿出自己的东西来供给大家。那时候我们供给处三个关系好的股长，两个人都有问题，但我什么问题都没有。

1952 年 6 月，为了对付空中敌人，成立了高炮部队。我被调到炮兵第 65 师第 614 团当后勤主任。这时候"三反"还没有结束，由于地方需要，很多部队从步兵改为了炮兵，就需要大量的汽车。我当后勤主任时，在山东德州训练了一年，又立了一个三等功，这是抗美援朝之前的情况。

到高炮第 65 师不久，我就结婚了。起初，顾涌参军后，我的同事羌谷初就让我和顾涌谈对象。但那时候有个所谓"二八五七团"的条件，即年满 28 岁，有 5 年党龄，7 年军龄，团级及以上干部才可以结婚。当时我还是一个排级干部，所以我根本没有把这件事情放在心上。渡江以前，我是副营级干部，到了高炮第 65 师以后，成为正营级干部，才结婚。

我太太叫陈传云，扬州仙女镇人，她的父亲在苏南供电局工作。1949 年 8 月，她进入镇江军分区教导大队第 3 队做学员，后来分配到我们财务股，和我是同事。她比较勤劳、老实，身体也比较好，长得也蛮过得去。我们结婚说起来也有意思，"三反五反"的时候，正好成立了高炮第 65 师，批准我们两个人结婚并调动工作，先是后勤处党委批准，后是军分区组织科同意，再一个是苏南军区政治部组织科批准，一共经过三级。调动工作的时候，我们俩一人一个背包，在常

---

[1] 大老虎，指贪污腐败分子。

州集合。我们俩于 1952 年 6 月先到无锡，在她家里住了一个晚上，第二天到了常州。常州这边也知道来了一对小夫妻。供给处主任有一间房间，可是她晚上直接去了女同志的集体宿舍。人生地不熟，离开镇江的时候正赶上"三反五反"，我们还是各自分开的状态。后来，她们卫生队的卫生员把她的背包拿到了我的房间，这个就算结婚了。一根烟、一颗糖、一分钱也没花，我们 65 年就这样生活过来了。

1953 年，我跟着部队入朝，打了一个多月就停战了，只打了几仗。在有一次部队对空作战时，由于消耗了大量的炮弹，我自己亲自从后勤处把炮弹送往前线。1954 年回国，部队调到福建罗源县，师部仍在浙江，我们一个团被调到福建南岸，掩护炮击金门。到了福建以后，我被调到炮兵第 65 师后勤当政委。根据苏联编制，那时候叫后勤副师长。当时山西决死队[1]的李新（音）当了后勤副师长，但他们不懂业务，于是我就帮着做了一些工作。我当时是政委，他是副师长。

1958 年我被评为师里的先进工作者。1959 年我参加了 10 周年国庆观礼，当时全师就我和第 623 团的排长邱锡初参加了。我们从福州坐车北上，在北京见到了毛泽东、刘少奇、周恩来、朱德等中央领导同志，还在人民大会堂宴会厅见到了赫鲁晓夫。这段时间是我一生中最幸福的日子。我在第 65 师一共待了27 年，在部队待了 34 年。第 65 师有 3 个团，2 个部门。我在后勤部待了 4 年，又在政治部待了 8 年。最后在政治部副处转业下来。1978 年，我 54 岁时转业。

部队不能干了，我就到地方上干。因为我在政治处掌握转业指标，有了无锡指标，我就转业到了无锡。1978 年 10 月份，我转业到无锡，在市公安局做副局长。后来到了司法局，在 1983 年 2 月从司法局离休。可惜的是，我老伴离休

---

〔1〕 山西决死队，全称为山西青年抗敌决死队，又称山西新军，抗日战争时期中共与阎锡山合作在山西组织的一支新军。

第二年就患了中风，到今天已是 32 年 3 个月，半身瘫痪，还不能说话，我一直陪伴在她身旁。我曾经说过，要照顾她 20 年，力争让她活过 80 岁。如今她还在我身边，算是带病长寿。她发病以后，我还参加了老年大学，参加了老干部艺术团，还集邮，还教小孩子们唱抗日救亡歌曲。2008 年北京奥运会，搞了一个邮票展览，我代表江苏省参加展览，还获得了证书。平时我就在基层办一些邮展，主要是为了弘扬爱国主义精神。有时候我也参加朗诵，保持大脑一直转动，不退化。

我在上海待了十几年，十三四岁离开家以后就没回去过，在外面待了 73 年。我是年轻时候走对了路，到了晚年还能老有所为，这是我给自己的人生总结的。

难民从军
报国

栾德群

"我不后悔当年参加抗战。"

★ 口 述 人：栾德群

★ 采 访 人：叶铭　袁健　薛刚　张英凡　蔡青　李彤

★ 采访时间：2016 年 12 月 29 日

★ 采访地点：江苏省无锡市锡山区华夹里

★ 整 理 人：杨汉驰

【老兵档案】

栾德群，1921 年生，江苏省宜兴市人。1939 年考入中央陆军军官学校第 7 分校第 16 期。1941 年军校毕业后分配到新兵补充第 1 队当排长，后到军政部铨叙厅七处任职。1946 年分配到青年军第 202 师，军衔少校。建国后受到冲击，1980 年平反。

---

1 抗战爆发，背井离乡

我叫栾德群，是江苏省宜兴花桥镇古城乡人。我的父亲在当地经营一家杂货店，我 8 岁的时候他就不在世了，我母亲后来出家了，我在外婆家里长大。我还有一个同胞弟弟叫栾德明，被过继给伯父。我外婆家是地主，家里条件比较好，所以我就读书了。后来日本人来了之后，我 19 岁就跟着我们学校宜兴中学到后方去了。

1937 年抗日战争全面爆发，日本飞机时常出没于无锡、宜兴一带，我们经常跑飞机、躲警报。空袭时我们不在镇上，飞机是看见房屋、居民区集中地方才打，我们就离开居民地，逃到旷野。日本人顶多用飞机机关枪扫扫。大概八九月，日本人打上海，为逃避战火，我背井离乡。

我们走的时候是乱得不得了。本来是跟学校走的，到后来人多了之后大家就各走各的了，也不知道目的地。大批难民都在跑，有火车的坐火车，有汽车的坐汽车，不要钞票，都是国民政府安排的。吃、睡是在学校或者庙宇等地，大家打地铺、吃粥——也是政府管，不要钞票的。

▋ 2 军校生活

我们作为难民，一直逃到陕西省西安。到了西安之后，生活都要钞票，我生活困难，又没有亲戚朋友，所以就去考黄埔军校七分校 16 期步兵科，过去叫中央陆军军官学校。七分校在西安王曲镇，我在那里学习了差不多一年半到两年。因战时需要，入学考试难度不大，但是它要有学校证明，证明是高中生之类的，假如没有的话，只要中学里面的老师证明你是高中毕业的就可以了，简单得不得了。入学只需要提供中学学历证明和个人自传，不需要考数、理、化和英语，黄埔军校里有个外语系是要考英语的。但学校重视体检和口试，体检很重要，文化倒是其次，身体是第一。文化差慢慢可以学习的，反正到军队里用不着数理化。体检就是看身体状况，看五官端正不端正。假使你瞎了一只眼睛，或者五官不端正，学校是不收的。

我考军校还不清楚什么为国的大道理，实际上是为生活，为国为民没什么人懂的，因为没受过这样的教育。军校生活非常艰苦，刚开始学生连宿舍都没有，只得借宿农村民房，上课也在操场上。那时候吃得还可以，比老百姓好。一天吃两顿干饭，大米、小米都有，小米吃得极少，面粉、面条、馒头什么的都有。

馒头多点，米饭少，馒头是玉米通粉做的。偶尔有肉，隔个三天五天，一个礼拜打两次野鸡。一年穿两套军服，一年分两季。5月1号开始换季服，要么是棉制服，要么是单制服，棉制服要上交的。平时礼拜天放假，学生放假出去限制活动范围，但没有当逃兵的，大家认为自己是军校的学生，将来是出来当干部的。

教育分入伍生和军官生两个阶段，入伍生学习的时长为六个月，以军事训练为主，也学习典范令。有三操两讲[1]，早上要出操，然后要上课，学步兵学的那些东西。入伍生还要进行打靶训练，打靶不多，步枪打靶一次使用三发子弹，用的是比较蹩脚的枪。我在打靶训练中小心得不得了，教官教我们怎么握枪柄、怎么瞄准，我都听得很仔细，打靶成绩整体好得不得了，所以教官总说根据我打靶的成绩，应该要把我提拔当狙击手。长官要求我参与狙击手培训，因我选择接受军官教育而作罢。

此外，我还在射击训练中使用过捷克式轻机枪，一个弹夹20发子弹，而三十节式重机枪有150发子弹。我也进行过手榴弹投掷训练，平时就用木头做的手榴弹训练。我们也训练劈刺，劈刺学的是国内自己的，防左刺防右刺那些东西，前行后退，都是简单的。在军官生阶段要学习通信、军制等八大课程，交通、工程……都有学的，现在几乎都忘掉了。不过这些课程都学的常识性的知识，没有什么深奥的东西。我们课程不紧张，老教官都是保定军校出身，要求不严，都不是蒋介石的嫡系，蒋介石不放心他们带兵，就让他们做教育工作。

我们也要接受政治教育，那时候政治课讲总理遗教、孙中山的三民主义、一本蒋介石的言行论，也讲为什么抗日。那时候蒋介石国民政府提出的抗战和共产党讲的抗日，这里面有区别的。共产党抗日，因为我们一直对外打日本人。蒋介石提出要抗战，为什么讲抗战呢？要推行三民主义，哪个妨碍推行都要打，

---

〔1〕旧中国军队按照德国和日本操典实行的军队生活制度。三操，即每天早、中、晚三次士兵出操。两讲，即部队主官在早点名和晚点名之后对部队的一天工作进行布置与讲评。

不是光抗日的问题,共产党妨碍推行三民主义就要打,所以叫抗战。日本人来了,侵犯我们领土,侵犯我们国家民族,同时使我们的三民主义不能推行。共产党也是阻碍三民主义,国民党不要推行共产主义,所以叫抗战建国。

我对军校总队长胡长清非常崇拜。胡长清是胡宗南的得力将校,蛮能干的,结果牺牲了。胡关爱学生、要求严格,但对我们学生不严,反而对我们中队长、分队长严得不得了,特别是对分队长,就相当于排长一样,他严得不得了。他不仅是对他们说话,还有作风各方面都很严格,会给他们处分。分队长、中队长打人的事情是从来没有过的,就有一次我们排伙食,都是学生排的,伙食不好,中队长就去打采购员。中队长吃不到肉不买账,一个嘴巴一打,我们的小学员就"哗"全部站起来,这是体罚呀!中队长后来就被调走了。这个中队长叫杨坤,他是四川人。我还不知道胡长清当时的共产党身份。陈继承是我们教育长,看也没看见过。在军训期间,我还见过朱绍良、胡宗南等高级军官,还在毕业典礼时聆听蒋介石训话,但因接触较少而印象不深。我们见到他们要敬礼的,一边走一边敬礼。有种叫室内敬礼,有种叫室外敬礼,有区别的。一般室内是一进门就脱帽,叫室内敬礼鞠躬;室外叫举手礼。我们的毕业典礼因为空袭中断了。

3 在新兵补充第1团当排长

我毕业后被分配到后方新兵补充第1团当少尉排长,在师管区参与征兵工作,在工作中登记新兵名册,管理及训练新兵。新兵不是抓的,是征兵征来的。那些新兵学打靶的很少,分发到部队里他们学打靶,枪也没有。我对他们不严格,我们的目的就是不叫他们逃跑,要逃跑的话,我们基层队伍有责任的。每天早晚点名两次,几十个人,名字我都背得出。晚上要查房,生活上要照顾他们,伙食也要管。他们一天也是吃两顿,吃面条和馒头,比在家里吃得好一点。我们吃当地称为"精粮"的,吃的面粉,杂粮不吃的。逃兵不多,因为逃跑还要被抓回去,抓到的逃兵有些要挨打的,打屁股。这种教育方式也是蛮落后的。我也和新兵讲抗日道理,这是例行公事。新兵训练大约半年,内容和入伍生一样,分一等兵、二等兵,也拿军饷,一块多钱。然后新兵由正规部队来接收,我们就不管了。我们师管区的新兵都补充到西北的中央军。

4 在铨叙厅工作

后来我通过自己当律师的舅父邵贯红托军政部铨叙厅厅长钱卓伦[1]的关系到该厅第七处任职,我说我要到重庆去,天气凉受不了。铨叙就是审查学历、经历。比如讲学历,你学过工兵,但要去当炮兵,就不允许这么做。升迁调拨,下面报上来,我们审核。对的就算数了,不对的就调整。七处的主要业务就是负责审核军队文职人员的学历、经历。军官经过铨叙的才正式任官,不通过就算黑官。我们管将级以下的,一般三天之内要把公文批回去。你大学毕业的证书,如果没有要补上来,需补原件。再比如,你报上来是常委,过去常委上面发给你的证件肯定要拿过来,不拿来我们就要退回去。假的证件也有,假的就作废,有的要抓起来,我抓到好几个。我们不发任用命令,任用命令是基层发的。你报上来一个证件,要把任用命令拿过来,有任用命令就说明证件是正式的。有些造假的也碰到得多了,把证件改改这些事情都有的。比如有一个人他是会

---

[1] 钱卓伦(1890—1967),国民党陆军中将。江苏宜兴人。陆军大学毕业。抗战时期,历任保定行营副参谋长、后方勤务总司令部参谋长、军委会铨叙厅厅长。1949年11月去台湾,1967年在台北病逝。

计，会计是个三等证，他把当中的"三"字中间的一横挖掉，变成二等证，到我手里我一抠就晓得他造假。同时我们发出去的证件要留底的，一对存根就行了。存根就放在档案室，从档案室把它调出来一看就知道了。

5　抗战胜利以后

我记得知道抗战胜利的消息是晚上九点，当时我正在看进口电影，听到日本投降的消息后，和人群走出电影院庆祝。这个经历现在回忆起来是蛮有意思的，那时候我还年轻。胜利的时候，我们是工作人员，所以不能出去游行，但游行的人还蛮多。我当时想我肯定要回南京，到南京之后个人的生活不知道会怎么样。我开始考虑个人事情。后来我们坐轮船回南京。

1946 年我被调到青年军第 202 师第一处负责人事管理工作，驻地为苏州、上海。正好就和原来的工作相反。原来是下面打报告我们批，现在是我打报告给上面批。此时我 27 岁，军衔为少校。我工作认真勤勉，有文件来，要通过收发室，我在旁边就关照收发。第 202 师军官奖惩都要我们管，我只负责审核，有些报上来情理上不合的话我要批驳他；假使他正确的话，我就报上去。第 202 师师长对我特别好，说只有第一处帮他做事情。

第 202 师第一处处长丁国柱是镇江人，和我谈得来，他夫人也是宜兴人，曾为我介绍了一位未婚妻，是崇明人，一直在苏州长大的。她是抗战时期伪江苏省政府主席高冠吾的外甥女，毕业于东吴大学。结婚前上海解放，我未去台湾，与婚姻失之交臂。那时候我在上海，29 岁，外婆跟我说："去有什么意思？"我被她一讲就没去，否则我就到台湾去了。一直到 90 年代，才认识现在的老伴。现在我居住在无锡，每个月拿 3 500 多元退休工资及国家补贴，我不后悔当年参加抗战。

开车押解
战犯谷寿
夫上刑场

唐泽其

"我现在之所以说这些，只希望让更多的人记住那段历史。"

★ 口 述 人：*唐泽其*

★ 采 访 人：叶铭　莫非　袁健　黎云海　张英凡　蔡青

★ 采访时间：2016 年 10 月 13 日

★ 采访地点：江苏省无锡市新吴区邮电新村

★ 整 理 人：袁健

【老兵档案】

唐泽其，1922 年 10 月生，贵州凯里炉山洛棉村人。1938 年 9 月加入国民党军交辎兵团。1942 年随第一次远征军入缅作战。1943 年参加驻印军新编第 33 师缅北反攻。抗战胜利后调入陆军总司令部汽车队。解放后在华东邮电学院学习一年，1950 年毕业后分配到无锡邮电局。1984 年在无锡邮电局退休。

1　顶替二哥去从军

我家乡是贵州凯里炉山洛棉村，我家世代都是山里种地人。父母生了我们兄弟 3 个，因为家里穷，兄弟 3 个都没读过书。我去当兵是 1938 年的秋天，正值家乡收割稻子。政府规定"三丁抽一，五丁抽二"〔1〕，原本抽中的是我二哥，他因为刚结婚不久不肯去当兵，就躲了起来。我家里穷，没有办法，只有让我顶上去，那年我才 16 岁。部队走的那天，我没有告诉家里，我怕妈妈知道要哭的，

〔1〕 民国时期服兵役的一种形式。如果家中有 3 个成年男子，其中 1 个就要服兵役；如果家中有 5 个成年男子，就要有 2 人服兵役。

就悄悄走了。

我第一次离开家乡去贵阳,不知道是不是水土不服,路上就病了,得的打摆子(疟疾的俗称)。有一个老乡叫杨老发,比我大七八岁,一直把我从家乡炉山洛棉村又背又扶到贵阳。后来我才知道他的真实姓名叫王德超,是凯里万水人。他家里收了钱,让他顶替杨老发的名额来当兵的。对于他,我是相当感激的。因为我岁数小,他以大哥的身份一直照顾我。从家乡出来当兵的老乡有100多人,我们去贵阳共走了4天。来到贵阳没多长时间,我们同乡100多人一起来到马连坡,编入177官兵伤兵收容所,部队在中越边界老河口,兵种是担架兵,这个时候才发了军装。当时所长叫吴凤生,连长也姓唐。那时177官兵伤兵收容所救治的伤员不多。

2 远征缅甸兵败野人山

1942年年初,177官兵伤兵收容所隶属军政部管辖。当时政府成立了中国远征军,我们177官兵伤兵收容所被归入远征军序列。我们去缅甸是先乘火车到昆明,然后从昆明乘汽车,直到汽车没有路了,没法开了,我们官兵伤兵收容所成员就全部下车改成步行。1942年3月16日我们进入了缅甸腊戍。官兵伤兵收容所的主要任务是救治伤病员,到达后仅仅个把月的时间,前线部队一直打败仗,死伤人数惨不忍睹。伤员都是从南面过来的,我们收容所负责把伤员转送上汽车,再转轮船,转火车。遇到伤情严重的,就在收容所救助站里做一下应急处理,然后运到后方医院去。我们收容所有两位医生,一位姓蒋,还有一位姓姚。在一个叫丁加沙的地方,前线运下来的伤员太多,整列火车都坐不下。上面命令没受伤的人和轻伤人员不许乘火车,步行前往目的地。我们班里12

人,都属于身体好的,都没挤上火车。后来听说这列火车在密支那被日军炸了,整车人全部死光了。车站和轮船码头及主要公路是日本人飞机的轰炸目标,我们收容所基本上天天受到日本人飞机的轰炸。我们 177 官伤兵收容所里都是担架兵,平时也没有系统训练过,根本没有打仗经验,全部乱哄哄的。有一次日军飞机轰炸,大家都往丛林里跑,部队全部跑散了,我一个人在荒山野岭走了两天一夜,一点法子也没有。后来乱走时发现了铁轨,沿着铁轨走了出来,并找到了我们部队。

进入野人山是 1942 年五六月份。当时腊戌被日本人占领了,我们部队原本随第五军向密支那撤退,结果密支那也被日本人占领了。我们远征军被迫在孟关进入野人山转向印度,上级命令我们丢掉所有的重型设备(车辆和医疗设备),连粮食也没多带,轻装进入了野人山。进山前我准备了一把柴刀,还真派上用场了。五六月份正值野人山雨季,天天下雨。晚上过夜看当时的情况需要,就地取材,砍些竹子搭个架子,上面用芭蕉叶盖住挡雨,同时还生一堆火,把衣裤烘干第二天继续穿。有野兽出没的地方,就在树上搭个棚子,上风口生堆火可以驱赶蚊虫,有时候太累了,找个干燥的地方倒地就睡。

那些蚂蟥、蚊子、蛇虫多得不得了。蚂蟥不仅水里有,树上也有,特别是树叶上很多。大部分是行军的时候,树叶上的蚂蟥掉进脖子里,或者是走草丛湿地的时候,从裤筒下爬上来。被叮的时候一点感觉都没有,等发觉有蚂蟥时,它已经吸足了你的血。蚊子一群一群的,大得不得了,被叮后常常染病,生病后加上没药,没东西吃,基本上过不了生死这一关。我们一开始在野人山里喝的主要是山沟里的水,吃的是山里的芭蕉树,把树皮剥掉后吃里面的芯。那味道有点香蕉的甜味,并不难吃。有时打一些野味,我们部队运气好,还打了一头小野象,割成小块用火烤着吃,没有盐,没有调味品,就烧烧熟,然后就啃了。收容所医生原本很讲卫生,那时也是和我们一样,割块肉往火里一扔,熟了就拿小棍子一戳，放嘴里啃了。人都快饿死了，谁还讲卫生啊。后来实在找不到吃的了，就吃芭蕉树皮、草根。

其实撤退前小镇上粮库里吃的东西有的是，急急忙忙的都乱套了，谁也没想到要带些。我们贵州凯里的兵都是山里出来的，从小山里长大，比其他地方入伍的人要适应野人山的环境，但是死亡威胁还是接踵而来。有一个叫魏老四的贵州老乡，过一条十来米宽的小溪的时候，我们班的其他人全过了，就他在最后。水流越来越大，加上天越来越黑，他就没有过河，耽搁了一晚。可能是晚上受凉了，得了感冒，还拉肚，由于没药，身体越来越差。他是个大块头，最后还是死在野人山里。还有一个孩子兵，不是我们家乡的，是路上遇上一起走的，比我还小三四岁吧，一股子孩子气。那天晚上我俩睡在一起还好好的，第二天早上叫起床时就不行了。嘴也歪了，脸形也变了，我们估计是营养不良饿死的，就在附近的小河边挖了个坑给埋了。我们部队一路经过，天天能看到死去的人，一辈子也忘记不了。

在山里走了有几个月的时间，还是老乡王德超和我一直在一起，相互照应着，爬山拉我上山，遇河拉我过河，真正的患难兄弟。解放后我去他家找过他，一点消息也没有，估计他在东北战死了。快到印度边界的时候，才有部队沿路安排接待站，下发一人一两米，只准煮稀饭吃，听说是因为前面有人吃得太多而撑死了，吃完就继续赶路。1942 年八九月份的时候，我们到了印度新维接待站，每个人都又黑又脏，人不像人，鬼不像鬼的，骨瘦如柴，全身都是跳蚤。接待站就让我们洗澡，把我们的衣服进行高温消毒（放在一个大容器用水煮），然后吃饭、治病，感觉从地狱进入天堂了。因为我们官伤兵收容所的都走散了，到了这里我们才发现部队一起进入野人山的有 100 多号人，只剩下 20 几人了，他们不是打仗死的，而是在野人山饿死的。

3　兰姆伽整训及缅北反攻

在印度新维接待站休息几天后，我们又是坐火车又是乘轮船，来到兰姆伽[1]。在兰姆伽，我们这些从野人山退回来的部队重新进行了整编集训，全部换上美式军装，配备美式武器。我被编入新编第 38 师独立炮兵团第 3 营第 1 连第 1 排，师长是孙立人，独立炮兵团团长是史玉襄，第 3 营营长是曹世理，副营长是李汉庭，第 1 连连长是冯浩，第 1 排排长姓刘，我们班长是姚绍山，班里共有 10 人。我们部队的编制是一个连 4 门炮，配备的大炮是美国 105 榴弹炮，我是一炮手，负责大炮左右方向的瞄准。我们那个炮要攻击时，先要选择一个炮兵阵地，把炮架好，在炮的后方立一根标杆。由观测员去选定一个目标，然后把数据报回来，我们根据前方发来数据修正炮位、角度、药包数进行试射，试射完成后，把这个点叫原点，以后打炮就以这个为依据，观测员报告原点向左或向右多少度，原点向前或向后多少，加药多少然后再进行炮击。炮弹头和弹壳是分开的，火药有 7 包，每次作战看目标远近来决定用几个药包，然后把炮弹头和弹壳装好，才能正式使用。炮弹爆炸方式也有几种，空炸就是离地几十公分爆炸，主要是敌人逃跑时用来大规模杀伤敌人；瞬炸就是不管碰上什么就炸；延时炸就是炮弹落地后不炸，过几秒后再炸。我们炮兵一般布置得很隐蔽，都是用代号，也不说地名，只知道胜利了就前进，经常换地方，所以我也叫不出是什么战役。

半年多后，我被副营长李汉庭调去学开车，学了一个星期的时间就拿到了驾证，车型是美国小吉普，我就成为副营长李汉庭的专职驾驶员。唯一留下的证据是美国人发放的驾驶证，保留在无锡邮政局人事档案室。

---

[1] 兰姆伽是印度东部的一座偏僻小镇。1942 年 7 月，新编第 38 师移防兰姆伽。接着，远征军长官部和新编第 22 师也移驻于此。美国在此帮助中国军队全面开展各兵种训练。

1943 年年底,我们新编第 38 师开始反攻缅甸,因为全部配备美式装备,加上心中有怨气,想要为死去的贵州老乡们报仇,我们特别能吃苦,战斗力明显提高。从印度反攻缅甸时,我们新编第 38 师走的就是当年兵败的野人山。当然条件不同了,穿着皮鞋不怕蛇虫也不怕树枝戳脚了,美国人

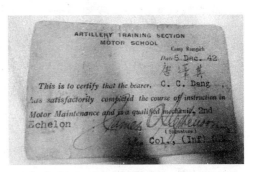

美军颁发给唐泽其的驾驶学习合格证明

还发了避蚊剂,往身上一抹蚊虫就不咬了。还有驱虫药水,晚上在竹棚子的周围撒上一些,毒蛇蜈蚣都不敢靠近了。吃的也有保障了,全是美国人发的罐头食品、压缩饼干,美国人空投的东西非常齐全,还有咖啡、维生素片和香烟。

炮兵相对于步兵,还是比较安全的,一般离火线有几公里。当然在前线打仗,一点危险没有是不可能的。有一次我们炮兵掩护战车对日军阵地进行炮击,但那次战车没有攻下来撤退了。长官们在开会讨论新的进攻方案,叫我们当兵的先烧饭,我们就开始烧饭,用的汽化炉。烧好后我去叫副营长李汉庭吃饭,他说:"你先吃,我马上来。"我就先吃好,然后坐在那儿休息。一会儿副营长李汉庭来了,对我说:"小唐你吃好了,让我坐。"我就去旁边一个吊床上躺着。这时赵健过来对我说:"让我躺一会儿,累死了。"他是连里老兵,我就让给他,去树下和士兵李思刚一起坐着,李思刚坐右边,我坐在左边。刚刚坐下,日本人一颗炮弹打过来,正好打在副营长李汉庭和赵健那儿。"炮袭,注意!"大家都大叫,各自找寻隐蔽处卧倒。我也立刻翻身跃入一个大树旁。一会儿有人大叫:"副营长受伤了,快来人!"我抬头看见连长冯浩背起副营长李汉庭,立刻开车向后方去了。而赵健皮带都断了,肠子都炸出来了,已经死了。这个时候又有人大喊:"驾驶员、驾驶员在哪?"我说:"什么事?"刘排长说:"李思刚受伤了,没人

送，你立刻送去后方。"我和一个士兵一起把李思刚搬上汽车。刚刚发动汽车，日本人又一颗炮弹打在汽车后方不远处。我赶忙加油门，开出去十几米，有一个医务官跳上车坐在副驾驶那儿。他刚刚坐下，又一颗炮弹打在汽车旁边，那个医务官头往我肩膀一靠，死了，脑浆都出来了。好不容易开到后方医院，车子停下，看看李思刚也已经死了。那部车上就我一个人活着。本来日本人打炮过来，会有一个炮弹啸声，可以根据炮弹啸声判断他的落弹点来躲避。可是那天我们用汽化炉烧饭，那个汽化炉有个"哧哧"的声音，把日本人炮弹啸声盖住了，我们都没有听见，结果吃了大亏。回想起来，副营长李汉庭，还有赵健、李思刚和那个医务官，我和他们离那么近，就差那么一点时间，要不然死的就是我。

副营长李汉庭被日军炮弹炸死后，我又回到班里当炮手。还有一次是晚上，我值班当暗哨。那天总共有四个暗哨，我是第三哨。大概半夜一两点钟，我听见第二哨那边传来一声"口令"，然后就是一阵枪声。后面传来连长冯浩的大叫："不准乱动，各就各位准备战斗！"就又没动静了。我是暗哨不能动，非常警觉。没多久，看见有六七个日本人悄悄往我这边摸过来。我立刻开枪，看见有四个人倒地，其他的往后跑了。因为连长有命令不准乱动，我也不敢去查看。直到天亮，发现有两具日本兵尸体，但我记得是四个人倒地，就向连长汇报。果然在阵地附近又发现两具日本兵尸体，估计是当时受伤没死，走到这里才死了。连长冯浩表扬了我，说给我记一功。

后来才知道那天晚上日本人来摸营[1]，我们前面两个暗哨都牺牲了，我是第三哨，命大没死。连长说："以后碰上夜间敌人偷袭，不能乱动，敌人的目标是炸我们的大炮，我们要是乱动，很可能被调虎离山。"我们新编第 38 师先是打于邦，然后打孟关。孟关一仗打得很艰难啊，当时守卫孟关是日本王牌第 18 师团，非常顽强。最后是被战车营偷袭司令部，日本人才放弃抵抗后退。那次还

---

[1] 暗中袭击兵营。

缴获了日本关防大印。当时为了庆祝胜利,把日军第18师团司令部关防大印在白纸上加盖后,参加这个战役的士兵人手一张,作为纪念。我的那一张在"文化大革命"中自己销毁了。

孟关一仗结束后,我们随新编第22师向孟拱方向运动进攻(因为只有我们新编第38师有美国105榴弹炮,所以新编第22师向孟拱进攻借调我们105榴弹炮兵营去支援)。打完孟拱后,本来有命令说调我们新编第38师炮兵营去打密支那,但我们还没到密支那,那里的日军已经被消灭了。

中缅战争结束后,美国史迪威将军本来要调我们新编第38师去太平洋进攻日本,蒋介石不同意,让我们立刻回国。1945年年初我们新编第38师回到云南昆明,在昆明进行集训。1945年8月份日本人宣布投降了,我们部队说要调去广州。因为离家已经七年,我希望在离家近一点的地方,所以一有机会就想留下。我有一个远房姐夫在陆军总司令部当副官,他告诉我陆军总司令部汽车队招驾驶员。靠他的关系,凭自己有张驾驶证,就去司令部报名。当时陆军司令是何应钦,就把我调去陆军总司令部汽车队。从那时起,我离开了原来的部队新编第38师。我能顺利进入陆军总司令部汽车队,现在看来可能有三个有利条件,一是我是贵州人,当时陆军司令是何应钦,他也是贵州人,可能觉得家乡人可靠。二是远征军回来的人,没有和共产党有过接触,又有推荐人,属于家世清白。三是我有驾驶技术,美国人发的驾驶证比较管用。

4　押送谷寿夫上刑场执行枪决

1946年,我跟随陆军部总司令部来到南京接管。我们是开大卡车回来的。因为很多路还没有重建好,一路上开开停停,恐怕开了将近半年才回到南京。

那时陆军总司令部改为国防部。我的工作是军邮,专门为蒋介石的官邸送邮件。因为我有国防部下发的特别通行证,虽然当时南京城晚上执行宵禁,但是我开车送邮件,半夜也会开城门让我走。

1947 年战犯谷寿夫在南京励志社[1]进行公审,审了三次,前两次谷寿夫不承认,说南京是空城。第三次的那个法官非常客气,说:"请问当时南京一无轮船、二无火车,你们四面包围,老百姓往哪儿走?"然后把下关的照片给他看,谷寿夫看了说:"落在你们手里,你们怎么说怎么算吧!"法官问他有没有东西要给他家属的,可以帮他寄回日本,他拿出来了一支钢笔。公审时没有立即枪决,拖了好几天,枪决那天什么日期记不清了,反正天气比较冷,我们还穿着棉袄呢。谷寿夫是由宪兵押送的,国防部车队派我前去开车执行任务。当时我开去的车是一辆无遮篷的大卡车,卡车从励志社把谷寿夫押出,车上有七八名宪兵。卡车从黄埔路出发到中山路右转,到大行宫左转到太平路直走,到建康路右转到中华路,然后左转经过中华门到雨花台,在雨花台右边有条路一直到东炮台那个地方。

一路上南京老百姓人山人海,那个地方三面是小山坡,谷寿夫没有被捆绑,也没插什么牌子,是两个宪兵左右架着拖下车的。谷寿夫脸朝北边的那个山坡跪下,方向是朝南京城区。我分析是向死去的南京同胞伏法认罪。枪决是用的盒子枪,一枪打到后脑上,枪响后老百姓一片欢呼,大叫:"报仇! 报仇!"宪兵原本想走了,但老百姓不答应,要求再打几枪。宪兵当时非常为难,因为法律规定打一枪,后来老百姓叫"报仇"的越来越多了,还有人叫宪兵是同伙,都有点乱套了。宪兵没有办法,又上来在背部补了两枪,一共打了三枪,围观的老百姓才满意。那段时间里枪决的还有日本杀人比赛中屠杀百名中国人的三名刽子手。现在有人说是

---

[1] 励志社 1929 年 1 月成立于南京,社长蒋介石,实际负责人为总干事黄仁霖。该社是以黄埔军人为对象的军事组织。

两名,可我记得是三名一起枪决的。由于我的工作是帮司令部运送邮件,军邮取消后,我就改为普邮,进入南京邮电局工作,我做过邮政营业员、开箱员。

5 解放后的生活

1949年我在南京结婚,同年南京解放,当年我在华东邮电学院学习了一年。1950年我从华东邮电学院毕业后分配到无锡邮电局,在无锡邮电局做过一段时间的分拣员。1951年"三反五反"时期,因为远征军这段历史被抄家,什么都没抄到。因为我在解放后几乎所有的东西全部烧毁了,就剩下一个美国人发的驾驶证,因为都是英文的,心里想没人能够看得懂。不过后来我也上缴给邮政局了。1958年后我的工作还是以开汽车为主,邮电局有史以来的第一辆雪弗莱工程车就是我开的,基本上天天架电话线杆。1969年邮电局军管了,6月份我因这段历史被列为有历史问题的人,进入了马山学习班,主要劳动是去太湖围湖造田。一起去学习班的有100多人,全是单位的老职工,干部身份的人当时是进五七干校学习。

大约1年后,就是1970年,我们这一批人被调离邮电局,转入了化工系统。由于懂些修车技术,我被分配在染料厂车队负责车辆维修,一干就是9年。1979年落实政策回到邮电局,1980年邮电局分为两家——电信局和邮政局,我划分到邮政局。本应该在1982年退休,因单位需要用人,延迟了2年,1984年办理了退休手续。由于自己远离政治,低调做人,勤奋工作,"文化大革命"期间没有受到什么大冲击。我现在95岁了,有退休工资,生活有保障,感觉中华人民共和国很好。想想死去的人,我很满足了。我现在之所以说这些,只希望让更多的人记住那段历史,记住那些为国阵亡在异国他乡的英烈们。

战火中成长
的军医

陶益民

"我如今年龄虽逾90，但往事仍记忆犹新，也曾几番梦回烽火岁月。"

★ 口述人：陶益民

★ 采访人：王骅书　张鹤军　尤劲峰　张婷婷　彭华伟

★ 采访时间：2017 年 7 月 15 日

★ 采访地点：江苏省盐城市市区

★ 整理人：谢卓池　王金鑫

【老兵档案】

陶益民，原名陶华扬，1927 年生，江苏省盐都区人。1941 年参加新四军，曾任盐阜军分区独立第 4 团卫生员、华中军区第 5 军分区独立第 4 团卫生员、华中野战军第 10 纵队第 86 团卫生员等职。曾参加盐城战役、陇海路东段破击战、孟良崮战役、淮海战役等战役，立有三等功 1 次。2008 年被评定为医学教授、医学专家。2009 年被任命为国际民间中医精英协会江苏盐城分会名誉会长。

1　芦苇荡里的记忆

我 1927 年出生于盐城市盐都区北龙港镇黄尹村。我在家排行老五，从小便喜欢跟在我四哥陶付生后面玩。1940 年的时候，我四哥就参加了革命，但是没让我知道。他经常跟几个同龄人刘金海、陶长生、范鹤鸣、顾华等在一起碰头，我就跟在我四哥的后面。他们开始有时带着我一起玩，有时不带我。我当时还老听他们念叨一个名字叫吴山。后来，四哥开始神秘起来，不爱带我玩，我还因此发过脾气。有一天，四哥告诉我说他们在反汉奸走狗，那时我还不清楚什么样的人是汉奸走狗,但我知道他们一定不是什么好人。

1939 年夏天,那时我刚 12 岁,记得有天下午,我裸着背,下身穿着破旧的短裤,刚准备跳入离家不远的河里洗澡。只听村子里许多狗在不停地吠叫,越吠越凶。我觉着不对劲,爬上岸想看个究竟,只见从田堤上来了一群穿黄制服的日本鬼子,头戴钢盔,手里端着枪,汹涌而上,直向村子里冲来。我顾不上穿短裤,快步跑到家告诉我的妈妈,老人家让我赶紧游过河通知在田里劳动的乡亲们,叫他们躲进芦苇荡里。后来鬼子用刺刀向草堆乱戳一通,搜查一圈未发现异常,便疯狂地捕捉了村里的几十只鸡,扬长而去了。

2 家仇国恨,吾辈必报

事隔不久,村里伪保长通知,按人口计数,凡 16 岁以上的每人缴 100 斤稻谷、5 只鸡,有稻称稻,没稻按稻价交钱,送到沙沟维持会。维持会是一个专门为鬼子服务的机构。因为我家人口多,除了我和哥哥的子女外,要按 10 个人口交粮。我家是佃农,收了庄稼后,先交地主租金,所以家里口粮所剩无几。由于我家迟迟未交,伪保长招来邻村几个打手对我父亲拳打脚踢,我二哥回来和他们讲理,也被痛打一顿。他们还说我二哥打伤了他们,要赔医药费。在万般无奈下,我家只好向我老姨父王如川借了 500 斤稻,共凑了 1 000 斤送到维持会。

当年冬天,我大哥在上海做小工来维持生计,但被日本鬼子强行抓去做山工,到松江辰山[1]打炮眼,用炸下的石子给鬼子建工事筑碉堡。鬼子放炮时将我大哥活活地炸死,分文未给,几年后大嫂改嫁,妻离子散。这一幕幕的悲惨情景历历在目,让我耿耿于怀。在我幼小的心灵中播种下了对旧社会,特别是对

---

〔1〕 今上海市松江区佘山镇境内。

日本鬼子仇恨的种子。我总想有一天必报此血仇，报效祖国。

3 参加革命铸军魂，学习医护救伤员

大约一个月之后，村里来了一位替老百姓说话的人，名叫吴山。他动员老百姓齐心协力，粮食不交给鬼子吃。于是，在第二次要粮时，全村无一户交粮，伪保长最后也无计可施，连跑好多天，一斤粮食也未弄到，维持会便把伪保长革职了。

我儿时和村子里的薛志强、姚寿荣、李书安三人玩得极为要好，白天同学，夜里打更，寸步不离。吴山同志最喜欢我们四人。那时我四哥称吴山为"同志"，说他是民运队的，我也不懂，只知道他有文化，是个好人。他说话公道，要打鬼子、干革命，还要我们提防汉奸走狗。

有一天，我在夜里打更，有个家伙就问我："吴山在哪里？"我说："不知道。"但是，那个家伙还是不走，我就悄悄地去找刘金海，让他去通知吴山躲起来。后来我才知道，吴山就是地下党民运同志。那个时候，吴山一夜要换好几个地方睡觉。最危险的一次是在北龙港，差一点就被抓了去。坏人去找他，他躲在夹墙里才逃过一劫。1941 年，我只有 14 岁，除了送送信、跑跑腿，还承担站岗放哨的任务。那时，地方有了联防队，民主政权建立后改为区队。我参加了区队，农会长刘金海、治安员顾华经常要我送信到各村。

1943 年 2 月，新四军盐城独立团[1]政治处副主任计超[2]同志到区队视察，问

---

[1] 据地方志与军史记载，此时部队应为新四军盐城县总队。1944 年 8 月 1 日，编为盐城独立团，后改称盐阜军分区独立第 4 团、华中军区第五军分区独立第 4 团。1946 年 5 月 8 日，上升为华中野战军第 10 纵队第 86 团。
[2] 计超，江苏阜宁人，爱国将领计雨亭长子。中共党员，1940 年率部参加八路军。曾任八路军第 5 纵队阜宁大队副大队长、新四军第 3 师第 8 旅第 24 团副团长、盐城独立团政治处副主任。

我:"小鬼,你识字吗?"我说:"我识字。"季超同志便要求道:"你把名字写写。"我写了我当时的名字"陶华扬"和家庭住址。季超同志认为我钢笔字写得不错,便说:"小鬼的钢笔字还不错,蛮好的!"我回答说:"我读私塾,6 岁就开始读书了。"当时,日伪军已经开始对苏北盐阜抗日根据地进行全面"扫荡"。在这之前,我并不知道什么是革命。

数日后,首长通知到区,要我去盐城独立团卫生队报到。两个月后,团长马仁辉[1]给我信件,要我到新四军第 3 师找黄克诚师长。我去了后,由卫生部部长吴之理[2]接待,他又介绍我去找教导主任章央芬[3]同志,安排我到吴之理同志负责的新四军第 3 师卫生学校,学习战地救护、内外科等医疗技术,部长吴之理和主任章央芬夫妇俩经常会给我们进行授课。

当时,因师部驻防机动,医校无固定教室,大多以广场为课堂,露天上课。每逢阴雨,牛车篷就当教室。没有纸张,我们就用竹签或筷子当笔,在地上画写。伤员换药的纱布要回收洗涤。那时军人患疥疮的多,我们把报废的手榴弹拆卸下来,取里面含有硫黄的黑药和猪油调成膏,治疗疥疮很有效,治好了无数同志的疮疾。在卫校的一年零八个月里,我去了前线,随军学习,在一个地方最多待三天。因为跟医务室的另外一位同志重名,我将原名陶华扬改为了陶益民。

那时,打仗就到前线,不打仗时就在休养所里救治伤员。当时医疗条件差,药品短缺,为了保住伤员的生命,防止感染,很多时候需要锯腿。有些伤员不理

〔1〕 马仁辉(1914—1979),福建长汀人。1931 年 10 月参加中国工农红军,1935 年 10 月加入中国共产党。曾任新四军第 3 师第 7 旅作战科科长盐城县总队总队长、盐阜独立团团长等职。1955 年 9 月获三级八一勋章、二级独立自由勋章、二级解放勋章。

〔2〕 吴之理(1915—2008),安徽泾县人。著名军事医学家、卫生勤务学家。1937 年 12 月参加新四军,1943 年加入中国共产党。曾任新四军第 3 师兼苏北军区卫生部部长、华中医学院教育长、东北军区卫生部副部长等职。1955 年 9 月,被授予大校军衔,获二级独立自由勋章、二级解放勋章。

〔3〕 章央芬(1914—2011),江苏无锡人。著名医学教育家。1938 年参加新四军。曾任新四军第 3 师医务主任、白求恩医学院教员、上海第二医学院副院长等职。

解,我就耐心动员,并用麻醉、针灸、按摩等方法,减轻伤员的痛苦。为了抢救伤员,我常常几天几夜不睡觉。

4 血染北袁庄,遇险陇海路

1945 年卫校毕业后,我返回了盐城独立团。此时,祝永年任团长、黄文[1]任政委,政治处主任是朱曙光[2],参谋长为傅师。几位首长平易近人,留我吃了中饭,叫我到高焕达[3]所长处报到。1945 年秋,日寇投降后,伪军孙良诚部队的军长是赵云祥,霸占着盐城不让解放,我们独立团配合主力部队攻打盐城三天三夜。城里解放了,唯有北门袁家庄的敌人顽抗,不肯投降,以致我军伤亡惨重,血流成河,死伤无数。盐城解放后,部队北上,盐城独立团后荣升主力部队整编为华中野战军第 10 纵队第 86 团。

1946 年春,国民党利用日伪的残余势力在陇海铁路的瓦窑打响战斗,上有飞机,下有坦克,前有阻击,后有追兵。为了救护伤员,我爬着冲上前线,包扎一个又一个的伤员,没有担架我便背伤员。在包扎第九个伤员时,刚背他向后方跑,一颗子弹穿擦了我屁股,因我人小力单,又受了伤,腿一软便跌倒在地,嘴里磕掉一颗门牙,嘴和腿部的鲜血直往外流。首长让我下来休息,换个人去。我说我还有力气,又冲进阵地,继续抢救伤员。在那次战斗中,我连续背回了 30 多名伤员。战斗结束后,首长表扬我年少勇敢,给我记三等功。

〔1〕 黄文(1917—1983),福建长汀人。1931 年 9 月参加中国工农红军,1933 年加入中国共产党。曾任新四军盐城独立团政委、师政治部主任、空军第 4 混成旅第 12 团政委等职。1955 年被授予大校军衔。
〔2〕 朱曙光(1913—2004),安徽濉溪人。1938 年 11 月参加新四军,1939 年 1 月加入中国共产党。曾任盐城独立团政治处主任、防化学兵工程学院训练部政委等职。2004 年 5 月 6 日于北京逝世,享年 91 岁。
〔3〕 高焕达(1916—?),江西于都人。1932 年参加中国工农红军,1936 年加入中国共产党。经历两万五千里长征,曾任湖北省肿瘤医院党委副书记、顾问等职。

我的牙床现在还会隐隐作痛,似乎在提醒我战争的残酷和生命的珍贵。我如今虽年逾 90,但往事仍记忆犹新,也曾几番梦回烽火岁月。2015 年夏天,抗日战争胜利 70 周年的时候,我写了一首藏头诗以为纪念:

> 纪实硝烟漫天游,
> 念想国恨与家仇。
> 抗御敌人整八载,
> 日寇烧杀犬不留。
> 战士沙场洒热血,
> 争夺疆土捣鬼窝。
> 胜过许多惊险仗,
> 利用地物灭恶魔。
> 七月卢沟桥事变,
> 十亿神州筑壕河。
> 周逢大典瘟神送,
> 年逾耄耋作诗歌。

驻印军的战车保养者

堵宗明

"打仗没有在原始森林里艰苦，因为原始森林既没有人，也没有路，我们很多同志就牺牲在这里头。"

★ 口 述 人：堵宗明

★ 采 访 人：叶铭　莫非　黎云海　张英凡　蔡青　李梦　袁子安　过灵瑜

★ 采访时间：2016 年 10 月 12 日

★ 采访地点：江苏省无锡市北塘区隆泉园

★ 整 理 人：陈敏

【老兵档案】

　　堵宗明，1921 年生，祖籍无锡。抗战前在上海务工，抗战爆发后逃难到贵阳。1942 年考入陆军机械化学校学习，随即报名加入驻印军，编入战车第 1 营修理战车，参加反攻缅甸的作战。抗战胜利后编入汽车第 16 团。1949 年在成都随部队起义。1950 年参加过抗美援朝战争。

1　逃难生涯

　　我叫堵宗明，我这个人文化程度很低，13 岁小学毕业就到上海一个机械厂去学习。现在叫学习，在以前就是学徒。我在机械厂学了 3 年，一直到八一三淞沪抗战爆发，日本鬼子大举进攻上海，我就逃难逃出去了。我们家本来住在无锡，后来爸妈为了工作，来到镇江。日本鬼子打过来的时候我们家就住在公路边上，待不住，就开始跑。我们跑出了江苏，到了皖南。后来没多长时间，安徽同样也是待不住了，再接着退，到长沙，然后退到贵阳。

　　我到贵州也待不住，因为我们是难民，要别人资助才能生活。我当时是一个 20 来岁的大小伙子，我觉得这样下去不行，就用自己在上海当学徒学到的技术，考了个车工。这时候德国人在昆明办了个光学设备厂，我就去了，干得还不错，但后来这个厂不行了，我就凭着自己的技术，又考取了美国人的厂——美国人在云南开了一个飞机厂，靠着缅甸那个地方。因为我们厂里会接触到天然气，里面有毒化气体，我就得了疟疾。这可是个大病，幸好厂里那时候有医务室，用了奎宁，我的病就治好了。然后我就从云南回来了，回到贵阳。

2 军校学习生涯

这个时候，我父亲母亲也逃难逃到了贵阳。贵阳有我们无锡的同乡会，是我们无锡经商的同乡们组织起来的。我爸爸妈妈通过同乡会的熟人——一个在大学教书的副教授，介绍我到贵阳的补习学校学习了。从补习学校出来，我报考了中国陆军机械化学校，学校在湖南洪山。1936 年国民政府在南京组建陆军交辎学校，以培养装甲兵骨干，徐庭瑶任教育长，1938 年整编为中国陆军机械化学校，1940 年迁往湖南洪江，对外保密称"洪江精是学校"。

我们在军校里有军事训练，但是偏重于学习技术，主要是学习战车的修理、战车的使用，毕竟我们不同于步兵科。我们上课时候都是对着图纸讲，没有实物坦克。在学校时不清楚战车是怎么来的，但是后来我了解到，战车是徐庭瑶将军搞起来的，他是"中国装甲兵之父"。徐将军觉得日本鬼子厉害就厉害在坦克车，就跟国家要求让他去走访美国和欧洲国家。而且他自己主动要求降一级，上将降为中将，这样访问别的国家时就不用一定要派同级别的上将陪同，更加方便。徐庭瑶将军我还记得，他是安徽人，讲话口音不重，我能听得懂。他个子高，不戴眼镜。那时候跟徐将军见面的时间很少，但我们每个星期开一次会，开大会的时候就见面了。在军校学习时我们队长是浙江人,但我想了好久,就是名字不记得。我记得另外两个同学的名字,一个叫吕云仙,一个叫张观生,都是浙江人。军校的校歌我都忘记了。

在机械化学校的时候,我加入了三青团,学校开大会,直接宣布,一举手就是了,没有过组织生活。我们待的那个洪山是个山区,人家不多,但有商店,可以买到东西。军校毕业的时候发文凭了,以前是在家里的,后来因为"文化大革命"没了。

3 驻印军生涯

后来学校通知说要招募驻印军,我就跟教育长徐庭瑶报名。徐将军住在山上,专门有卫兵守候,一般人不敢去的,但我去了。我跟卫兵说我有事情求见教育长,卫兵去通报,然后徐将军就接见我了。我跟徐将军说我有这个意愿,他很高兴,就批准了。

我是 1942 年参加的驻印军。当时我们坐飞机去印度,在利多下的飞机,后来到达兰姆伽。到印度以后,我们接收了坦克车,在那边训练了一两个月。我们的教官是个美国人,个子不高,名字我忘了,形象我还记得。我的任务是管理和保养坦克车,修的战车叫不上名字,不过我们在平常也学着开开战车。我们学着开美国的坦克,跟开今天的汽车差不多,一个是轮子驱动,一个是履带,再有就是方向盘变成拉杆,左右拉动调方向。他们战车队的任务是使用坦克车,跟我们的职能不同。在印度吃的还是米,菜都是罐头——牛肉罐头、羊肉罐头,还有蔬菜的。我们在印度的时候拿的钱也不比国内多很多,但我们也不计较这个,而且那时是供给制,用钱的地方不是很多。

再后来，我们就从印度的兰姆伽进入缅甸，准备反攻。我们从野人山的原始森林里面通过，这是最难的。我现在觉得，打仗没有在原始森林里艰苦，因为原始森林既没有人，也没有路，我们很多同志就牺牲在这里头。几个月的时间都待在里面，有蚂蟥，有马蜂，都是杀人的，而且我们带的粮食还不够。因为我们这批坦克都是新的，所有零件都是很新很好的，所以我们在原始森林开坦克的时候，基本没有发生过故障。在缅甸时候，我不知道路是怎么开的，但是前面肯定有工兵开路的，要不然过不去。缅甸那里哪儿有土路啊，尤其过原始森林的时候，都是沼泽地，不开路，战车过去就要陷进去。我们那时候都是砍完树，然后把两边的树往中间堆，战车和大部队在中间走。

反攻缅甸的时候，可以说打了没有多少时间，日本人就投降了。从野人山出来后我们就接触到日本人，日本人没想到我们有坦克车，有先进的武器。时间不长，日本天皇宣布投降。当时知道日本人投降了，我倒是没什么感觉，就是知道不打仗了，可以回家了，心里高兴。我们在缅甸的时候有个插曲：在听到抗战胜利的消息后，我们连队有个士兵是安徽人，他以为不打仗了，就开小差溜了。你想想战场上开小差是什么后果，后来他被抓回来，枪毙了，营长下令枪毙的。后来，日本的第 18 师团的师部被我们占领了。

4 战后生涯

抗战胜利后我们就回国了。因为我在部队干的是后勤，从缅甸回来以后，我就编入了运输团，汽车第 16 团。我负责从四川重庆到陕西，运送汽油等物资。1949 年 12 月，我跟随部队在成都起义，就参加了人民解放军。部队先把我安排在学习队学习，在四川的建阳。所谓的"学习"，就是把你的历史情况交代清楚。

当时没过几个月，就开始抗美援朝，我就要求参加抗美援朝。到了沈阳以后就整编，准备到朝鲜去，在沈阳我开的都是装弹药的车，喀秋莎是别的人开，我没开，喀秋莎是16发交叉放出去的，我就是负责运送弹药的。我们在朝鲜的伙食，干粮居多，一般行军打仗都吃干粮。当时吃的干粮有几种，有饼干，有炒面，炒面就是开水和一下吃。但是住下来以后呢，就自己烧得多，一般都是大米、高粱米，菜呢就是一般的菜，肉很少，甚至于我们还发烟丝。在朝鲜，我们住在山区里，山区有的是森林，有的是山区、半山区。朝鲜的冬天很冷，我这个耳朵就是在朝鲜冻坏的。而且在朝鲜的时候车不敢开得快，只能慢慢开，因为朝鲜冬天下雪，路上很滑。我最怕的就是摩天岭，汽车到了摩天岭，不能快也不能太慢，快了打滑，慢了就自己滑下去了，我好几个战友就死在那儿了。

在抗美援朝战争中我立过军功，不是因为战场上消灭敌人，是因为在战争过程中我带的汽车班出事故少。在战争结束的时候，连队里面一评，因为我们班事故少，金日成奖励我们，就给我记了战功。我在朝鲜战场开的就是吉姆西[1]，美国车是稍微好一点，比苏联车好。

那时候我岳母妻子还有小孩都跟着我生活，我们换车，从重庆到北京，再到沈阳。我去朝鲜后，我的家属就留在沈阳。我在部队，一家子的生活都有保障。我老婆觉得老是不工作，不太好受。有一次她看到报纸上一家公司招人，就跟部队说想去工作，部队就说你不要去地方就在部队工作。然后她就在部队工作了，后来作为军转干部退休了，退休后工资拿得比我都高。抗美援朝打完后，没有仗打了，部队开始复员，我就回家了。回家以后呢，因为宜兴那个时候还没有什么大工业，我就到了地方的农机厂工作，一直到退休为止。

---

〔1〕 吉姆西，由英文 GMC 翻译而来，为通用旗下唯一一个与通用公司同名的汽车品牌，抗战时期大量生产载重卡车，就是俗称的"十轮卡"。

转战江浙
建功勋

黄士卿

"我们特务团那个时候就是负责保护苏中军区的安全，行军过程中，我们就在粟裕司令周围，所以经常见面。"

★ 口述人：黄士卿
★ 采访人：陈昌明 朱晶晶 邹剑 陈桢 刘洁 吴梦婷 周文杰 杨陈
★ 采访时间：2015 年 7 月 13 日
★ 采访地点：江苏省盐城市大丰区大中镇裕华居委会
★ 整理人：王金鑫

【老兵档案】

黄士卿，1926 年生，江苏省盐城市大丰区人。1941 年参加新四军。曾任新四军台北独立团战士、新四军第 1 师第 2 旅敌工部勤务员，新四军第 1 师后方医院护理员，后方医院警卫排战士，苏中军区海防团五连战士，苏中军区特务团第 3 营第 7 连战士、班长、副排长，台北县警卫队荣军团副排长，上海农场警卫营排长，上海市公安总队教导大队学员，公安军内卫第 37 团第 2 营第 6 连连长等职。立有三等功 3 次、四等功 1 次。1955 年被授予上尉军衔，获独立自由奖章、解放奖章。

1　参加台北独立团，奉调第 2 旅敌工部

我是 1926 年出生的，大丰本地人。我参军的经历比较复杂，直到 1944 年以后才参加战斗。1940 年秋天，新四军到达大丰，我就在第二年参加了部队，在台北[1]独立团当战士。不到一个月，新四军第 1 师第 2 旅敌工部一个负责民政工作的干部

[1]　1941 年 10 月，苏中抗日根据地设置的县级行署，范围为东台县北部。1942 年 5 月改为台北县，现为盐城市大丰区。

来到大丰,看到我们几个小孩子好玩,就把我们三个小孩子要了过去。后来,我们到了刘庄,我被分配到敌工部当勤务员,敌工部去各个团工作的时候,就把我带着。记得日本鬼子进攻大丰的时候,当时刘庄上空有很多飞机在轰炸。

在作战的过程中,有次部队活捉了两个鬼子,放在敌工部里面,由敌工部长来教育。有个鬼子负伤,另一个没有什么事。那个时候敌工部都驻在新丰,我们第2旅驻扎在小海北边的一个小庄子上,后来我们回去以后就把鬼子带着。那个没事的鬼子很坏,我当勤务员,被他欺负,还被他打过,最后还是敌工部长把他制伏了。另一个受了伤的鬼子,因为条件限制我们没法救他,就把他抬到土桥西边,好让日本鬼子发现他,把他抬回去进行救治。记得那个时候日本鬼子有规定,你离开本部队三天不回去,他们就不要你了。那个没负伤的鬼子,之后被移交给其他部队接收了。

2 后方医院救护伤员,海防团里维护航运

后来没多长时间,上级命令第2旅旅长王必成带领我们第2旅去浙江开辟新区。敌工部干部说:"跑去浙江太辛苦!"就把我送去了第1师的后方医院,让我去服侍伤员。然后,医生看我年轻活泼,就把我调到医务室搞消毒,给伤员换药。那时候用的镊子,不像现在有酒精灯消毒,只能靠火烧来消毒,医学水平相当落后。又过了没多久,我就调去了医院药房。

1941年到1942年的下半年,我从后方医院调到后方医院的警卫排当战士。1943年春天,我们这个警卫排编入了苏中军区海防团,我在第5连当战士,海防团名义上是团,其实只有两个连。当时是一个班的战士坐一条渔船,我们的任务就是保护渔民生产,和保护上海到苏中军区的药品等不好在陆地上运输的物资。

在海上作战，我们机枪一打，敌人就溜了。但是，我们的渔船大，速度慢，吃水深；而土匪的船跑得快，吃水浅，他们在边上可以走，我们就不能。有一次，渔民的船被上百条土匪的船包围，我们赶到后，枪一响，土匪就跑了。

3 编入军区特务团，确保根据地安全

到了 1943 年，苏中军区警卫部队出现了兵力不足的情况，因为那个时候没有大规模动员参军，都是你参军就要你，于是就把我们第 5 连调到苏中军区特务团。我们特务团那个时候就是负责保护苏中军区的安全，行军过程中，我们就在粟裕司令周围，所以经常见面。

那时候，我们住在三岔湖，还有兴化一带。当时我们这个第 7 连，被称为"老虎连"，先后参加了 72 次战斗。后来到了 1943 年冬天以后，上面把我们团编为机动团，那个时候就开始有打仗的事情了。我们团主要负责江沪地段的战斗。

有一次，我们营刚跑到大河边准备过桥，但是，那个桥很窄，两个人都不好走。河的那头有十几户人家，桥沟底下有五六户，敌人就站在对岸，我们冲不过去，双方只好隔着河射击。到了下午一点多，敌人打不过，开始撤退，于是我们就冲过去追击，还捉到了一个活的。他是山东人，经过改造教育，这个人后来还当上了干部。

4 大战天目山，缴获卡宾枪

到了 1944 年，苏中军区大量人员参军，我们团一下子收了 2 000 多个新兵，

成立了三个营。原来人数很少,只有两个营。新兵除了正副班长有枪,别的人都没有,只有铁打的大刀。1944 年冬天以后,我们连改编为第 3 营第 7 连,去支援浙江。到了浙江以后的任务是打日本鬼子,但是国民党经常经过浙江,这场反顽战斗先后进行了三次,叫作三次自卫反击战,因为是在浙江天目山〔1〕打的,所以也叫天目山战役,实际上战斗一直打到了 8 月份日本鬼子投降。

解放战争开始时,连队干部就告诉我们:"我们今天的敌人是国民党的正规军,他们用的全是新式先进武器,没有步枪。"我们走了不到 20 里路就遇到了国民党,就打起来了,他们的武器的确很先进,子弹声就没有停过。后来,我们接到了赶紧撤退到连部的通知,刚到山下,就遇到了团长。团长问:"你们是哪个部分的?"我说:"我们是去山上发电报的。"团长说:"不能撤,赶紧上去。"跑到半山腰,发现敌人已经在山顶上了,班长就派我带一个新兵去放哨。

我们上去后察看,遇到了两个敌人,一个人问:"你是哪个部分的?"我们那时候又不知道他们有什么部分,于是我就随便说:"你是哪个部分的?"他说:"我是第 5 团的。"我说:"我们是第 6 团的。"我就这么随口一说,他让我派一个人来接应,我说:"你派。"他就扛着一杆枪,大摇大摆地朝我们走来,我踢了踢一起来的战士,让他子弹上膛。我跟他说:"先不开枪,等他走了五六米,如果他要拿枪,你就朝他胸口开一枪,如果没情况,你就不要打。"

然后,那两人离我们还有 20 米时,新兵他沉不住气,"啪"一枪,对面两个敌人(一个是班长,一个是当兵的),当兵的朝地上一跪,枪举过头顶,班长滚下了山坡,我找了很久也没找到,可能是逃走了。我们缴获了第一支新式武器——卡宾枪,后来枪由通信员交到了连部,说:"黄士卿他们缴获了新式武器。"我们还被团里表扬了。

抗战胜利以后,就到了解放战争,1947 年我开始担任班长,后来升任副排

---

〔1〕 今浙江省杭州市临安区境内。

长。1948 年 8 月,任台北县警卫队荣军团副排长;1949 年,在上海农场警卫营当排长;1952 年以后,在上海市公安总队教导大队当学员,之后担任公安军内卫第 37 团第 2 营第 6 连的连长。我在部队先后荣立过三等功三次和四等功一次,1955 年授衔的时候获得了独立自由奖章和解放奖章。

师范生投身抗日宣传

常皆春

"我们的力量是很小的，但是也得负责呀。"

★ 口 述 人：常皆春

★ 采 访 人：肖晓飞　莫非　乐凡　王华亮　贾晶晶　马梦飞　张庆红　刘红贝

★ 采访时间：2018 年 2 月 2 日

★ 采访地点：江苏省常州市桃园路 4 号军分区干休所

★ 整 理 人：乐凡　肖晓飞

- -

【老兵档案】

常皆春，1928 年 11 月生，江苏泰兴常家庄人。童年时跟随父亲读私塾，黄桥战役以后，新四军来到泰兴，受到新四军女兵影响，参加革命，进入中共创办的泰兴乡村师范学校学习。后来跟随党组织一起北撤，并进入苏中三分区的后勤部卫生队，从事部队卫生工作。1949 年跟随部队渡江，先后在常州、镇江、淮阴、淮安、大丰等地工作，1986 年从常州卫生局的妇幼保健院离休。

- -

1 一边读师范，一边宣传抗日

我于 1928 年农历十一月出生。老家是泰兴县常家庄，后来叫常家公社。我的父亲是私塾教师，母亲是典型的封建社会的家庭妇女。祖父是前清秀才，可惜死得早，过去的这些文人寿命很短，大概 40 多岁就死了。祖母活的时间倒是挺长的。我家共 7 个姊妹，1 个兄弟。我是老七，是家中最小的一个女儿。弟弟常在春后来也参加了革命。他是地方的，在银行里面工作。如今这个弟弟也走了，就剩我一个了。

由于父亲做私塾老师，家里边经济条件还可以，属于中农。我从 7 岁开始跟着父亲念私塾，我记得清清楚楚，父亲讲的是孔孟之道。私塾的一间房子里面挂着孔子的画像，一进去要拜的。后来政府办了一个常家庄小学，我就到小学里去读书了。

小学毕业那一年，新四军就到我们那里去了。黄桥战役以后，大批的新四军到了我们村子上。然后就有女同志组织儿童团、妇抗会[1]、识字班，尤其是晚上，活动特别多。晚上有多少人就集中多少人，大家讲话、开会、上课，讲革命道理。这些女同志几乎 24 小时不离开你，你劳动她也参加劳动。我们家那个时候有纺纱的机，地里种了麻，夏天穿的衣服全是自己织。麻都是自己种的，割下来以后把外面的皮去掉，放在河里面浸泡，到一定时候拿上来，把皮剥掉以后捻上，叫作捻麻。她们就跟着我们劳动。我那时正好小学毕业，有时间，就整天跟她们在一起走家串户搞宣传。那些新四军的女同志会做群众工作，我就整天地围着她们转。时间不长，就有感情了。她们吃饭也在我家，住宿也在我家，出去活动也带着我，无形中我便受到了她们的影响。

后来，我参加了新四军办的暑期补习班，补习班离我家几十里路。补习班上了 40 多天，每天上课、开会、讨论发言。参加这个补习班对我的启发很大，在这里才开始知道共产党和新四军，还有国外的马克思、列宁——这些知识过去从来不懂。补习班结束之后，我考上了抗日民主政府办的泰兴乡村师范，学校就在我们村子上。校长刘伯厚[2]是个很出名的民主人士。这里学习文化课，没有地理，没有历史，只讲政治、语文、数学和时事。

我在泰兴师范认识了我的爱人袁干，他是泰兴人，和我是老乡。袁干原来

---

〔1〕 妇抗会，全称"妇女抗日同志会"，是中共组织的抗日组织。
〔2〕 刘伯厚(1886—1946)，原名宗宽，字伯厚，江苏泰兴人。1941 年担任泰兴县参政会议长，兼泰兴乡村师范学校校长。1946 年担任苏皖边区第一行政区临时参议会参议长，同年 11 月 26 日病逝。

在家上小学，小学毕业以后，家庭条件非常困难，他有个同学叫张从先，两个人一起摸到区政府参加了革命。他们先是在区政府里当通信员，后来区政府就把他们安排到我们学校里。袁干当时是区政府派来的学生干部，很早就入党了。张从先也是我的老师，后来曾任苏州市副市长、苏州市政协副主席，已经病故了。

我是搞文艺这一头的，唱歌啊演出啊。新四军用演出动员一批群众参军，我和袁干他们一起参加了演出。我那时候唱《黄桥烧饼歌》，如今只记得零碎的几句："黄桥烧饼黄又黄，慰劳新四军忙又忙。黄桥烧饼黄又黄，前方战士打仗忙。"我们的戏都是自己编的，没有正规的戏。

读了一年多两年不到，日本人就到我们那里去进行大规模的"扫荡"了。日本人很残酷的，搞"三光政策"，烧光、杀光、抢光。我们亲眼看到一个小孩，被刺刀一穿还被当作玩具来玩耍，这种人还有人性吗？

泰兴乡村师范一共两个班，一个儿童班，一个成人班，这两个班就开始流动教学。我们的读书刚开始是坐在教室里面的，日本人来"清乡""扫荡"，破坏了我们的正常秩序，学习就变成了流动式教学。每个人背一个凳子，这个凳子是折叠的，放下来就可以坐，桌子也是。两个交叉凳子一拉，合起来背在身上就走了。我们就在农村的坟园上课——我们那边的风俗是家里的人死了之后都埋在一起，坟多了就叫坟园。还有河岸边，上面是陆地，下面是河，就在这些地方上课。

后来这个条件都不允许了。我们就接受学校领导的指示，深入到群众家里当教师。我们是小教师，他们的学生在学校里放学了，我们就带领他们。为什么这么做？其实我们真正的教学是不存在的，是为了让群众掩护我们。我们作为学生的老师，万一日本人和伪军来了以后，他们就会掩护我们。群众就会说她是我们家表妹啊、表姐啊什么的。那个时候的日军和伪军经常在村头村尾出现,有时候我们来得及就撤退了,来不及就混在群众家里。

再以后这种情况都不可能了。我们那里群众冬天种山芋的很多,挖个塘放山芋,我们就躲在这个山芋塘里面。搞什么呢? 搞宣传写标语。白天出来不可能了,我们就晚上出来搞宣传,叫老百姓把粮食藏起来,不给敌人抢粮食。

过了一段时间,这种宣传也不行了,在山芋塘里也待不下去了。1944年夏季以后,日伪的"清乡""扫荡"越来越疯狂。上级领导决定抽调一部分学生到高邮县的三联师,其余师生全部撤到封锁线以北的薛家垛。1945年6月,我提前从学校里毕业,由于日本即将投降,需要大批干部到城市和农村展开工作,我被分配到城市工作队,搞宣传工作。

2 三次渡河北撤

1945年8月15日,日本宣布无条件投降。重庆谈判结束不到几个月,国民党军队就向苏中解放区大举进攻。当时我是泰兴民主政府宣传队的一名队员,平时组织文工团宣传演戏。1945年12月31日,那天我正和一位小队员小红(她在剧中演过小红,真名已忘)在街上行走,突然传来了密集的枪声,我们还以为是庆祝元旦的鞭炮声。接着看到很多人在逃,我们感到不妙,立即返回住处,原来国民党军队已经开始打泰兴了,我和小红立即拿上行李追赶刚撤走的队员。走到泰兴城的后门时,枪声四起,我拉着小红一直往东城门跑。小红比我小两岁,没有父亲,跟她的母亲住在城隍庙里面,生活很困难。当时我们文工团里能讲普通话的不多,她普通话讲得很好,于是我就把她带出来参加演戏。她当时还没有正式参加工作,心里害怕,不肯跟我走,想走小路回家。我一把拉住她,说:"你为新四军演过戏,很多人都认得你,反动派会杀了你,快走!"她只好和我一起赶到东门,和那里的同志们会合。

后来,小红被送到鲁迅艺术学院学习,成了一名歌唱演员,她非常感谢我,解放以后她在上海给我来了一封信,信里写道:"吃水不忘挖井人,如果没有你,我不知道是什么结果,亏了你带我参加革命。"其实,我也是无心的,也没想到会有这样的结局。就是那么一瞬间,决定了一个人的命运。

撤出泰兴以后,我们到北面的古溪镇住下,工作任务由城市工作队转变为农村工作队,主要任务是打击还乡团势力,动员群众藏粮藏物,防止被国民党抢走。白天随乡里干部活动,晚上写标语、发传单。此后,形势逐渐紧张,国民党进攻越来越激烈,我们的斗争无法再坚持下去,上级就决定北撤。什么叫北撤呢?我们泰县有一条敌人的封锁线,沿着通扬运河大概有40多里,每三五里路就有敌人的碉堡。过了封锁线就是海安县。海安是我们的根据地,根据地政府就在那边。为了保存好干部,我们北撤到河北边去。北撤说起来容易,可苦了我们了!撤了3次才把我们这些没枪的干部撤到北边去。

我们怎么撤的呢?第一次过河,我们又不会游泳,只好搭浮桥,男同志带着我们过河。桥是用木板、门窗这些东西搭的,部队的马匹也经过这个地方,后来马呀、人呀一多,浮桥就倒了。浮桥一倒,碉堡上的日军和伪军就知道了,对着我们和河边、岸边开始扫射。那个子弹就对着我们打。上面就来通知了:不会游水的人撤回,回到原来的地方。会水的部队,比如泰县县团,他们先过河。上面号召共产党员要带头过河,也牺牲了不少人。我们就撤回到原来的地方,原来走的桥和路都被敌人破坏了,没有地方好过去了。那时大概是阴历的三月份,河水还结着冰,上岸以后,衣服上全结成冰。到群众家里,把我们的衣服给他,群众的衣服给我们穿。就这样我们把这一关过了。很辛苦啊!后来我们穿着群众的衣服,推着群众的车子,群众的那个车是独轮车,走不动的人就推。

过了不到一个星期,上面又来通知,今天晚上要过封锁线,一定要过。于是我们改变了方式,到群众家里借船。一只船坐六个人,河这边一个人拉绳子,对岸再有几个人在拉绳子,一点声响都没有。就这样拉来拉去,坐了好几船人。上去以后,上面交代,不管你身体有什么变化,能跑的非要跑不可,跑了跌跤跌死了也得起来跑。还有,一定要听上级的指挥。这一次我们就过来了,北撤到海安,海安是我们的根据地,机关领导都在这一带。

3 解放战争在卫生队

根据地的人接待了我们,训练了一个月,就安排我们这些人到部队的卫训班,培养我们搞卫生工作。卫训班有男有女,共几十人,前后培训六个月,学习人体解剖、生理病理药理知识,以及外伤包扎、内科病、打仗护理这些东西。上课没有正规的教室,教的人水平比我们高一点,他们不是我们队长就是我们指导员。

六个月以后就分配到部队的卫生单位——第3分区的后勤部卫生队,我是卫生员。这六个月的生活也很艰苦,完全是部队的生活,行军风雨无阻。印象很深的是一个雷雨交加的晚上,雨下得你眼睛都睁不开,伸手不见五指,前面倒下去的,你根本看不见。我们一个拉一个,不允许有人倒下去。我们身上背着米袋、背包,包里是简单的生活用品。背不动男同志就发扬友爱精神,帮我们拿东西。就是这样淋着一夜的雨走到了目的地,这一夜总算过来了!

卫生队里的伙食还可以。我印象深的是红烧肉,好大的一块红烧肉,用洗脸盆盛上来。还有个印象深的,那个时候金块金条带不走,就缝布袋装,比米袋要大一点那种,缝好了交给我们背。这个袋子交给你,人在袋子在,人死袋子没有。如果人在,袋子没有了,就要军法处置了。我们也都知道袋子里边是金块金条。有一次敌人来了，实在来不及，我就扔在粪坑里头。

卫生队驻在东海边的人家里。那个时候东海边有几个棚子，这棚子是干什么用的呢？过去老百姓下海万一碰到什么艰难特殊情况，就在这个棚子里度过，临时的，以后好打鱼了再下海，叫"苦水洋"。我们就在这个地方接收伤员，没有地方睡，就搞点草铺地上，伤员睡草地上。这个伤员是真苦啊！他们不能动，只能靠我们帮助。苏中七战七捷的时候，伤员下来几十个，那些伤员伤很重的，不是轻伤。我们的力量是很小的，但是也得负责呀。每个连队有一个卫生员，他是随着部队上前线的，这个卫生员是男的，在前线简单包扎以后，出血的，断腿的，受伤的，都是他第一时间处理，处理好了送到我们后方。

伤员到了我们后方，牺牲的也不少，没有办法，血流得那么多，而我们又没有输血条件。伤员牺牲以后我们有个制度，叫死后护理，要让战士有尊严地离开。凡是一个战士死后，你要给他护理好，军帽戴好，军装穿好，鞋子穿好。如果流血太多了，脸上擦点红汞，带点红，将他送到我们苦水洋的东北方向，那里专门有个埋尸体的地方。过去就是这样，两个男护理员抬着他往那里一放就完了。我们心里边不知道有多难受，但是当时的时代背景就是这样，没有什么办法。

国民党的部队上战场之前每个人都要打预防针，新四军根本没有，我们连红汞、碘酒都少得很，卫生队的药品紧张得不得了。

我印象最深刻的是两种病菌，一个是破伤风。伤口容易感染破伤风，破伤风杆菌侵犯到人体的血液里面，使得神经系统变异，发生角弓反张症状，人的头是向后的，脚向前，整个身体是弯的，像个弓一样。可是没有药治。伤员就在那里惨叫，听得人无比难受。放在老百姓家里还不行，只好放在猪圈里。我们唯一的一种药叫硫酸镁，从静脉里打进去以后，有镇静作用，免得再出现角弓反张，伤员喊叫，但容易引起发烧。我印象深刻的是有一个排长得了破伤风，他就住在我家附近，被放在猪圈里头。怕他角弓反张无法做死后护理，没有办法，我和另一个战士就抱住他，最后他就这样死在我们怀里，因为没有药治疗。

还有一种病叫气性坏疽。这种病是由一种厌氧菌感染的，厌氧菌最喜欢的就是没有氧气的地方。伤口一旦感染，很快就蔓延了，马上就要截肢，来得及手术就截肢——不管脚上手上，否则很快就要死人。我碰到一个气性坏疽的病人，他是手臂感染。我们外科医生截肢水平还是可以的，截肢以后伤口不包扎，伤口有多大就多大，就这样敞在那里，因为要防止厌氧菌蔓延。但是天气很热，暴露在空气中很容易生蛆，我就用镊子将蛆一点点夹出来，等伤口慢慢好一点以后再包扎。

打仗时比较苦的就这两种，其他的骨折、瞎眼都算一般的。我们曾经有一批伤员，得到消息敌人要来了，通知我们在几十分钟以内要离开这个村庄。但是伤员走不了，就放在老百姓家地下室。我们这些战士说："你拿一把刀给我，或者拿一把斧头给我，如果敌人来了我就和他拼了，拼一个算一个！"当时就是这么个精神，所以这些人是真的了不起。

后来有两个重伤病员被敌人烧死了。大海边芦苇很高，一米多的人在里面是看不见的。伤病员分两批，一批上海船——这是以后条件好点的时候了，还有一批就放在芦苇草里面。当时也有敌对分子和坏人，就去告发了。芦苇很深，敌人也没办法抓，就放火烧，把我们两个伤员身子都烧焦了。我们之后去看，万分伤心，又把他们拉回来了。

4　渡江以后

随着形势的好转，淮海战役以后我们就到南边来了。到泰州准备渡江，当时各个县凡是有船的都集中到泰州。渡江之前，上级领导决定要把江北沿江的据点都扫除干净。我的朋友袁干，那时候大家还是同志，不是恋人（那个时候部队不允许谈恋爱），不过彼此心里都有数。他以前在泰兴独立团第5连当指导员，我在后方，我们常年不见面，但是互相都了解双方的情况。他参加龙岸口战斗，然后负伤了。人家告诉我，说袁干负伤了。我听了这个消息，心里很紧张，一直等他到后方来，但是他一直也没来。后来才知道是怎么回事，轻伤不下火线，他的伤不重，然后在4月22号过江，我是23号过江的。

我们过江之前做了很多准备工作，上级怕我们的抗币[1]到江南买不了东西，人不就要饿死了嘛。领导考虑问题周到，叫我们回家向父母亲要金银和珠宝首饰这类东西，在特殊困难的情况之下，就拿这个跟他们换饭吃。我回到家，母亲给了我两块洋钱——就是袁大头。这两块袁大头我后来没用，拿去打银筷子了。

我们过江以后，一枪也没打，都奇怪着呢，说怎么回事，大家感到莫名其妙。不管怎么样，我们把伤员抬下来，到了江南步行。江阴有个要塞，这个要塞是起义投诚的。但是我们当时不知道，我们从要塞边一直走，一直走到常州郊区。天黑了我们把伤员安排在老百姓家里住了一夜。我们自己是不能睡觉的，要站岗放哨，因为敌人走的时候还有许多暗枪，特务要搞破坏的。第二天再走，走到常州城里，还是没打枪，就这样把常州解放了。

袁干过江以后，准备去警备团。他直接到了常州机场，他这个部队就是保护这个机场的，蒋介石走了以后，曾派飞机来轰炸，他们部队打下来一架飞机。我呢则在常州后方医院。后来，我们有一个叫什么的会操，一个师

常皆春与袁干的结婚照

[1] 抗币，也叫"边票""边币"，抗战时期中共领导的各抗日根据地所发行的货币。

所有的人集中起来,听首长讲话。会操的地点就在省常中的大操场上,袁干当时还是连队指导员,站在列队中。我的一个战友认识他,就看到他了。我们后方的一个战友就给他送了信,说常皆春现在就在常州,我们这才重新联系上。部队里结婚是有条件的,后来等他提了营级干部(他调到常州军分区政治处当干事,属于营级干部),我们才结婚,这一年是 1951 年。

我是解放常州的第一批女同志。我到了常州先在常州卫生局工作,搞卫生行政,后来调到妇幼保健所,再以后改为妇幼保健院。到常州没多久,又到无锡,后来又到镇江、淮阴、淮安工作。当时蒋介石要反攻大陆,沿东海边成为前线,我们又要到前线去。

我安家安到常州,是因为我的爱人袁干,他是市政治部主任,后来担任盐城军分区政治部主任。接着又到海安人民解放军第一二四医院。有的时候我随着他走,有的时候走不了我就自己生活。

1977 年,袁干生了肝病,那个时候生活艰苦,工作又繁重,最后他因为肝癌病故了。我就安家安在常州,这样我的整个家庭就住到常州来了。1980 年我住到现在这个干休所。我带了四个孩子,一个人生活。1986 年,我从常州卫生局的妇幼保健院离休。

三渡长江
干革命

常 淼

"帮助日本人做事，中国人不允许，老祖宗不允许，子孙后代也
不允许我们这样做。"

★ 口述人:常淼

★ 采访人:王志龙　肖晓飞　王元萍　王喜琴

★ 采访时间:2016 年 9 月 14 日

★ 采访地点:江苏省南京鼓楼区将军庙 40 号干休所

★ 整理人:肖晓飞

【老兵档案】

　　常淼,1927 年 9 月生,江苏海安人。1944 年春加入新四军。1945 年 8 月加入中国共产党。先在苏中公学学习,后分配至苏中教导旅第 11 支队第 9 连担任文化教员。曾随部队参加双林战役、兖州战役、淮海战役,并三次渡过长江。

1　接触革命与思想斗争

　　我是 1927 年 9 月出生的,江苏海安人,家住海安镇海乡马庄村。父亲叫常坤如,母亲叫张远凤。父亲是个老实人,母亲思想稍灵活一些,她有个侄子是共产党员,参加过红军。我有个哥哥去世了,那么我就成了老大,家里有一个弟弟和一个妹妹,还有个祖母,祖父当时已去世。

　　我 7 岁开始上私塾,读私塾时成绩很差,连阿拉伯数字也不认得。上完私塾开始读小学,插班读二年级,考了个倒数第二,不过三年级以后,我成绩开始好起来,每次期末考试都是第一名。我没有读过六年级,念完五年级参加同等学力考试,考初中,被录为正取生。初一上完就直接跳级上初三,接着开始读高中。1943 年开始上高中,学校叫丁许庄中学,是个边区中学,初中和高中都有,都是三年制,高中有一个师范性质的班。读师范班公家有补助,标准是每个月40 斤到 60 斤粮食。一般都是贫苦人家吃不起饭的人来读。学校由于师资等原因,教学内容有时候会有所删减,比如第一个学期的内容没有讲完,下学期就不再接着讲。边区中学在抗日宣传这块的比例很大,会给我们讲中国的形势,讲中国往哪儿去,讲社会分析,学习社会发展史。平时的活动也会宣传日本人烧杀抢掠的暴行,有时候还组织学生躲避日本人。

我家里的情况可以算自给自足,属于富裕中农,不穷,但是也不富,上学可以,但是不宽裕。在农村来讲,我家是比较可以的。1944 年当兵时,我是学生,上高中二年级。我为什么选择当兵,而且是选择参加新四军? 这是有历史原因的。

日本人侵略中国以后,经常到我们那"扫荡"。鬼子到我们村就到处搜人,干杀人放火的事。我还记得 1943 年端午节时,江家河有一个开染坊的姑娘被日本鬼子给糟蹋了以后又被杀害了。国民党中央军也在我们那里,是韩德勤的部队。那时候我们传统观念比较深,认为中央军是老牌子,应该是好的。也有新四军,皖南事变之前东进,到了黄桥以后要往东台、盐城方向去,路过我们那儿。我对新四军的印象十分深刻。还有一支军队呢,就是"联抗"——联合抗战部队,谁的呢? 黄逸峰[1]的。我当时对黄逸峰的历史背景不了解。实际上,这个黄逸峰是中国共产党人。"联抗"实际上也归新四军指挥,只是以中立面貌出现,吸引更多人参加抗战。那时"联抗"就是联合一切中国人抗战,所以我对"联抗"也是有好感的。家乡的形势比较复杂,有日伪军,有国民党中央军,有新四军,有"联抗"。因为家乡是边区,情况错综复杂,我们看到的、听到的也就比较

―――――――――――――

[1] 黄逸峰(1906—1988),又名黄承镜,化名黄国材、王如飞,江苏东台人。1925 年加入中国共产党。抗战时历任新四军联抗部队司令、苏北临时参政会议长、苏中军区第 1 分区司令员等职。

多。面对这样复杂的情况，我作为一个学生还是比较单纯的。

那时我就在想，把学好好上。高中上完了，如果有条件就争取上大学；没有条件，高中读完了以后就可以做事了。我当兵是有很多原因的，我能丢下笔杆子，拿起枪杆子，这其中思想斗争比较复杂。社会上流传"好男不当兵，好铁不打钉"，国民党的教育部长陈立夫也说"读书就是救国"，你救国必须读书。可是面对敌人的掠夺、屠杀、烧抢、奸淫，国民党当局基本上不讲。在我们脑海里，中央军虽是中央部队，但不抗击日本人。"联抗"是抗日的，但打日本人打得最凶、最厉害的是新四军。可是新四军究竟怎么样，在我脑子里是个问号。老百姓传言，新四军的前身是红军。为什么这么讲？我们那个地区和红军有历史渊源。1930 年时，就是民国十九年，红十四军[1]在我们那个地区打游击。由于寡不敌众，站立不稳，后来撤了。红军给我们留下了好印象、红色的印象、反抗侵略的印象。我当时很小，才两三岁，后来听长辈讲，才知道红十四军是好的。

1943 年，我还在学校里，当时讨论过二次世界大战反攻靠谁的问题。苏德战争和中日战争最终胜利要靠谁？讨论的结果，大家认为不靠别人，要靠我们自己。靠我们自己，那靠谁？新四军！那个时候讲八路军很少，基本上讲新四军。

我真正见到新四军是 1943 年，新四军路过我们家乡，奔海安、东台而去，给我们的印象是很好的。我们家乡有个交通站，有 3 个人穿成便衣住在我家，我家条件还算可以，他们就利用这个传输信息，护送人员，接收、了解社会活动情况。这 3 个人中，负责的人姓黄，好像叫黄柏龄，腿有点跛，一个姓耿，还有一个小陈。小陈就比我大两三岁，我那时不到 17 岁，还没当兵，印象里他还是个"小鬼"。小陈每日来来往往，穿越如皋到海安之间的东大河，负责交通，来回送人、

---

〔1〕 中国工农红军第十四军，简称红十四军。1930 年，根据中央指示，将活动在江苏通海、如皋、泰兴地区的农民武装组建成红十四军。同年 10 月，红十四军主力被敌人打散，余下少数部队转移到中央苏区。

送信、送东西。小陈的事迹给我留下了深刻印象。他负责传递情报，每天都要过河，早晨出门，晚上回来。那时四分区通（州）、如（东）、海（安）、启（东）是"清乡"地区，周围都被封锁起来了，小陈有一定的渠道进去。他通过地下党员送信，靠的是交通团的人。有一次，大约下午三四点时，小陈正准备过河回来，河边公路上伪军的据点加强了岗哨，要查过往人员。身上的信件怎么办？查到缴获了肯定不行，保护信很重要。小陈很机灵，眼看船离河岸越来越近，他急中生智，假装招手和船工讲话，不小心身体一歪，掉进河里了。他没有顺着水流往下漂，而是假装拼命追着船，在水中悄悄把身上的信件扔在了河里，后来信被船上人捞起来，他自己也全身而退。

这3个人住在我家。我当时不知道他们究竟要干什么，他们也不讲，晚上在一起，他们也不多话，对新四军的情况不大讲。那个时候也不能多讲，多讲的危险性大，讲得不好就是大问题。他们平时吃饭也不和我们一起，只是借我们家锅灶自己做。他们刚开始和我们不熟，后来渐渐熟悉起来，偶尔吃饭叫他们也会过来。他们给我留下的印象很深，比如说起早带晚地帮助我们劳动、打扫卫生，待人接物也很好。这3个人对我们很亲热，随着住的时间长了，我们的感情就逐渐加深了。

我后来回想，为什么他们会住在我家？和我家地理位置有关。我家四周围是一条河，有个码头靠近我家。我家厨房在东面，堂屋坐北朝南，后面是猪圈。他们住在东边，厨房南面是采水的地方，人从码头一上来，厨房那里就能看见，如果有生人进来，他们可以方便撤走。此外，也有可能和我们是本分、老实人家有关，比较可靠，不会出去乱说。

16岁上高一的时候，我就在想：日本人这样侵略下去，我们的日子还能过吗？将来还能找到工作吗？那个时候想法很简单，出来当个老师就很不错了。我很羡慕老师，觉得到小学当个老师挺好，自己识得几个字，教教别人就不错了，当老师是我最初的设想。可是面对现实情况，到底是读书还是去拿枪？考虑来考虑去，结合看到的、听到的，明白受人欺侮当亡国奴的日子不好过，每次日本人来，我们都要"逃日本"，都要躲起来，所以要起来反抗，赶走他们。汉奸绝对不能当，我们叫他们为"二鬼子"，他们穿黄衣服。帮助敌人做事也不行，什么维持会，这些都不能干。帮助日本人做事，中国人不允许，老祖宗不允许，子孙后代也不允许我们这样做。这期间，我对日本人的仇恨思想在增加，反抗情绪也在增长，就慢慢促使自己下定决心去拿枪杆子。到哪儿拿呢？当时还不那么果断，还在犹豫、徘徊，联想到所见所闻，新四军和"联抗"是打日本人的，对中央军印象刚开始时不错，可后来问号越来越大。所以我当新四军是有个思想变化的过程，不是一下子就做的决定。还有个变化，就是一开始我认为新四军就是共产党，共产党就是新四军，一到部队里面，才发现不知道哪个是共产党，我还以为新四军都是共产党，后来人家告诉我不是一回事。当时我们指导员我不知道是不是共产党员，支部书记肯定是党员，他姓葛，因为挂牌是书记嘛，肯定是党员，其他的谁也不知道是不是党员。连队里很多人打仗勇敢，冲锋在前，纪律表现非常好，这些进一步加深了我对新四军的感情。

我参军到部队的过程很有意思。1944年一过完春节，大概正月初三或初四时，我就跟家里讲我要离家，父母不同意，因为我是家里老大。老大走了，家怎么办？这是个大问题，父母不同意是人之常情。但是，父母积极支持我上学，于是我就说过完年要早点回学校去，看看同学。农历二月时，家里给我准备了一套换洗衣服、一床被子。那天，吃过早饭我就出发回学校了。为什么吃过早饭走？主要是让家里放心，防止父母变卦不让我走，别人家看到了也不会起疑心。所以，我就以上学的名义离开家乡去当兵。我到了部队以后给家里写信，都是署名在学校。到外地一年以后就变化了，我告诉家里人我不是在上学，是在做生意，因为我的地址在不断变化，但学校是固定的。写信的内容也很简单，打开一看就两三行字,"最近在外做生意,很好"之类,家里知道我安全也就放心了。我后来想想,当个新四军也不容易,可是自己也高兴,这步棋就算走对了。实际上,我是解决了敌、我、友的认识问题。

2　一渡长江与苏浙军区

我到部队前,青年解放团介绍我去了苏中公学,青解团是党的外围组织。苏中公学前身是抗大第九分校,边区有名的干部培养学校。我先在苏中公学学习了两个月左右,主要是时势教育,了解国内外形势。

我从苏中公学出来以后,调到苏中教导旅第 11 支队第 9 连。我在部队干什么呢? 当连队的文化教员,算排级干部。我代理过排长,但是没有正式当过排长。文化教员的工作以教战士认字为主,部队里百分之九十的人都是文盲,不识字,受过中学教育的人更是凤毛麟角。部队里也招过人,但是招到的中学生不多。我是从学校出去的,所以调过去就是做教育。连队的教学就是识字,比如有人站岗放哨,那"站岗""放哨"怎么写? 你的姓名、住址怎么写? 还有日常生活用语怎么写,我们就教这些内容。第二项任务是部队的宣传。到外面墙上写标语,用老百姓家里烧的黑灰,从铁锅上铲下来,用水调好了写。一般写的都是抗日内容,比如"打倒日本帝国主义""抗争到底"之类,有些是地区性的口号,比如"打倒某某土匪恶霸",用来迎合群众心理。写的内容很重要,不能写错字。第三个是宣传群众纪律,组织教育群众。"冬学教育"[1]时,我们教群众识字,也教抗日口号,有时候也帮人写对联。一般是先商量划好地盘,这一片地区由谁负责,谁就下去做宣传调查。其他的工作还有组织担架、抢救伤员等等。

---

[1] 抗战时期、解放战争时期,每逢冬季针对广大人民群众开展的社会教育运动。

文化教员工作很重,很多事都要做,所以一提升就是指导员。

我在部队里也当过文工团员,搞过文艺工作,军区的前线话剧团我待过一段时间,赖少其当时是文工团团长。文工团组织演出,排节目,排练"活报剧"。在文工团时间比较短,因为我对文艺工作不擅长,也不爱好,让我专门搞这个不行。我从文化教员到文工团,再从文工团干回文化教员。1945年9月,我们当时在浙江嘉兴打双林战役,将伪军第34师全部消灭,俘虏了对方的政工队和军乐队,要对他们加以改造,我又被调过去服务。不过那时候一般就参与一个月或半个月时间结束。

我所在的第11支队代号叫"挺进支队",正式用这个代号是过了长江以后。第9连连长叫王旭东,指导员叫王遐方。我到部队不到一个月就调走了,下了江南。

那时候中央有指示,要扩大解放区。我们家在江苏中部,叫苏中军区,和苏北相连。1944年车桥战役以后,苏中和苏北两军区连成一片,我们的力量更加强大了,需要向外发展。那么中央的指示就是向南扩展,去解放更多受苦受穷的老百姓。苏中军区从粟裕的第1师调了一部分人,我们分区的政委韦一平调到我们纵队当政委,支队长是余光茂。南下以后叫苏浙军区第4纵队第11支队,司令员是廖政国,政委还是韦一平,政治部主任是曾如清。过长江的任务很简单,就是扩大解放区。

渡长江是在1945年初。我那时是个学生,没出过远门,接触长江还是第一次。当时有句话叫"海无边,江无底",意思是长江很深,很危险。第一次过长江在扬州东南的六圩,但没成功,因为准备不充分。那时过长江和现在不一样,新四军要过长江,千军万马浩浩荡荡,怎么过?过长江时没有灯光,漆黑一片,要选择在黑夜时渡江,深夜里不准有灯火,不准说话,不准发出声音。为什么?害怕被敌人发现。我们也没有船只,要预先征用民船,就是老百姓手里的船。什么船呢？是老百姓从苏北、苏中到上海卖猪的运猪船。我们借来一只大船，里面的味道、环境也顾不上，只要能把人装进去就行，能安全过江就是最大的胜利。第一次渡江由于准备不足，包括夜晚噤声、保密工作也没做好，所以未能成功。后来，我们撤到长江北边休息，3天以后第二次出发。这次一到江边就上船，夜里11点多走，谁也不说话，一声不响，只有少数指导员用手电筒作为队伍的连接手段。渡江的纪律很严，要求很高，目的只有一个——保证安全渡江。但是有一条要注意：敌人不打我们，我们不打敌人；敌人打我们，我们不能马上还击，敌人是真发现还是假发现，还是引诱我们，我们要判断好，没有命令不准开枪。这次渡江很顺利，很快就到对岸，一上岸马上就跑步前进。江南有一条铁路，就是京沪路，从南京到上海，我们要穿过这条铁路。我们后来才知道，一上岸连续不停跑了15里路。当时全身带的东西很多，如干粮袋、手榴弹、背包、衣服，全副家当都背在身上。我那时18岁，没想到居然跑下来了。我上学时候，早晨起来到学校有六七里路，没有这个底子，行军也坚持不下来。

我们这次过江曾有交代，中间穿越公路、铁路，遇到敌人，不允许开枪，以免惊动敌人，导致形势复杂，耽误南下。江北和江南一江之隔，说话不一样，语言就是个问题，比如你喊老百姓，在北边叫"老乡"，到江南喊"老板"，或者"掌柜的"。我们下江南是打仗不多、走路不少。我们的计划是从江苏穿过安徽、浙江，向福建北部进发。为什么到闽北？那个时候不知道，只晓得是扩大解放区。扩大解放区的方向很多，为什么要往东南走？这和世界形势有关。当时苏德战场苏联准备反攻，形势发展对苏军有利。希特勒打了几次败仗，快要不行了。美英盟军准备从中国东南沿海登陆，因此我们也要有准备，但是中央对下面没有宣传这个，只说是扩大解放区。这个也是后来才知道，到了解放以后才清楚里面的原委。

我们既然要到闽北生根发芽，就不能在半路上生根发芽，可是我们只走到钱塘江边上一个叫新登县场口的地方就停下来了。这里是国民党统治的薄弱地区，伪军也没有力量占领，日本人是偶尔下去"扫荡"一次，我们不去占领让别人占领就复杂了。如果我们在这里组织抗日力量那就不一样了。我刚开始对这个没什么概念，后来才体会到"有政权才有力量"的含义。

大约5月份的一天，我们没有粮食，便去梅溪城郊征粮解决吃饭问题。我们13个人组成一个分队，夜间背上枪跑了40多里路，通过地下党的联系进了村子，结果被当地地富发现了，他们敲锣打鼓说"土匪来了"。我们告诉他我们不是土匪，是新四军，他还是说是土匪。没办法，我们转了转就撤出来了。隔了一天，我们用县政府的名义发出布告，将敲锣打鼓的人枪毙了。鉴于形势，没有拉出来公开审判，而是6个人去他家，以"抓汉奸"的名义将他处置了。战争情况下对敌斗争不能马虎、含糊。我们已经亮明身份是新四军，他还要敲锣打鼓，那就不客气了。有人通敌，就要杀一儆百，但是杀人也不可多，主要是告诉别人，通敌就是这个下场。这是第一次渡江后发生的事。第一次渡江，解放区扩大了一大片，创立了苏浙军区。

3 二渡长江与国共内战

1945年8月，日本人宣布投降。我们当时正在浙江新登、场口一带，一接到鬼子投降的消息，高兴得不得了。这时部队准备去进占上海，在接到上级通知之前打了一仗，就是前面提到的双林战役。双林是个大镇，是伪军第34师所在，敌人有3 000多人，我们有一个支队加一个营，大约四五千人，伪军第34师过去在苏中如皋和我们打过仗，是我们的老对手，师长叫田铁夫。打仗中情报很重要，我们打仗那一天，田铁夫带着小老婆到上海去了。田铁夫有7个老婆，事务由大老婆负责。双林战役是我们获胜了。

前面说的政工队和军乐队就是在这次战斗中俘虏的,这帮人大概 20 人左右,军乐队有铜鼓铜号手,还有小号手,我们军区军乐队的也和这批俘虏有渊源。部队要求改造这帮俘虏,派我去当副队长,管一个班。他们当时唱的是谈情说爱的"黄色"歌曲。我们改造也很简单,主要就是白天训练,晚上开会,汇报各自思想情况,也介绍我们部队的性质、政策主张,天天讲。由于时间比较紧,也没来得及教他们编曲排戏。

改造的另外一个重要问题就是调查俘虏的个人历史,进行政治审查,弄清楚是不是敌人安排进来的。那时候收编俘虏很严格,要经过上面同意,不能自己处理,万一招了兵痞子、抽大烟的进来怎么办?选好了报批上级,上面点头你可以留几个、留谁,然后才可以编进班排。后来还有"诉苦"教育。进来以后经过一段时间教育,通过谈话了解、战斗考验以后,表现合格就行了。有的人教育以后进步很快,打仗时积极勇敢,慢慢也可以提拔为副班长、班长。我当兵时还没有碰到过俘虏过来教育以后又逃跑的。

双林战役打完了才发现,解放的伪军部队里有一个人第一天晚上见过,第二天他就背着驳壳枪跟着我们指挥员一起走了。大家很好奇,这个人昨天晚上才解放过来,怎么今天就背着短枪跟着我们了?后来一了解,他是我们的地下党员,是田铁夫的少校副官。所以这一仗内外夹攻,地下党员提供的内部情况很重要。主将在不在,哪个地方布置什么,哪个地方薄弱,我们有人知道得一清二楚。这一点我们也很佩服。

我们把双林打下来,接着就要往上海进军。部队到了宜兴张渚镇时,苏浙军区副司令员叶飞给我们作报告,说任务调整了,不进上海,准备北上。这是服从中央布局,准备在《双十协定》签订时成立八大解放区。这是为了和平与反对内战做好准备。所以我们没有进上海,接着往北走,于是就有了第二次过长江。

第二次过长江的主题是为了国共和平、不打内战、医治战争创伤。整个北撤的过程组织得很好，撤退也很顺利。这一次过长江和第一次也大为不同，此次北渡是选择在白天的下午，坐着汽艇渡江，同时征了一条轮船，是条客船，结果这条船在离江岸四五里时不幸沉没，政委韦一平就在船上，不幸遇难，同船的1 000多名战士也不幸牺牲，其中六七百人是苏浙军区回来的基层干部。坐在甲板烟囱旁边的100多士兵沉船时由于抱住烟囱，因而得救。韦一平来自广西，水性很好，他的遇难使我参军以后第一次流下眼泪。

抗战结束，革命任务发生转换，为了和平，反对打内战，要恢复经济，发展生产。人民打了那么多仗，吃那么多苦，不能再打。可是不打不等于不革命，这是两回事，中国的革命还要进行下去。共产党员的目标在入党那一天起就定下来了，这一点我自认为做得还不错。我正式入党是在1945年8月，正值日军投降。当时新四军里面党组织是秘密的，不公开，支部葛书记和另外一个人来跟我谈话。我的家庭成分比较高，不是贫下中农，算是富裕中农，那时还没评阶级成分，后来有人告诉我，我算是富裕中农。我说这个无所谓，出身是什么不决定于我，但是做什么才决定于我，成分影响人，可是不能决定人。解放战争时搞"三查三整"，查家庭情况，整阶级立场、阶级观点、组织纪律，我就如实直说。过去还比较重视家庭成分，一查你是贫下中农，那你就是好样的！也有个别像我这样成分不好的。别人问我是怎么处理的，我说："怎么处理啊？我就按照党规定的路线，不要有个人私心杂念就行。"

4　三渡长江与革命胜利

第二次渡江以后继续北上，到了盐城，在盐城看郭沫若写的戏《甲申三百年祭》，最后北撤到山东。原先我们部队的任务是从江南北撤以后，走胶东线奔山海关，进军东北沈阳，为占领东北作准备，因为东北战略地位很重要，不能马虎。我们部队开到胶济线时，传来山海关失守的消息，被国民党占领了，无法通过。海上也走不了，因为到了胶东时，我们把武器装备全都丢下了，光是人过去，准备到东北再拿武器。没有武器怎么走？所以就不能去。后来我们又调到兖州，于1946年1月攻打兖州。

很快，全国战局形势发生了重大变化，我们的部队取得节节胜利，形势对我们越来越有利。

1948年，打完济南开始打淮海战役。这时我们已经是华东坦克部队，我调过去时，坦克部队才成立不久，需要组织坦克无线电通信。部队直接用小汽车送我们上前线，到了鲁苏边界的新沂镇直接参战。打淮海战役时，我立了一等功。

第三次过江就是1949年了。当时执行命令，要打过长江去，解放全中国。打过长江是为了解放全国人民，这个历史任务至今尚未完成，因为台湾还没有解放。

回想三次过长江，第一次是偷偷摸摸渡江，第二次是阳光明媚天气下撤退，第三次是过江解放全中国，我也是感慨良多。

回顾我的革命生涯，走南闯北，用两条腿把安徽、浙江、江苏、山东这些地方都"量"了一遍，一路革命全靠两条腿，所以我们又被称为"测量队"，这两条腿对革命的贡献真不小。

文武双全的
八路老兵

尉志芳

"我一不怕苦，二不怕死，掩护突击部队，立了个三等功，然后
我就转为正式党员了。"

★ 口 述 人：尉志芳

★ 采 访 人：张若愚 来碧荣 王文青 冯义朋 严文娟 刘慧龙

★ 采访时间：2018 年 3 月 1 日

★ 采访地点：江苏省连云港市海州区警备区干休所

★ 整 理 人：王莹莹 张若愚

【老兵档案】

尉志芳，1929 年 5 月 20 日生，山东省莱阳县南务村人。抗战期间进入八路军胶东公学学习，1946 年年底入伍，部队番号滨北独立第 14 团第 3 营第 9 连，担任机枪兵、副射手，参加齐家埠战斗、胶东保卫战、济南战役等，先后 4 次负伤。1947 年 4 月加入中国共产党。新中国成立后参加金门战役、福建剿匪等，1955 年授上尉军衔。1959 年支援新疆，1975 年调往徐州警备区，任赣榆县政委。1983 年 8 月 1 日离休，享受正团级待遇。荣立三等功 1 次。三等伤残军人。

1　从学生到老师的转变

我是 1929 年 5 月 20 日出生的，名字中的"志"原来是"紫"，家里人经常叫"志"，后来我自己就改了。"芳"也是我自己改的，但是是个女的名字，在我十四五岁上学期间，有人说班上有女同志，结果一看我是个男的，所以那时候闹了很多笑话。

上完高小以后，我就考初中。大概是 1944 年上半年，我进入离家几十里的胶东领湖中学,只在那上了半年多一点。我们每天必须学英文。老师曾经在英国留过学,50多岁了。他开始就是教我们学习26个字母,要求认识、能写,能将ABCDE连起来读。我们还学习写小草、大草和劲草。我们就这样过了半年。

我们上英文课的时候,不能说别的话,只能说英语。我们那个时候往家写信都是中英文结合的,如father,mother都get,儿子在外面读book,读了book都good。平常同学们都这么瞎说。另外一个比较经常做的事情就是周会。一周开一次的周会,叫总理纪念周,学生都要先念和背诵总理遗嘱;然后有老师讲话,讲课程安排,今天干什么;再一个就是校长讲话。校长讲话从来没有提到国民党、共产党这些事,我们学生都是十三四岁的孩子,懂什么东西,都是在下面瞎吵吵。但是,我们学生知道有八路军,有国民党。晚上把门插上,我们几个学生之间也谈论这些事。

我们四个学生住在一个孤老太太家里,她照顾我们。那时候,我们把粮食给她,她给我们吃饭。粮食就是棒子面、地瓜干,另外就是腌萝卜头。我们没有钱给她。我们吃窝窝头、咸菜,有时候老太太给我们搞一点萝卜。

我们同住当中有一个姓董的,他是我过去在高小时的同学,我那时候是十三四岁,他已经十七八岁了。他是我一个远房姐姐的对象,我们相互之间也不了解。他说自己是国民党三青团成员,还说国民党有一个撒灰政策,自己拉拢熟悉的人。但是那个时候我们为什么没有参加呢?因为国民党要求集体参加,三青团也是这样。我们年纪小不懂,也没有政治概念,学习还忙不过来,吃饭还解决不了,就顾不上参加这个了。

我们初中那个校长很反动。有一天早上,我们在住宿地方,就听到学校里面有枪声,听说是八路军来抓校长,有没有抓到不太清楚。第二天,我们也没有上学,过了好几天才上学,上学也没人提这个事情,事情就算过去了。不久以后,这个学校就解散了,我又回到家里。

1945年春,天气还比较凉的时候,我看到八路军胶东公学[1]的招生告示。那时候我们对八路军还有点戒心,不知道他们是什么情况。我们好几个同学一起报名了,也不用考试,就直接入学了。

我们学校就在莱阳南务村。校舍是公家的,原先应该是一个地主家的房子。吃饭有伙房,基本上都是吃窝窝头和小米稀饭。吃饭时我们一个组围着,拿起窝窝头吃,不准把粮食掉在地上。我们学生会的主席是一个女同学,叫范敏,还有一个男主席,叫姜乃希。我的学习小组组长也不错,是个姓龚的女生。同学们的年龄都在十六七岁到十七八岁。我们都打地铺,晚上开小组会时都坐在稻草铺上进行。

我们主要学习中国的抗日战争、苏德战争、社会发展史、青年修养等等。一位女老师给我们上青年修养,她讲了这么个故事,说有一个女青年选择对象,西庄的一个男的富而丑,东庄的一个男的穷但是漂亮,这个女青年说我到西家吃饭,到东家睡觉。大家伙说:"笑话!"这个故事印象挺深的,到现在还记得。我们那个组有好几个女生,她们比较开放,不留大辫子,都剪个短发。老师讲社会发展史,我大概知道猴子如何变成人。我们经常外出活动,由学校组织到外地去拿粮食,打柴火。

此外,学校非常重视清查学生出身成分,查你有没有反动历史,参没参加过反动组织。我也被清查过了。因为我那时候才16岁,不够参加国民党组织的条件,所以清查的时候就是一般性的清查。

在1944年年底的时候,有小道消息说鬼子投降了。1945年8月鬼子投降

---

[1] 1938年6月,中共胶东特委决定仿照中共中央在延安创办的陕北公学,在胶东抗日根据地建立胶东公学,把"实施抗战教育,培养抗战建国人才"作为办学宗旨。是年8月下旬,胶东公学在黄县城正式成立。1943年,胶东公学师生员工达到600多人,设有十几个班级,这是胶东公学的一个鼎盛时期。胶东公学开了抗日根据地战时正规教育的先河。

的消息，我是在胶东公学时得知的。在胶东公学上了半年多以后，我们就被分配到各地参加工作了。

我有一个同学，已经结婚了。他和我商量一起到山东公学去。山东公学在潍坊那一带。我说父母不让我走得太远，因为我是家里最小的一个，其他兄弟都已经结婚有家了，我还小，没有成家，再说我也不想去。我说出家里的意见，两人一商量就决定教学吧。我们来到位于莱阳城的胶东行政公署，他们给了两项选择，第一个选择，说你们上过学，有一定的文化程度，就到军工厂去，然后征求我们的意见。那个同学说他不去，我说："你不去我也不去。"第二个选择是去教学，到乳山县山北头村实验小学。这个学校离我们家100多里路，校长叫卫经华。我们俩最后决定到那个地方去当老师。我们的学生都比我们大。我那时候担任两门课，一门是地理，一门是自然。地理第一堂课我教的是胶东，讲胶东地图；自然第一堂课就是学习做肥皂。

之后我就病了，发高烧，所以没办法，在家待了有半年。病好后又到莱阳县卧龙庄村子小学教书。半年以后又到了下步家小学教书。在我教学的时候，学生每天拿着盒子，送饭给我吃。盒子里面带来的是家里比较好吃的东西。早晨就是馒头、饽饽，我们都叫窝窝头。中午给我一大碗面条，我还不能全都吃了，要给人家留一部分。两个庄子的小学都是这样，由学生送饭吃，酒都有，特别是过年过节。

2 在战场上四次负伤

到了1946年的年底，国民党要准备进攻胶东，根据地掀起了一个大参军运动，我在下步家小学教书，大伙儿都参军，我当时也就参军了。我们那个庄子参军的有 33 个人,我这个当老师的当然也要参军。

我参加的部队是滨北独立第 14 团第 3 营第 9 连,当时没有发军装。我是机枪兵,具体来讲是掷弹筒兵。我们一个连里有 3 挺机枪,就有 3 个机枪班,我就在第 3 排的机枪班掷弹筒组。机枪班有 1 个机枪手,1 个副机枪手,我不是主要的,因为那时候我还不会打枪。我们用的是捷克式的轻机枪,后来换成缴获过来的歪把子枪。我们也有小炮,配备的炮弹是每次 1 箱子,二十几发。机枪手身上带 12 发炮弹,可以当手榴弹用,打出去的杀伤面积约 50 平方公尺。因为我识几个字,用那个炮还必须要有点文化知识,所以也能派上用场。

1947 年春节前后,我们就开始训练,有一个训练就是爆破城墙,我们必须要用炸药一道一道地往前排,送了第一包炸药,再送第二包,继续送第三包,一直炸到城墙。炸开城墙以后,部队才可以进去。我们训练绑炸药,匍匐前进,减小自己的牺牲,保存自己,消灭敌人。此外,我还随部队到外地征收粮食,征完粮往回运,我们负责保护。

1947 年 4 月,排长共产党员刘元福找我谈话,说你看你入党怎么样,我说我现在还不够条件,他说你怎么不够条件,你就说一说吧。我就说党有什么要求,我应该做到哪一些,第一次谈话就是这么个情况。第二次就是填表,表填后不久,支部就同意了。因为我是中农出身,预备期 3 个月。在当时来讲,党员身份还是保密的。

我入伍后参加的第一次战斗是在平度县齐家埠,这个战斗是为纪念七一党的生日。当时我带着小炮,在前沿阵地的后边。但是在战斗当中,有一些炮弹被敌人击中后就爆炸了,把我推出去大概有 1 米左右,起来以后两个耳朵就听不到了,就像个哑巴似的。那时部队的要求是重伤不叫苦,轻伤不下火线。我没有下火线,用点药接着战斗。齐家埠战斗我们歼灭敌人 1 个团,结束后开了表彰大会,我们第 3 排荣立集体二等功,第 7 班班长王德顺是爆破英雄,得了一等功。我一不怕苦，二不怕死，掩护突击部队，立了个三等功，然后我就转为正式党员了。

由于国民党进攻胶东，所以我们部队要拉回去参加胶东保卫战。我在将军庙第二次负伤，是胳膊和腿受伤。那时候子弹、炮弹都很密，究竟是什么打的也不太清楚。由两个人绑着我，不准我动，抠出来的是子弹还是炮壳我也不清楚。因为没有麻药，东西抠出来以后，我已经不行了。在休息一段时间之后，我的伤好了。部队又拉到我们家乡，准备打莱阳，但是却先去打栖霞，然后又打海阳。打海阳的时候我又负了伤。当时我在一个巷子里面，敌人离我们很近，炮弹炸过来以后，我的肩胛骨位置受伤了，如果再厉害点就伤及心脏了。之后，我们又转回来打莱阳，我的一只胳膊负伤，被抬到后方去了。

我休息了个把月恢复了，又回到部队，接着进行练兵，准备外线出击。1948年，我们就准备到西线去打济南了。我们打济南之前曾攻打徐家庄，但是打了几次都没有打下来。我们然后转而打兖州，打下来以后就准备八月十五打济南。在济南战役中，我已经从战士提拔到文书，当文化干事。但是在打第一道围墙的时候，敌人的炮弹打过来以后，我的胳膊、大腿都负伤了，下来以后在医院养了一个多月。后来部队就南下苏皖这一带，参加淮海战役。我们打下灵璧城后，就转移到打双堆集。1949年4月23日，我们南渡长江，半个班五六个人坐的小木船翻掉了，我身上有80发子弹、1支步枪、水葫芦和帆包。那时候我还多少会点水，就自己打狗刨。多亏有一个喝水的葫芦，可以有点浮力。我慢慢游，等到游回岸就没有劲了。第二天拂晓，我们另坐稍微大点的船顺利渡过了江。我们渡江以后就解放了南京，又从南京向上海方向打。这期间我就调到军教导大队第2队第2班当班长。后来，指导员找我谈话，准备把我调到上海军管会去，他说："现在要调过去需经过前边的领导同志同意，因为前面打仗还需要人，所以你现在要有这个思想准备。"我说："可以。"经请示，前面的领导说不能去,因为前面连队需要人,要打上海,还要进军福建。

3　解放海岛和支援新疆

解放上海后,我们就准备进军福建。我们往南徒步走到福建,因为白天有国民党的飞机轰炸,我们就白天睡觉,晚上走路,所以我们进军福建大部分是在夜间。我们到福建后驻扎在漳州的南山寺。1949 年年底,我们参加了渡海战斗、东山战斗。我们解放东山岛比较顺利,经过渡海作战进岛以后,敌人就开始往台湾逃跑了。东山岛解放以后就准备打金门。打金门很复杂,第 31 军的一个团先进去,我们作为第二梯队驻扎在一个江岔子,进攻金门的船必须从这里走。由于前面进去的部队让敌人卡住了,没有攻下去,我们第二梯队也就没有上去。我们开始转到漳州,后又驻到厦门外围。当时福建的土匪比较多,我还参加了剿匪,持续剿了一年。

我们剿完匪以后,朝鲜战争开始了,国民党要反攻大陆。这时候我就从连队调出来,到团里宣教股当宣教干事,一段时间以后,又调到师干部科当干事。

之后,我就到南京市湖南路 10 号的华东军区政治干校学习政治常识,具体来讲就是学政治经济学的一部分,学了半年后我又回到第 31 军第 91 师,到炮团当政治教员,然后又调到政治干校。因为我当时负伤,身体不太好,他们叫我当政治教员,我说我不能做政治教员,所以在教务科当干事,做助理员。我在政治干校和老伴相识,1958 年结婚。

我在南京工作了两三年,1955 年政治干校准备解散,我就调到北京总参社会学院当干事,然后就是带学员,当指导员。大概到了 1959 年,总参命令我参加支援新疆,分到农 4 师管理区当政治处主任。过了有半年多,又从农 4 师调到二机部在伊宁的 735 矿矿务局。"文化大革命"开始后,我到 735 矿革委会当副主任,后在 735 矿当政委,一直到 1975 年从新疆调回到徐州军分区赣榆县当政委,1983 年 8 月 1 日离休。

青春在战
场上闪光

彭龙祥

"铭记历史不是为了延续仇恨，而是要记住国家、民族和先烈的不易，更加珍惜现在的和平岁月。"

★ 口 述 人:彭龙祥

★ 采 访 人:王骅书　王金鑫　徐婷　卢珊　吴念祺　赵文静

★ 采访时间:2017 年 1 月 15 日

★ 采访地点:江苏省盐城市盐都区大冈镇新利村

★ 整 理 人:王金鑫

【老兵档案】

彭龙祥,1927 年生,江苏省盐城市盐都区人。1941 年参加新四军,1946 年加入中国共产党。曾任新四军盐城独立团第 2 营第 3 连通信员、盐阜军分区独立第 4 团第 2 营第 3 连班长、华中军区第 5 军分区独立第 4 团第 2 营第 3 连副排长、华中野战军第 10 纵队第 86 团第 2 营第 3 连排长等职。抗战期间曾参加盐城战役、陇海路东段破击战等。立有二等功 1 次。1948 年转业回乡,任南吉乡民兵中队长、团结乡指导员,后回家务农。

1　初战胜利

我老家在便仓的高家沟,家里很穷没有田,靠磨坊为生。我家共有兄弟五个,还有一个姐姐,我在家中排行老四。我的小名叫小龙,"彭龙祥"这个名字是在部队时连长毕家顺取的,他是红军老干部。1941 年,我自己悄悄地离开了家,参加了二区的区小队,区长是刘大成。我先在区队里当战士,后来做通信员,之后进了县总队。

1942 年，我调入新四军盐城独立团[1]，这是黄克诚领导的正规部队，团长是祝永年[2]。我在第 3 连当了通信员，跟着指导员江怀春，他是徐州人。连长毕家顺是老红军，打仗很猛，所以第 3 连打仗是很凶的。后来我下了部队，当了班长、副排长、排长。我在第 3 连的第一场激烈的战斗是打孙良诚的和平军。1943 年，伪军到大冈镇一带"扫荡"抢粮，当时班长顾亭贞报告说："敌人下来了！现在在东边的四亭村，中午 12 点可能要到的样子。"为了保护当地老百姓，我们第 3 连采取了主动出击，以阻止敌人进一步深入。当天清晨，我们趁着天还没有亮，悄悄地靠近敌人在大冈同心村的驻地，消灭了几个在前面放哨的敌人。战斗打响后，那子弹就像无数只蚊子在头上飞，没头没脑地扑过来，战斗一直持续到下午 3 点，驻守在尚庄的第 4 连赶过来增援，我们才一起打退了鬼子和伪军，这一仗我们击毙了很多伪军，还俘虏了 20 多个伪军。

2　血战北袁家庄，解放盐城县城

1944 年 10 月[3]，我随盐城独立团参加了解放盐城攻打北袁家庄的战斗，攻打赵云祥的部队，这是我抗战经历中最惨烈的一次战斗。北袁家庄位于盐城北门外，是当年日伪军在盐城地区最为重要的几个据点之一，工事异常坚固。它的外围由铁丝网、地雷区、开阔地、壕沟四道封锁线组成，四个角落还各有一个碉堡，易守难攻。我们新四军正规部队和地方部队曾经多次攻打北袁家庄，但是都没有拔除这个据点。

---

〔1〕 此处老人记忆有误，应为 1943 年调入盐城县总队，1944 年 8 月 1 日编为盐城独立团。

〔2〕 祝永年(1917—1993)，湖北礼山人。1930 年参加中国工农红军，1937 年加入中国共产党。曾任建阳县总队第2 营营长、盐城独立团团长、盐阜军分区独立第 4 团团长、华中第 5 军分区独立第 4 团团长等职。

〔3〕 此处老人记忆有误，时间应为 1945 年 10—11 月。

当天凌晨 3 点，我们对北袁家庄开始发起进攻。由于敌人的工事十分牢固，独立团又没有重武器，连队里配备的火炮根本打不动敌人的碉堡，我们付出了巨大的牺牲，一个连 120 多个人就牺牲了 80 多个。我们用镰刀拉掉敌人的铁丝网，最后从兄弟部队借来了迫击炮，4 发炮弹打掉了敌人的 4 个碉堡。

到下午 3 点钟的时候，部队发起总攻，冲锋号响起之后，我们直接冲进了敌人的阵地。在战斗中，我遇到了敌人的一个军官，他当时手里正拿着一把手枪，我让他举手投降，结果他自杀了，我缴获了他的手枪，枪里还剩一发子弹，也因此立了二等功。战斗一直持续到了晚上 8 点多钟，最终我们攻克了敌人的据点，取得了胜利。

这场战斗是十分惨烈的，我现在还能回想起牺牲了的年轻战友的脸庞，他们才是真正的英雄，他们比我更了不起。当时，是粟裕司令员指挥主力新 6 师进行了进攻盐城县城的战斗[1]，记得当时侦察员报告说："在益林、东沟有和平军下来抢了老百姓的粮食和猪、羊等牲畜。"我们在下午 4 点钟的时候，将他们消灭了。

3　破击陇海铁路，夺取最后胜利

1944 年冬天[2]，新四军第 3 师决定消灭新安镇地区的日伪军，破坏敌人的陇海路铁路运输线。新安镇是敌人在陇海路上的重要站点和主要城镇，日军对于新安镇一带的防守十分重视，不仅驻有大量的日军，在外围还有数量众多的

---

〔1〕 司令员应为管文蔚，所率部队为苏中军区主力和苏北地方部队，具体战役为盐城战役。
〔2〕 时间应为 1945 年冬天。

伪军。因此，为了配合第 3 师的行动，当时盐城军分区[1]派我们盐城独立团前来共同打击新安镇的敌人。

当时的天气十分寒冷，我们在新安镇西边的瓦窑挖了一夜的战壕才勉强埋伏起来，等待敌人进入包围圈。早上八九点的时候信号弹升起，战斗打响了。当时敌人是 400 名鬼子和 300 名伪军。天气很冷，我们很难打得动，日本鬼子火力很强，连小钢炮都调了上来，我们有一个班的战士在山里被敌人炸得连尸首都没有了。后来第 3 师的兄弟部队前来接防，在黄克诚师长的指挥下，他们将部队布置好后，冲锋号一吹，轻重机枪和大炮一起开火，打得敌人连头都抬不起来，然后部队一起冲锋，仅用了 1 个小时就结束了战斗[2]。

这一仗除了大部分的鬼子逃跑了之外，我们共消灭了 80 多名鬼子，俘虏了全部的 300 名伪军。这是我抗战生涯中最扬眉吐气的一场战斗，战斗的最后阶段，我跟着大家一起冲锋，脑子里除了夺取最后的胜利外，也没有其他什么想法。

4 能活着已是幸运

1945 年日本鬼子投降了，当时我在益林、东沟，消息来得很快。抗战胜利后，我们又同国民党蒋介石的部队打了起来。最严重的一次是天上的飞机俯冲子弹打下来，那种子弹很长，当时老 6 师都被敌人打垮了，后来新 6 师冲了上去，才把敌人打跑了。当时敌人穿的是皮鞋，我们就一直追着他们打。

---

〔1〕 原为盐阜军分区，此时应为华中军区第 5 军分区。
〔2〕 新四军第 3 师主力部队早已开赴东北，此时进行的是由粟裕所率华中野战军进行的陇海路东段破击战，具体战斗为新安镇战斗，接防部队应为新四军华中野战军第 8、第 9 纵队所属部队。

1946 年，我们在角斜、李堡俘获了敌人的 7 艘大船。这是敌人的后勤船，船上全是敌人的物资，包括衣服、枪、子弹等等，也就是在打过角斜、李堡之后，我被提升为盐城独立团第 3 连第 3 排的排长[1]。同年，我在合德经指导员魏志和朱贵资介绍加入中国共产党。1947 年 12 月，我随部队参加了盐南战斗。当时天寒地冻，真正打死的人很少，大部分都是冻死的，我们连续 7 天不下火线。

1948 年我复员到地方工作，先在团结乡当民兵中队长，后来到南吉乡当指导员，其间我曾带着 51 个人到南京工作。1957 年，我和妻子经乡长和指导员介绍结了婚，她当时 22 岁，正在当妇女主任，我是民兵中队长，之后我们生了两女一儿。抗战的时候，我就杀伤过 3 个小鬼子。说实话，在战场上，生死是刹那间的事，和那些长眠在战场上的战友相比，我算是幸运的。现在健在的抗战老兵越来越少了，我们都希望后人能够记住这段历史。铭记历史不是为了延续仇恨，而是要记住国家、民族和先烈的不易，更加珍惜现在的和平岁月。

---

[1] 此时部队应为华中野战军第 10 纵队第 86 团。

在鲁干班接
受军事训练

董江天

"日军不怕死，硬上，我们打了一天多把他们打跑了。"

★ 口 述 人：董江天

★ 采 访 人：肖晓飞　莫非　乐凡　王华亮　袁杰　赵久艳　马梦飞　朱月红　贾晶

★ 采访时间：2018 年 2 月 1 日

★ 采访地点：江苏省常州市通江北路

★ 整 理 人：王莹莹　肖晓飞

【老兵档案】

　　董江天，1925 年 3 月 18 日生，山东省寿光市稻田镇董家村人。1941 年 5 月参加八路军，1943 年由清河军区安排，进入国民党中央陆军军官学校驻鲁干部训练班（鲁干班）第 19 期学习。毕业以后，回到山东省渤海军区整编第 1 团第 3 营第 1 连担任司务长。参加过潍坊战役、济南战役、淮海战役、渡江战役等战役。1949 年以后转业到中国人民银行常州分行工作，一直到离休。

1　在兵工厂八路军的影响下参军

　　我叫董江天，原名董沄，1925 年 3 月 18 日生，山东寿光稻田镇董家村人。我的祖父死得早，祖母当家。我家里有五亩田，父母是种田的。父亲很小就开始种田，没有上过学。自己种田正好够一家人吃。我兄弟姊妹五个，有个姐姐，我是老二，下面有三个妹妹。我是家中独子。

　　我小的时候上过私塾，先是读《三字经》《百家姓》《千字文》，后来读《论语》《中庸》《大学》。我小学上了四年，高小上了两年。初中上了一年，那个学堂叫染织中学，就是染布的中学。上这个学，每个月会贴补你 30 斤黄豆，你不上就没有。校长叫汤明元，教导主任是刘兆。

大概是 1938 年 2 月 27 日，日本人来到我们村上。鬼子一来，就在村外先打炮、打机枪。枪炮声响了以后，村里人都赶紧逃。日本人进村里来那一天杀了几十个人。被杀的人中有一个人叫二毛，还有一个叫欧阳。欧阳是日本人来了他逃跑，结果被日本人用枪打死的，打了好几枪。日军杀人归杀人，但是他们专门安排一个人给小孩发糖。那个日本人穿着大皮鞋、黄衣服，戴着帽子，凶得不得了。

1940 年，八路军来到我们村子里活动，他们就是渤海军区[1]赵寄舟和杨国夫的部队，在村子里建了一个兵工厂，有一百几十个人，以造手榴弹、大刀为主。那个时候老百姓对八路军不了解，为什么呢？因为国民党政府一直宣传八路军不好。所以，我们对外面保密，也不说好，也不说坏，就装看不见。

八路军有的时候到我家里来借东西，一般借碗和铲刀等东西，也有时弄点盐和酱油这些零碎东西。一来二往我们就熟悉了。有时候，我家没有的东西，就到邻居家借了给他们送去。我到了兵工厂，看到里面的工作情况。他们是用沙做模子，用炉子炼出铁水来，再用个勺子把铁水舀到模子里，压那个手榴弹的铁箍。铁箍压好了，然后配上药、柄、引线和拉链等，手榴弹就做好了。

后来，他们就叫我在村上放哨，打探敌情。1941 年 4 月的一天，有个汉奸到我们村上来了解情况，他正好碰到我，就问道："你这个村上有兵工厂吗？"我说："没有，我们啥都没有。"其实兵工厂就在我们家南边一点。到了下午，那个人又来了，大声问道："你这个村上有八路军兵工厂吗？有共产党的兵工厂吗？"我说："没有，什么都没有。"

这人来了几次，我想想不对头，就马上报告了团长兼厂长的赵寄舟。我说

---

[1] 老人记忆有误，应该是清河军区。

上午那个人来了解情况，高高的个子，30 来岁，下午又来了，这个情况不大好。他一考虑不对头，就说："我们要连夜搬迁，不然日本人和汉奸要来。"他还动员我说："你给我们这个情报很重要，你的贡献很大，也立功了，晚上你跟着我们走吧。你也不好待在这里了，如待在这里，日本人来了也会害你。"老实说，因为和兵工厂接触多，受他们影响，我就决定随兵工厂走。1941 年 5 月，我就跟着八路军的兵工厂搬到了广饶，就在那参加了八路军。

我们的兵工厂主要造大刀、手榴弹。部队里使用的武器比较杂，有汉阳造、中正式。机枪最初是没有的，后来缴获了点，有轻机枪，有歪把子、捷克式。大家都有一把大刀。手榴弹大家一般有 6 个，最少的有 4 个，最多的有 8 个。我们使用的枪基本以缴获的为主，子弹很少，一般只给十几粒，顶多 30 粒，根本不够用。

我刚进部队就是一个普通的兵，后来当司务长，管衣服，发衣服。1944 年下半年开始管伙食。部队的伙食一般都有专人负责，团、营和连里都有司务长。司务长还管给养和发津贴。当时一天的生活费，每人就一块五毛钱，结余下来，大家就可吃点好的；不结余呢，主要就是保证菜和馒头这些东西。在山东主要吃的是窝窝头，有时吃黄叶菜、豆腐、菠菜和茼蒿，剩下的钱就买点猪肉、鸡或鱼等，开点小荤。

我们部队吃的粮食都是老百姓交上来的，有的是来自地主富农，土改时就把他们的粮食全部拿来归公。粮食收上来以后，我们每个人有一个大布袋，布袋装满了，就挂在身上，够一个人吃 7 天，再多下来的就装仓库里。过了 7 天后，就要再到仓库里装。仓库一般用的就是老百姓空的房子，把地主富农的粮食拿来也放这里，然后有几个人在那站岗。

除了供应粮食，老百姓还供应烧的柴草。柴草都是老百姓拔的。我们如借老百姓 50 斤柴草，就写一个借条，或者给他们 50 斤草票。

有时候粮草供应很紧张，尤其是碰着日本人"大扫荡"，我们打不过就逃，逃到别处去以后，粮草就缺了。有时候一天两天吃不到饭——虽然找到窝安定下来了，但是那时候还不能烧饭，因为鬼子发现冒烟又来"扫荡"了，你又要跑。只能等他们不来了，才好定下来，做点吃的。

2 多次给日伪军以重击

我们渤海军区是山东的老解放区，比胶东、鲁西南都早，为什么呢？这个地方是山东地区共产党的诞生地。1924 年，张玉山和几个人到济南师范学校读书，在中共一大代表王尽美、邓恩铭的影响下参加了共产党。他们毕业以后就成立了寿(光)广(饶)党支部，积极开展地下活动，所以当地群众基础较好，有助于斗争的开展。

有一回，日本人 300 多人，汉奸 800 多人，一起来到三官庙"扫荡"。我们是土墙围子，日本人在外面打，我们在里面守。日本人和汉奸攻打十几分钟后就往里冲，一下子冲进来了。我们用加强连和阻击连来打他们，把他们打出去了。但是，他们很快又组织进攻，阻击连再上去把他们打出去。我们与鬼子汉奸打了几个来回，差不多打到晚上，鬼子和汉奸就在村子里烧饭吃。

这个时候，我们司令员赵寄舟和政委杨国夫就组织"敢死队"，也叫"大刀队"，一队十几个人。敢死队用一块白毛巾扎好了，看到白毛巾就是自己的人，没有白毛巾的人就要用大刀砍。在天要黑的时候，敢死队就冲出来。我们来了就砍，日本人正好吃饭休息，来不及准备。这一晚上打下来以后，日本人"哇哇"叫，吓的吓，逃的逃，一晚上杀死了七十几个日本人，一百三十几个汉奸。随后，我们就收兵回到村上。第二天一大早，日军从济南调来两架飞机，抬了两具死尸走了。到后来我们才知道，那天晚上打死了一个大佐。这一战役后来得到了上级领导的表扬。

寿光侯镇是一个东西向的老街，将近两里路。有一天我们得到情报，说有一百几十个日本人和三百几十个汉奸要经过此地。得到这个情报以后，赵寄舟司令员和杨国夫政委就布置两个营和一个加强连进入该镇，埋伏在两边商店里面。日本人和汉奸从东边朝西走，等他们全部进入镇子，我们的冲锋号一吹，大家都打开门出来，马上从两头堵住。日本人和汉奸的三八式、机关枪、小钢炮和手榴弹都用不上了。我们1 000多人都在喊，杀气冲天。日本人和汉奸到处乱逃，我们用大刀拼，老百姓扛着钉耙、锄头也出来帮忙，基本全歼敌人。侯镇战斗把日本人吓死了，往后他们都不敢走大的村庄。

张家庄在寿光县的西北方，距潍坊西北有60里，也是土围子，围子修得特别好，周围是土墙，打得很高、很结实。然后我们就在土墙里抠枪眼洞，人在里面朝外打。我们驻在那里的八路军有一个阻击营500多人，外加两个连，一共700多人。有一天，日本200多人加汉奸500多人，一起来攻打。他们在离张家庄50米的地方就用钢炮、机关枪和燃烧弹开始来回打。我们最初一枪不放，等他们靠近了以后，我们就用手榴弹、步枪打。他们攻了十几次才攻进来。他们攻进来以后，我们专门打阻击的加强连就开上去。我们打了一天多，敌人看了看暂时打不下来，到了晚上就撤退了。第二天一早，敌人又来了，用大炮机枪猛打。我们晓得日本人还要来，司令员增调了一个营大概500人来补充。敌人用大炮打开缺口，大概十几米，一百几十个人朝里冲。他们不晓得我们昨天又调了一个营来，这一个营两个连一下子卅上去，把他们打出去，几进几出。到了晚上，敌人晓得情况不妙，就要撤退。我们在后面追，朝昌邑县那个方向追。这一仗打死了100多个日本人，300多个汉奸。当然，我们也牺牲了很多人。但是，我们这一仗闻名山东了，部队开庆祝大会，给每一个人发了2斤猪肉，还有5块钱。

田柳庄是大村庄,在寿光县的西北角,这里是我们共产党的根据地,也是个土围子,易守难攻。我们在此驻了两个营,一个营500人,共1000人,另外加一个特务连125个人。日本人晓得田柳庄是共产党的根据地,所以调集了大批部队来消灭我们。他们把昌乐、潍坊和昌邑等五六个县的日本人集中起来,有飞机5架,人马500多,还有汉奸一千两百几十个,一共1700人来进攻田柳庄。5架飞机在低空用机关炮扫射。我们没听说过机关炮,非常怕这东西。敌人飞机扫了大概20分钟,地面就进攻了。我们等他们靠近了,就从枪眼洞里往外打,向外扔手榴弹。日军不怕死,硬上,我们打了一天多把他们打跑了。这一仗我们拾到不少三八式步枪,还有钢盔。

3 在鲁干班训练杀敌本领

1943年,共产党要培养一批干部。渤海军区[1]就选我们十几个人到国民党中央陆军军官学校驻鲁干部训练班(鲁干班)学习,学好了还要回部队。这个训练班由李仙洲[2]创办,先在山东,后来迁到安徽阜阳。校长李仙洲是个大块头,大面孔,人蛮聪明的,讲话爽快。副校长是付立平,总队长是湖南人易谦。

我们由渤海军区开介绍信进鲁干班学习,一起去的能记得起的同学有宋平、董奇峰、宋仁、宋祝泉等,大家都是广饶和寿光本地人。我们临行前换上便衣,带着窝窝头和水,步行前往阜阳。路上干粮吃完了以后,就用钱买一点。有时住旅馆。在经过日伪军检查岗时,老早就要向他们鞠躬,鞠的幅度大他们就

---

〔1〕 老人记忆有误,应该是清河军区。下同。
〔2〕 李仙洲1938年任国民党第92军军长,1941年春移驻安徽北部阜阳等地,1942年任国民党第28集团军司令兼92军军长。

不打,鞠的幅度小他们就向你要良民证。我们就说是学生,去上学的。因为年轻,说是学生问题不大。我们从寿光出发,先到益都,到临沂,再到南边,一步一步地走,走了十几天后到了安徽。在路上不断问道,经过凤阳和蚌埠继续赶路,最后到了阜阳。

鲁干班在阜阳的吕家大寨。我们去了以后有个小队长来接见,把介绍信给他看看,他请示上面后同意了。我们进去以后被编入了第 19 期,在第 16 总队第 8 中队第 3 区队。

我们平时主要学习步兵操典、射击打靶、怎样攻击等,另外就是过独木桥、扔手榴弹、爬墙头、过芦柴等细项目。一个个地学,每一个项目都苦得不得了。文化课主要学习三民主义讲义。

我们学扔手榴弹,不仅要扔得远,还要扔得准。如果扔不准或不远,马上当官的就给你两个耳光子。有的手榴弹里面没有放炸药,它是练习手榴弹,能扔得远点;真正的手榴弹你扔不远,因为它有药了很重。手榴弹练习有规范,第一步立正站好,第二步手榴弹要拿到手里,第三步拉线,第四步双臂打开,第五步出发后快速扔弹。我最初只能扔 20 米,后来最多可达 60 米。我的同学宋平能扔到 80 米,受到过表扬。我们过独木桥是这样的,一根木头,底下都是空的,从独木桥上走过去,木头太细,有的人从桥上掉下去跌得要死。钻火圈就是圈子烧起火来以后,你要从当中钻过去。打靶就是画一个人头放在很远的地方打,一般发给 5 发子弹,后来有的发 8 发。射击姿势一种就是趴在地上,另一种就是单膝跪地端起来,还有就是拿起来就打,有趴着、跪着、站着 3 种。瞄准要三对一。我的成绩开始时不好,后来打靶成绩达到中等。

当时军校里的教官打人,凶得很。稍息立正,你站得不整齐,胸不挺起来,教官就“啪嗒啪嗒”两拳头,或者用脚踢你。我有一次立正没立好,他上来就是两脚;还有一次头歪了歪,他说:“立正稍息都要看齐,你的头歪着。”“啪啪”又是两个巴掌。晚上睡觉，一吹起号，5分钟内要集合好，军装不穿好，不集合好，那你就得挨打，有时候还要被关禁闭。

我们住在吕家大寨老百姓的房子里，有的是临时搭的棚子，一个小队住在一起。伙食就是豆腐烧萝卜，豆腐烧黄叶菜之类。一个面盆端上来，8个人一桌，坐在地上吃，吃得慢了抢不到。吃饭有时间限制，吃得晚了不行，几分钟内要吃完。衣服是黄颜色的，夏天发一套，冬天发一套，从不多发。

我们从解放区过来的，要保密。人要分开，分在不同的队里面，不给在一起。不能够和别人讲情况，不能说我认识你，家住在哪里，多大年纪。大家都装不认识。

学校毕业时，李仙洲在毕业典礼上讲话，然后给我们每人发一个证书。1944年冬天，鲁干班停办，我们这个班撤了，学校也不让住了，发了文凭也发了路费，让我们回去。我们就这样学了一年多后，又回到了渤海军区。

1945年日本投降的时候，我们部队在潍坊。到了8月19日，上级领导传达了抗战胜利的消息。当时大家那个高兴啊，又是唱歌又是演戏。上级还给每人发了2块钱和2斤猪肉，大家聚餐吃饭。

4　从潍坊一直打到上海

1948年清明节前后，我参加了潍坊战役。潍坊是砖城墙，城墙高一丈五，上边有垛口，就像万里长城那样。国民党在潍坊是第96军陈金城军长带队，还有一个是张天佐的地方部队，一共三万多人。此外，在东关有·个第96军第212旅。我们渤海军区部队专门攻潍坊的北关，打了十几天。我们从北关挖地道，用个簸箕向外传土。你传他，他传我，土就这样传出来的。地道一直挖到城墙下面,然后挖到城里面。白天洞就挖开了,晚上就从洞里上来。八路军进城了,国民党军队吓坏了。潍坊打下来了,我们牺牲的人不多。

1948年9月下旬,我们攻打济南。济南的城墙比潍坊更高、更坚固。国民党王耀武是总司令,一共有十几万军队,另外济南西边飞机场的吴化文有三万部队。结果吴化文投降,我们就包围济南城了。第9纵队聂凤智从西边进攻,先扫清外围,然后用几十吨的炸药把城墙一下子炸了一个大口子,就向里冲。王耀武最初是在济南邮电局指挥,后逃到济南北边大明湖的北极阁。解放军打进济南城后,王耀武从北极阁带着卫兵乘着一个马车朝青岛逃跑,逃到寿光县被民兵发现,就叫他下来。他说:"我就是王耀武,济南的指挥司令。"民兵就把他押到许世友处,许世友又把他押到陈毅那里。王耀武就这样被活捉了。

1948年11月,我们部队参加淮海战役。那时正好下大雪,地上堆了很厚的积雪。战争一开始,我们华东野战军和第2野战军组织起来,先开始打黄百韬兵团,他有十二万五千人,而且武器好。我们决定晚上进攻。打仗冲锋前人趴在雪里,所以要速战速决。在徐州东北有条沂河,我们打仗过河,河水很深,过去之后衣服全部湿了,非常冷。我们克服了困难,打败了杜聿明的部队,取得了胜利。

1949年4月,毛主席、朱总司令下命令,百万雄师下江南。那时我在第3野战军第20军第59师第175团第3营。我们从扬州渡江,国民党有一个师守卫对面江防,当天晚上我们就把他们解决了。我们过江后,国民党六个军朝杭州方向逃跑,我们就在后面追。他们的武器、弹药扔得到处都是。我们第175团很快到上海,准备解放上海。

董江天军装照

在上海的奉贤县,我们顺着黄浦江朝里插。我们主攻的是苏州河,消灭了河边防守的青年军。到后来,刘昌义投降,汤恩伯逃跑了。打上海打了一个多月,1949年5月上海解放。进入上海以后,上面规定三大纪律八项注意,还有一个"入城守则十条",有一条是"不准住民房,睡在马路上"。我就睡在水门汀上,到现在腿关节炎还痛,阴天痛得不得了,就是那时候受的潮。

5 在金融战线工作到离休

1949年到1954年这段时期,我在部队管后勤,主要管军粮、军需,发衣服、鞋子和军粮,还有伙食。

1954年,我转业到中国人民银行常州分行。银行最初是军管性质,军管会主任是吴觉,副主任是辛少波。我在银行管金库,就是管黄金、银圆、钞票,银行里所有进出的东西,都归我负责。当时银行有3个仓库,一个仓库和我家里差不多大,摆满钞票;靠近的一个保险仓库里放黄金、银圆,那时钞票都是一万块、一千块的大钞票,用麻袋装,钞票一捆一捆的,每袋装60捆或者40捆,装好后一麻袋一麻袋地摞起来。

我们银行就在常州市西瀛里的一个三层楼上面,银行往西边100步对面就是西瀛里59号,里面有个造一千元钞票的人。他用机器造,在刚解放时造了不少。到后来这个人被抓到枪毙了。他扰乱金融市场,不枪毙不行。

刚解放时,用的是国民党那个钞票,解放后因为共产党的钞票用的人多了,一下子供应不上,所以老百姓还是用银圆。在金融市场上卖银圆要抓的,属于扰乱行为,尤其是银圆卖价高,抬高的就抓,破坏金融市场的也抓,将其关禁闭。后来,逐步地由人民银行发行钞票,有一万块和一千块。我们以前有北海银行等地方银行，一个地方发行一种货币，比较混乱。1948年在石家庄成立中国人民银行，发行钞票。由于以前发行的票面比较大，需要收回来，比方说济南钞票五百块一张，北海钞票一千块一张，你就不能用一块钱收，现在只好用大钞票，用一万块把你北海银行的以及济南银行的钞票全部收回，收回以后再改发小面值货币。

我们那个时候也要人家往银行里存款，告诉他们储蓄利国利民，存了钞票，保本保值，还有利息，万一家庭有困难，还可以拿出来用。动员客户存款也要会讲，会结交朋友。我这个人会说会讲，别人的客户存得少，我动员客户存得多。由于工作成绩好，大概1957年左右中国人民银行总行发给了我一枚银奖章，正面是毛泽东像。获得这个奖章不容易，当年全国也没有几个。

"文化大革命"爆发以后，我也受到过冲击。"文化大革命"刚结束，上面就给我平了反，恢复了职务、工资和其他待遇。此后，我一直在银行里干到了离休。

战胜困难靠人民

蒋云海

"我现在不后悔参加革命，一路看下来，还是我们共产党好，处处为人民。"

★ 口 述 人：蒋云海

★ 采 访 人：王骅书　王金鑫　徐婷　卢珊　谢卓池　孙莹

★ 采访时间：2017 年 1 月 15 日

★ 采访地点：江苏省盐城市盐都区大冈镇野陆村

★ 整 理 人：成志强　王金鑫

- -

【老兵档案】

蒋云海，1927 年生，江苏省盐都区人。1945 年参加新四军，1946 年加入中国共产党。曾任新四军盐城独立团第 2 营第 4 连第 2 排战士、盐阜军分区独立第 4 团第 2 营第 4 连第 2 排战士，华中军区第 5 军分区独立第 4 团第 2 营第 4 连第 2 排战士，华中野战军第 10 纵队第 86 团战士、班长，第三野战军第 23 军第 67 师第 201 团班长等职。曾参加盐城战役、陇海路东段破击战、淮海战役、渡江战役、上海战役等战役。1950 年复员回乡，1958 年在南京市政公司当建筑工人，1960 年回乡务农。

- -

1 　家贫放耕为生，跑反途中参军

我父亲在我很小的时候就去世了，只有母亲一个人照顾我们兄妹几个。我们家一共兄弟 5 人，还有一个小妹妹。我排行老三，所以小名叫"小三子"，四弟后来不愿意当兵自己弄断了食指，五弟在 1949 年后参加了抗美援朝，在朝鲜待了 3 年。我的老家就在野陆，家里很穷，人口也多，所以，我从小不到 10 岁就在

人家的藕田里放(牛)耕(田),以维持生计,一直到 1944 年我 18 岁的时候[1]。

1943 年,日本鬼子和伪军在包家庄[2]建立了碉堡,经常半夜三更到我们附近的这些村庄里来要吃要喝,抢劫作恶。当时,我们村晚上都不敢睡整夜的觉,经常半夜听到鬼子进村"扫荡"的动静,一旦听到有"扫荡"的动静,哪怕是半夜,我们都要抱着被褥,带上钱和粮食,往邻村逃,这就叫"跑反"。1944 年 2 月份[3],大冈有伪军和鬼子来扫荡,当时我正在人家藕田里放春耕,于是就赶紧跑反。

当晚,我遇到了郭鲁成,他那时候当过县长,和我是一个庄上的。夜里查看被抓的壮丁的时候,他见到了我,就问我:"小三子你为什么来了?"我把情况告诉了他,并回答他说:"我是不肯来当兵的!"他走后,写了张纸条告诉我说:"回家是回不了了! 只能当兵!"于是,我和解放一队的王友谊一起去当了兵。我们作为新兵被送到东安集中,一路上还打了几仗,最后一起被送到火龙队的吉家庄集中,过了一天半就搭了台唱戏。当时,新兵很多,有四五千人,地方部队要收,主力军也要人。

当天,跳台参军的人每人发 200 块国民党伪币,结果有 3 000 多人跳了台。我没有跳,是因为我内心里有点气,认为该怎么样就怎么样。后来,我就和剩下的四五百人一起被送到了新四军盐城独立团,团长祝永年是湖南人,老婆是龙冈的。祝永年是当初从国民党那里投降过来的,团里好多干部都是国民党那边投降过来的军官[4]。在盐城独立团里,部队发给了我 1 把老套筒、3 颗子弹、4 颗手榴弹。平时,我扔手榴弹能扔 40 多米远,我们早操的时候都会跑步出操和

---

〔1〕 结合相关资料和虚实岁的传统,老人 18 岁的时候,应为 1945 年。
〔2〕 今盐城市盐都区大冈镇境内。
〔3〕 时间应为 1945 年 2 月份。
〔4〕 此段有误。祝永年,湖北人,是参加过长征的老红军。另外,盐城独立团的领导干部大多为老红军、老八路以及资深的新四军指战员。

练习。当时,伍佑、便仓、盐城这些地方到处都是鬼子和伪军,我们就在北边郭猛的大成庄打游击,打得赢就打,打不赢就跑。

2 短暂训练上战场,打击日伪保家乡

在葛武短暂训练 15 天后,我便跟着部队上了战场,参加了入伍后的第一场实战。当时,鬼子和伪军在大冈、郭猛附近扫荡,我们是正在集训的新兵,武器装备很差,也没有实战经验,和敌人交上火后,只听子弹在耳边"嗖嗖嗖"地飞,心里清楚你不打死他,他就打死你,也就根本顾不上害怕,只晓得要打死鬼子。但是毕竟敌我力量悬殊,我们伤亡很大,仗打得很被动。幸好当地群众赶来支援,及时毁掉了敌人进攻必经的桥梁,我们才保存了实力,也阻止了敌人继续进攻。

我正式参加的战斗,是 1944 年在大冈[1]。当天,河东 200 多亩成熟了的小麦被鬼子和伪军收走了,我们后来将这 200 多亩的小麦抢回来送到了秦南西集庄。当时,大冈和便仓全是敌人,我在第 2 营第 4 连第 2 排,一个排 50 多个人,排长是鲁东,40 多岁,可惜后来在徐州和鬼子作战的时候牺牲了。1944年[2]稻子要开花的时候,应该是阴历七月份,我们正驻扎在冈沟堆。那天,我们正准备吃早饭出操,一个排四五十个人拿着碗准备吃饭,那时粮食不富裕,吃得快的好些,吃得慢的就吃不饱。就在吃饭时,突然有老百姓跑来说:"有敌人,鬼子来了!"只见村民们纷纷抱着猪仔,拉上孩子,匆忙往村外跑。马上就听见鲁东哨子一吹,带着我们顺着河道摸过去打鬼子,掩护群众。由于是在河道里

---

〔1〕 此仗应发生在 1945 年。

〔2〕 时间应为 1945 年。

走,鬼子也不知道我们的人数。鬼子和伪军是一个营的兵力,从伍佑和便仓下来的,我们一阵排枪[1],敌人不知道我们新四军的实力就吓得撤退了。

但是鲁东却下令继续追击,追着追着我们反被敌人包围了,只有二十几个人跑了出来。当我们二十几个人跑到了港口时,敌人放出口号说:"要把港口的共匪全部清除。"他们进行了地毯式的搜索,我们在包围圈里只得四处逃跑,最后逃到了袁家庄。我们团部驻扎在秦南时杨庄,等我们跑到团部才发现脚上的草鞋都跑没了,20多个人总算冲出了敌人的包围圈。记得在团部休整了20多天,身上的脏衣服也有机会洗得干干净净。

3 血战北袁庄,迫降赵云祥

到了秋天10月份的时候,我们攻打盐城[2],部队从盐城北门进入,敌人的军长是赵云祥。我们团先从北边的口子转到南洋。当时南洋是敌占区,当地群众对新四军不太了解,所以部队首长提出要求:"无论怎样,坚决不能拿群众一针一线,要给当地老百姓留下好印象。"由于是敌占区,南洋当地的老百姓经常遭受日伪盘剥,生活也很苦。部队经过南洋时,大家都没吃饭,感觉很饿,正好有一户农民家的田地里全都是萝卜,我们大家看着都很馋,但因为有纪律,大家再饿都没有拔萝卜吃。

但是,团部的炊事员私自拔来吃了,人家当地的妇女就喊了起来说:"你们新四军不是不拿群众一针一线,不吃老百姓的嘛!怎么把我们萝卜吃了?"团部首长听到消息后十分震怒,了解情况后,让执法队的战士把炊事员带到田头,就

---

〔1〕 步枪并排齐发。
〔2〕 具体时间应为1945年10—11月份,正在进行的是盐城战役。

在拔萝卜的地方当场枪毙了。本来一个萝卜算不了什么，因为南洋是敌占区，老百姓的眼光和根据地群众不同。通过这件事，当地群众对我们新四军是心服口服。我们在南洋住了两天后，又被调到盐城北门喊话，让赵云祥投降，我们喊了两天，敌人还是没有答应投降。

我们的兄弟部队负责攻打盐城城北的北袁庄据点，这是敌人最重要的一个据点，打了两天也没能打下来。于是，上级命令我们团进行增援，参加战斗。接着，团部下令攻打北袁庄。敌人虽只有四五十个人，但是装备很精良，躲在了土围子里，从机枪口向外射击。我们团不仅没有重武器，甚至连炸药包都没有，每个人也只有 3 发子弹。我们向敌人据点发起一轮又一轮的冲锋，眼睁睁地看着战友倒在了冲锋的路上，有的一抬头就被敌人的机枪打中了。第一天我们就牺牲了七十几个人，伤亡了几百人。当时，第 5 分区有 3 个团，我们是第 2 团[1]，要求来一个团增援，分区参谋长对祝永年团长说：“祝秃子，你就是一个人也要打下据点！”

仗打到第二天，分区从其他部队调来了 3 门 82 迫击炮进行支援，把东门炸塌了。在炮火支援下，我们冲进了鬼子修的碉堡里战斗。子弹打光后，我们同敌人进行了白刃战，以伤亡近千人的代价拿下了北袁庄据点，拔掉了日伪军在盐城地区的一颗利齿。战斗中俘虏了一个湖北人，国民党党员，部队基层军官，是个神枪手。他对我们说：“我用 50 颗子弹，打你们 49 个人！”政委[2]命令我们不许动他，给他吃喝，做他工作，劝他反正。3 天后，他在北闸前线叫降了赵云祥，自己也参加了新四军。我们就从北门攻入城里，打进去冲过登瀛桥，一直打到城西。拿下盐城后，部队在盐城中学驻扎了 3 天。

---

〔1〕 此时，军分区应为盐阜军分区，下辖 4 个团，盐城独立团改称盐阜军分区独立第 4 团。1945 年 11 月，盐阜军分区改称为华中军区第 5 分区，盐阜军分区独立第 4 团改称华中第 5 军分区独立第 4 团。

〔2〕 即开国大校黄文。

4 破击陇海路，激战新安镇

记得打下盐城后，我母亲忽然找了过来。母亲来部队看我也是部队负责接待的。那时候官兵一口锅里吃饭，没有区别，都是吃大麦和慈姑煮的饭，母亲看到部队生活很清苦，难过得哭了。我把母亲送了回去之后，部队直奔响水，跑了几天几夜，满眼都是芦苇，潮河里涨满了水。部队其实已准备北上东北了。离家后北过潮河，正逢涨潮，河面汪洋宽阔，水势浩大，景象让人震惊，我们认为这一去恐怕很难有机会回来了，故土难离，很多战士都淌下了眼泪。为此，文工团还慰问大家，唱了一出戏。

过了潮河以后，团里集中开会。有一个女首长穿着草鞋走上台，她对我们大家说："同志们，我们要打仗了，打日本鬼子，去奔袭徐州驻军！"部队就在当地的村庄驻扎了下来。当时部队准备做饭，是在井里打水。1个团有9个连和团直属连，一共1700多人，团长还是祝永年。打水原本规定是1个连挑2担水，但是1个连有100多号人怕不够，于是要求1个连打3担水。

炊事员让连里每个人拿3块馒头块，舀一舀子水到那边烫一下就能吃了。哪晓得我们排长鲁东一根筋，他马上问老乡："这边有多少鬼子？"老乡说："就五六十个人，你们这么多人还打不赢嘛！"他思想上轻敌，认为能打，立刻就把情况报了上去。为了保护当地百姓、破坏日军铁路运输线，在当地村民的配合下，部队一夜之间就将整个庄子的房屋全部打通，并在村庄外围利用壕沟布置阵地，准备作战。第二天下起了大雪，我们在大雪中向日军发起了攻击。

战斗打响后，我们才发现鬼子人数虽然不多，但是装备极其精良，50多人就有十几挺机枪，还有掷弹筒、迫击炮等武器，而我们团全团只有3挺机枪，其中1挺还出了故障。敌人是机枪大炮，我们是小米加步枪，而且敌人训练有素，我们机枪手打几下就得赶紧换个地方，要不然鬼子能测出机枪手的位置，一发炮弹就可以把我们的机枪手给端了。

战斗中,当时的第1营营长姓殷,他和警卫员去坟地观察敌情,结果殷营长当场被敌人打死了。部队发起全部冲锋后,我们自己部队的五六个机枪手被敌人一个掷弹筒1发炮弹全部打死了。敌人的三八式枪很准,冲锋的部队头都抬不起来,一抬头就被打死。我们第4连在发起冲锋后,被鬼子猛烈的火力压制在一片开阔地上,进退两难,在大雪地里一直换到天黑才撤下来。最后整个团只能被迫撤退,还付出了牺牲了几百人的代价。

敌人是3道封锁线。当时,连长和指导员都牺牲了,连副指导员是和尚出身,他有文化。等部队集中起来的时候,一个160多人的加强连就剩七十几人,他号啕大哭,我们大家都哭了。之后,团部首长经过一番商量,部队先在当地的一个村庄里驻扎下来,并决定在离鬼子据点4里路的地方挖壕沟,通过破坏铁路偷袭日军。在之后的20多天时间里,我们大家昼伏夜出,深挖壕沟,当地群众也为我们打掩护,帮忙推土拉车,我们挖出了整整4里路、1人深的壕沟,把敌人铁路撬掉了。

地形改变之后,我和几位战友潜入鬼子据点附近,匍匐前进,将炸药包放到敌人碉堡下面的3个点,扯上铁丝,洒上汽油,然后拉着了炸药包上的导火线,把敌人的碉堡送上了天,随后部队就冲出壕沟,攻打敌人的据点。当时看见地上有不少被炸断胳膊和腿子的鬼子,但据点还是打不下来。后来上级命令我们部队撤出战斗回头休整,换成解放战争时期的华野第11纵队上来,山炮一开,鬼子全部投降了。第11纵队是主力军,装备好,攻击能力强[1]。

---

〔1〕 此战为陇海路东段破击战之新安镇战斗,增援部队为新四军华中野战军第8、第9纵队所属部队。华东野战军第11纵队的前身为原新四军第1师在苏中的地方部队,此时,还在驻防苏中。

5　驻防黄海边，防备国民党

我们没打成徐州，部队准备返回盐城。之后，在连云港的新浦、板铺、中新镇地区活动了一段时间。当时，鬼子在新浦，我们在中新镇，住在老百姓家里。记得快过年了，没有吃的，部队就让老百姓筹点粮食。借用土地庙的杆子，发告示说可以给大米换，但是，人家老百姓说："不行，吃不饱。"结果，5 天都没办法，团部就下命令，将被子被面拆下来，到戴云山粮库去换粮，独轮车一个人一架，到离我们 300 多里远的西南戴云山。戴云山就是云台山，是连云港的。我们冒着大雪，鞋都跑掉了。

那时候，鬼子伪军活动在东北方向，我们是一个连每个班抽几个人，向老百姓借独轮车到戴云山。到了戴云山，人家说："一斤大米换两斤猪肉。"于是就照这个办法换了猪肉。但这些肉全是瘦肉，肥肉都拿掉了。我们一个人又换了一斤米带回来，一个人带着五六十斤米还有猪肉往回推。那是 1945 年的春节正月里的事，等我们推到中新镇已经是正月十好几了。

我们在中新镇过了新年，一直到夏天都在中新镇。之后又到陈家港换防，防敌人的军舰。到陈家港就有东西吃了，那里有海物〔1〕。上午 10 点钟收集海物吃，把海蟹和泥螺当菜吃。陈家港那里没有鬼子了，我们一直住到了 1946年。到了 1946 年〔2〕，部队有行动，大家关心朝什么方向去。首长说："盐阜地方俗语说，'宁上南一尺，不上北一丈'，你们这次一路回盐城可以看望家人儿女了。"上级调了我们 600 多人，从海边跑到盐城，到了东台才停下，因为年把不长途行军，都感觉跑不动了。

---

〔1〕 海鲜。
〔2〕 此时应为 1947 年，从 1946 年初到 1947 年夏，应一直驻扎在连云港地区。

6 转战各地，迎接解放

我们在内河里坐船到盐城，但是有命令说："这是敌区，一天来九次飞机，谁暴露谁负责。"又说："到便仓让你们上去玩玩。"吃了晚饭，船上来了几个人拉纤，大家不能下船就在船上向岸边的家人喊几句，那时大家都情不自禁地哭了。船被拖到了便仓，拉纤的人看已到家就全溜走了。结果船就停在了河中间，天亮后到了大丰刘庄，再到东台。地方上不见一个人影子，头一天有饭吃，后一天只吃了一顿。接着我们五六百人分别分到了各个部队，跟着泰州等地的各部队一起转战各地。

后来淮海战役，部队进行整编，我是班长，有了一排 5 发的子弹，共 5 排 25 颗子弹。我们奔安徽打南京，阻击敌军，后到铜城。铜城有大河，我们是用船渡到铜城的，没有吃饭。那时，铜城有挑担子卖牛肉的，我们身上的钱全买了牛肉当饭吃。到了铜城之后准备到天长。当天，敌人 10 架飞机俯冲，东 5 架、西 5 架，有一个十三四岁小男孩喊怕，我把他打趴了下来，救了他一命。那次飞机两次俯冲，我们牺牲了二三十个人。为了立刻行军，牺牲的人都来不及掩埋。

我们到了天长，在天长住了半天，当时还有敌人驻扎在秦栏。在天长第二天团长动员说："同志们！我们已经到天长，还要打个胜仗才行！"后来，侦察员说："敌人来进攻了！快散开！撤退！散在草丛里！"当地是丘陵地带，当时也没有暗号，我们是后来才有暗号，部队开到了八岔，搬来柴火炕衣服。这一仗，部队又牺牲了几十个人，对方是国民党的驻军，这是场遭遇战，敌人也死了不少，他们是秦栏驻军，这一仗应是我们胜利的。

1948 年年底，部队在益林东沟过的年，下的水饺，吃得好些了。后来，我们驻扎在宝应，那里有一个湖，大家本想洗澡，可是湖里有许多妇女，都是部队的人，当年从苏南过来的。当初重庆谈判，新四军全部撤往江北，这些是江南部队的家属。我和战友看到情况吓了一跳澡也没有洗成。

我是 1945 年入党的[1]，介绍人是孟向友，还有一个人记不得了。上海战役打吴淞口的时候，我们第 201 团[2]全牺牲了。战斗中炮弹片炸到我身上，我一下子就晕过去了。人家以为我死了，把我扔进了死人堆。负责清理尸体的是后方支援的群众，担架队的群众在清理尸体的时候，意外发现了我和孟向友还活着，将我和孟向友从死人堆里扒了出来。

7　群众才是真英雄，和平时光最宝贵

1950 年，我复员回了家，当时母亲还在世。回家后，劳保干事给我开的证明，但没有退伍金。1958 年，我自己去了南京市政公司，在南京修路修闸。1960 年又回老家，此后一直务农到现在。我是 28 岁结婚的，有 4 个儿子、2 个闺女。我现在不后悔参加革命，一路看下来，还是我们共产党好，处处为人民。是党和新四军教育了我，新四军的军纪是我一辈子都不会忘掉的："三大纪律八项注意。不拿群众一针一线，钱掉在地上也不能捡，帮助老百姓干脏活，挑水堆草垛……"

当年，陈毅军长也曾为我们做过演讲，强调军纪教育，要拥军爱民。记得当时的条件特别艰苦，一年只发两双鞋、三颗子弹。但是，就算是在这样拮据的条件下，我们新四军也是严格遵守着新四军铁的纪律，我一直坚持着那个信念——中国共产党处处为人民。现在，党和政府对我非常不错，每年春节都会派人来看望慰问我，补贴年年在涨，电视台和学校也经常来采访和请我去讲座。我自己其实真没有什么好说的，群众才是真实的英豪，和平的日子最宝贵。

---

〔1〕 结合相关资料和虚实岁的传统，入党时间应为 1946 年。
〔2〕 即第三野战军第 23 军第 67 师第 201 团。

在保安团
短暂的抗
战经历

蒋安朝

"没打仗之前心里害怕，结果枪一响，就不知道害怕了。"

★ 口 述 人：蒋安朝
★ 采 访 人：肖晓飞　王立军　黎云海
★ 采访时间：2016 年 11 月 26 日
★ 采访地点：江苏省徐州市丰县王沟镇
★ 整 理 人：肖晓飞

【老兵档案】

蒋安朝，1920 年生，江苏丰县王沟蒋河村人。家中世代务农，1939 年参加丰县保安团，在家乡抗日，1942 年回家。1946 年，参加八路军组织的农运会，参与土改工作，1948 年回家。新中国成立以后曾担任公社社长，后一直以务农为生。

---

1 在丰县保安团抗敌

我叫蒋安朝，1920 年出生，属猴，丰县王沟蒋河村人。我的祖祖辈辈都是农民，父母自家种了 30 亩地。我兄弟 3 人，我是老二。哥哥与弟弟亦是农民，都已经过世。我童年上过 4 年私塾，读了一些《百家姓》《三字经》《千字文》。教我的老先生是丰县前刘集的，当时他已六七十岁了。

我于 1937 年结婚。1938 年，日军来到丰县，直接开进了我们王沟庄上。日军头一次来庄上，并没有烧杀，而是直接奔南面而去。因为日军的入侵，庄上成立了自己的武装。丰县的武装共 3 个大队 7 个区，第一大队队长王德举，第二大队队长彭世亨,第三大队队长卜昭贵,底下分成 7 个区。县长是黄体润[1],这些人都归他领导。

除此之外,县里还有宪兵等其他武装力量。我们属于保安团,和他们并非一个系统。我于 1939 年当兵,参加的是丰县的保安团,那年 19 岁。当兵有两个缘由:一是没饭吃,穷,当兵能给点粮食吃饭;二是为了抗日。家里人也都知道,并且同意,当时哪个庄上都有几十人参军。我们丰县保安团的总队长是董震鄂(音),分队长梁文焕(音),班长董玉坡(音),董玉坡是我的老表。一个总队大约 100 多号人,下面 3 个分队,相当于 3 个排,一个分队 3 个班,一个班约十二三人。我们武器都很杂,属于"百家枪",没什么好枪,湖北条子多,中正式较少,只有总队长才有盒子枪,我就扛着根老套筒子跑。后来城南的王敬九搬家,听说有很多中正式,那才是好枪。武器的落后,使我们屡屡在对日军作战中吃败仗。保安团的都是丰县本地人。保安团一般从老百姓手里要粮食,黄体润有一个粮库,每月发几十斤粮食。一天三顿,吃个面就是不错了。衣服是上面发,冬天发个大氅,不发鞋。想回家需要请假,得到批准才能回家。

有一年,我们在大刘集跟鬼子打仗,守卫的有第 5 区常备大队、警卫中队等 3 支武装。我在警卫中队,警卫中队大约 100 来人。没打仗之前心里害怕,结果枪一响,就不知道害怕了。日军围着大刘集进攻,先是在圩子外面放炮轰城,一炮炸掉一溜,墙全被轰塌了。接着放毒瓦斯,熏得人眼睛睁不开,喘不过气,眼泪直流。到后来我们撑不住,就让掉大刘集突围出去。这一仗死伤不少,大约七八十人。死去的都是本乡的人,后来由家里人来认领,拖回去埋了。后来我们在城南的宋楼又和鬼子打了一仗,从清晨开始打到晌午,由国民党专员公署的汤专员(和我们住一个圩子)带领。这次也没撑住一上午,部队就撤退了,

---

[1] 黄体润(1898—1996),字玉山,江苏丰县人。曾任国民党丰县代理县长、县党部书记长、苏鲁豫皖第 2 挺进军第 9 纵队少将司令、江苏萧县县长,1949 年赴台湾。

因为敌我差距太大。

日军刚一来丰县的时候,共产党部队就来了。国民党的部队撤退,八路军就在此活动开了。庄子里参加八路军的人不是太多,差不多就十几个。

到了 1942 年,八路军和国民党开始起摩擦,我就不想干了,心想这还得了,就回家当农民。回来时枪就扔给我的老表董玉坡,他也不能拿我怎么样。

2　参加八路军农运会

我回乡务了几年农,1946 年,共产党的八路军来了,在丰县发起了农运会,要分地主的土地。我也参加了农运会,跟着在王沟干了几年。我在农运会里是个会员,他们找到穷人参加,跟着农运会一起斗地主,分粮食,分土地。农运会的会长叫蒋传坚(音)。我那时还担任了庄子里的自卫团长。本庄的地主叫蒋盛仁(音),大概有 200 多亩地。当时在我们庄,有几十亩的就划成地主。只要家里种地、收庄稼都雇人干活的,自己不下地干活的,一律划为地主。斗地主的时候,先开大会斗他,给他讲道理。土地都拿出来分给庄里很穷的、没有土地的人家,庄子里穷人多,大约每人能分到两三亩地。本庄其他地主都是小地主,家中六七十亩地,受到农运会的管制,没有斗他们。

后来,八路军北撤,把农运会撤下了。八路军在的时候,农运会曾经对地主"发狠",地主财产和土地被分了,人也被杀了,和农运会早已结仇。这回八路军撤了,地主当然要报复,于是拿出自己的武装,把农运会的人抓住,那些农运会里的干部都被枪毙、活埋,有的活跃分子罚 120 石粮食。这些地主和县长黄体润等人都有背景关系,农运会手里没有枪,所以地主回来后杀了不少人。我们庄上分为两派,一派跟着国民党,一派跟着共产党,你杀我我杀你,庄上前后死了十几个人。本来大家都是一个庄子的人，说杀起来就杀了，在丰县没有比我们庄更厉害的。外面乱得很，一边是国民党，一边是共产党，两边都很厉害。我一看，不能干了，就离开了农运会，仍然做回农民，种几亩地，做做小生意。

1947 年八路军再次回来，大地主蒋盛仁被抓起来坐牢，由于他的儿子在共产党的专员公署里参加革命，所以没有枪毙他，后来死在牢里。蒋地主共有 5 个儿子，这个儿子很早就出去参加革命了。

八路军北撤以后，我就回家了，啥事也不管，种几亩地，跑跑小生意，比如卖青菜、磨香油、蒸馍馍，啥都干过。1948 年，丰县解放，俺庄上在共产党里干的人找到我，说你还得干，想让我管一个村，我想想还是拒绝了。我只能离开，对于未来我也看不透。国民党的人再回来怎么办，要杀你头的，所以我就不干了。

1958 年开始吃食堂，俺庄 1 000 多口人，3 个大食堂。吃食堂时候，提倡吃饭不要钱，看病不要钱。上面要铁，要求大炼钢铁。谁搞得好，就发一面红旗鼓励。三年困难时期，没有粮食吃，老百姓在地里干活干不动，浑身肿了，但是庄上没有发现饿死的人。别的庄子上听说有人饿死，但是不多。

3　解放以后务农

解放以后，开始弄互助组、初级社、合作社，土改分地，都是我带领干起来的。1953 年，我当了社长，组织穷人土改分地，种地干活分粮食。如果你不加入社里，就让你卖粮食，统购统销。后来组织人民公社，公社搬到半界楼，我把公社社长辞了，只管我们一个庄。土地已经归公了，我就管理庄里种地收粮食。1959 年土地又分开，农民又能自己当家了。"文革"时候，每个庄子编为一个连，我是连长。可以说，自打解放以后，我就一直在家务农为业，直到晚年。

从电话兵到司令员

蒋春欣

"八路军来了以后，帮助老百姓打扫院子、挑水等等，和老百姓关系很好。"

★ 口 述 人：蒋春欣

★ 采 访 人：王志龙　薛刚　张英凡　李得梅　李梦雪　葛煜

★ 采访时间：2017 年 8 月 28 日

★ 采访地点：江苏省无锡市国防科工委无锡干休所

★ 整 理 人：张旭飞

【老兵档案】

蒋春欣，1924 年 9 月生，山东省沂南县孙祖镇乔家庄村人。1944 年 9 月参加八路军，1946 年 1 月加入中国共产党。开始为抗日军政大学第一分校电话兵，后历任东北军政大学第 3 支队管理股文书，东北民主联军后勤部东线战勤军械处弹药股股长，第 4 野战军后勤部军械部弹药处弹药科科长，第 31 试验训练基地弹药所副所长、副司令、司令等职。参加过辽沈、平津等战役。曾授予大尉军衔。1985 年离休，享受正军级待遇。

1　断断续续读了小学

1924 年 9 月 24 日我出生于山东沂南县孙祖镇乔家庄村。乔家庄是个小村，当时有三十几户人家。我家总共 7 口人，父母、我、一个姐姐、两个妹妹和一个弟弟。我父亲叫蒋鸿吉，母亲是蒋顾氏。我有一个叔叔，他家也是 7 口人，我们当时住在一起。在没分家之前，我们两家总共有三十几亩土地。在我五六岁的时候，我们和叔叔就分家了。我家分了 14 亩地，基本上能维持一家人生活。

旧社会的医疗条件不好，1924年我祖父得了瘟疫病去世了。1942年鬼子大"扫荡"时放火烧庄子，祖母由于双目失明跑不动，我们就把她放在院子的一个小房子里，鬼子烧了小房子，就把我祖母给烧死了。我的一个堂妹当时也被烧死了。我们村的民风淳朴，村民间互帮互助，谁家有活儿干不完，大家就会帮助一起干。谁家要盖房子，不拿工钱，只要管饭，大家都会来，村里人修墙的修墙，盖房的盖房，一起帮忙把房子盖起来。

我6岁开始在村里的一家私塾上学。老师是邻村的李延武老先生，他和我家关系很好，我父亲是他干儿子。私塾教《百家姓》《三字经》和《诗经》，主要讲孔圣人那一套东西。我在私塾只上了两年，因为后来李先生在家里被人暗杀了。据说暗杀他的人是邻村的，至于为什么暗杀他，我们都不清楚。后来，孙祖镇办了一期短期小学，不用交学费，我就去报名上学。这个小学教地理、历史和语文。我母亲的姐姐家住在孙祖镇上，我就住在她家。我在短期小学上了不到一年，1937年由于日本侵略，小学停办了，但是我还想上学。当时在我们村西北方向一里地西高庄村又办了一家私塾，我就和同村徐俭厚一起在那里上了一年多。后来就没上了，在家做家务，帮助父亲搞搞生产。

2　对八路军印象很好

1939年，八路军来到我的家乡沂蒙山区。由于国民党和共产党实现了第二次合作，八路军驻在这个镇上，国民党军队有时候也驻在这里。我在镇上赶集的时候，能经常看到国民党军和八路军在一起。国民党军队是东北军于学忠的第71军和第77军。八路军从陕北到了晋东南，再回到陕西，然后到了山东。之后，抗大一分校到了我们家乡，因为住的时间长，我们就对他们较为熟悉了。

抗大一分校的校长是周纯全,政委是韦国清。当时,校本部在东高庄,供给处驻在我们村。供给处属于后勤部,有三个股,分别是财政股、军需股和粮贸股。财政股管钱,军需股管服装,粮贸股负责筹粮。财政股就住在我家,他们主要是在我家办公和住宿,不在我家吃饭。财政股有一个股长,两个股员,一个勤务兵。股长叫高盘九,他出生于山东郯城马头镇的一个地主家庭,有一个股员是上海人,勤务兵叫赵兴文。他们和我家关系搞得很好,我和小赵关系亲密,他有时帮助我干活,给我理发。

抗大一分校的学员当时住在好多村里,给老百姓留下了很好的印象。八路军有来了以后,帮助老百姓打扫院子、挑水等等,和老百姓关系很好。老百姓深深地感受到共产党领导的八路军和国民党的部队是完全不一样的。八路军没来以前,国民党第51军有一个连住在我们村子,他们不仅不帮助老百姓,而且一来就要吃白面,老百姓必须给他们磨白面。老百姓吃的白面,要把小麦筛了以后,还要用水泡一段时间,泡完以后再晒一晒,晒得小麦有点涨乎乎的,磨的面粉很白,杂质很少。收的干麦子如果不泡就去磨面,磨了以后里面会有很多杂质,不好吃,吃起来牙疼,当兵的就不喜欢。老百姓一看当兵的不高兴,就知道不好了,赶快凑银圆给连长,叫连长说好话。当时国民党部队内流传这样一句话:"打粳米,骂白面,不打不骂高粱米饭。"老百姓不情愿供养这些国民党部队。

八路军到来以后,还在村里成立农救会、妇救会和儿童团。农救会就是把在家种地的农民组织起来,做一些支援工作,如抬担架、送公粮;妇救会就是把妇女组织起来做鞋、拉余粮;儿童团就是拿着红缨枪,站岗放哨,查路条。查路条就是查一下过路的人有没有通行证,有通行证的是好人,没有的可能是汉奸,我们就要把他送去村里的部队。我们村儿童团有七八个孩子,我还当过儿童团团长。

3 下定决心入抗大第一分校

我和八路军接触多了,在1940年5月就想当兵,但是财政股他们说:"你不行,你太小,还扛不动枪,长大了再说吧。"我小的时候由于缺乏营养,长得很小。当我到了十六七岁的时候,个子还很矮。所以,他们说我小,不能当兵。

到了1944年9月,由于地方政府动员青年当兵,他们也动员过我,而且我也非常想当兵。我们村的徐随厚参军比较早,在抗大一分校,对部队比较熟悉,他就介绍我去抗大第一分校,在司令部警通排通信班当电话兵。这时的抗大一分校迁到了滨海区[1]莒南县,校部在十字路。我父母当时不同意我去当兵,但祖母同意。在我临走的时候,父母虽然不同意,但还是送行了。我们村参加八路军的有五个人,徐俭厚、徐随厚、我和两个女同志徐桂美、徐光,大家去的都是抗大第一分校,因为抗大第一分校在我们村住的时间较长,和老百姓关系很好,他们走的时候,老百姓都非常恋恋不舍。我们当兵去那里也就很正常了。

抗大第一分校的业务就是训练部队的在职干部,也训练一些地方干部。当时很多连排级干部从部队抽上来接受训练,训练结束后再回去。学员多的时候有5个大队,少的时候有3个大队。一个大队有四五个连,一个连有100多人,但女学员很少。我们警通排属于学校的工作人员,不参加学习。当时抗大第一分校有3个大队,司令部和大队部通电话需要自己拉线。我当电话兵就住在莒南县大店镇,工作就是背一个电话查查线。

1945年春,为了避开鬼子的"扫荡",我们抗大第一分校转移到鲁中的费县。到了8月初,八路军打下费县城,我们进驻城里,召集学员培训。日本宣布投降后,有一个汉奸队替小鬼子守临沂,八路军集中兵力打临沂,到9月打下来

---

〔1〕 1943年春,中共山东分局直辖的滨海地委升格为滨海区委,区级军政机关同时成立。滨海区地处山东省东南部,下辖诸城、日照、莒南、赣榆、临沭等15个县。

了。我们到临沂住下。不久,上面的命令就来了,要我们往胶东走。部队过我们村南边20多里地的一个地方,在那里休整了几天。当时,不知道母亲是怎么知道我在那里的,还到部队驻地去看我。我们部队经过那里后,就向烟台方向转移,准备在烟台西边的龙口乘船去东北。在龙口南边的黄山馆小镇,部队有点不稳定,因为有些人的地区观念比较严重,不愿意离开山东,所以就在晚上偷偷溜走了。部队加强了对战士的动员和管理,情况才稳定下来。

我们在龙口上船,学员队坐帆船,我们坐汽船。汽船不大,能坐100来人,整个司令部都在船上。船在航行时,我们也不知道在什么地方,但是向北看,能看到大连的海岸线。我们有两个连队的帆船走错了,被苏联红军弄去。苏联红军给他们换衣服、发武器。我们坐了一天一夜的船,我吐得不行,把胃里的苦水都吐出来了。后来,我们在安东[1]西边的庄河县上岸,并就在此住下。

当时庄河县地方政府还给我们开欢迎会,当地人又扭秧歌又跳舞的,热闹得不得了。我们在庄河休整了一段时间后,又前进到安东的二道沟住了一段时间。当时二道沟还有很多日本鬼子,穿着和服的日本妇女看见当兵的也很害怕,就向他们鞠躬。后来,我们就坐火车经过凤城到沈阳。到沈阳火车站后,驻扎在那里的苏联红军不让我们下车,他们叫我们到沈阳南边的苏家屯。后来上面来命令,叫我们去吉林通化市,我们又从通化到了鸭绿江边上的集安县,集安县对面就是朝鲜的满浦,满浦驻着苏联红军。

■ 4　到满洲里接受苏军送给的武器

在集安过了1946年春节以后,我们到长春和抗大总校合并,第一分校编成

---

〔1〕 今丹东市。

了总校的第3支队。当时总校的名字也开始变了，不叫抗日军政大学了，叫东北军政大学。合并以后，我的职位也变了，不当通信员。由于我上过几年学，在那时还算是有文化的人，所以他们把我调到第3支队的支队部管理股当文书，工作就是发文件、买东西。管理股有一个股长，一个指导员和一个参谋。后来，第3支队供给部部长文凤山奉总部的命令，从第3支队和东北大军里抽出三十几个人，我就是其中一个。抽出的这三十几个人是有条件的：一是共产党员，二是20岁左右。文凤山部长带着我们从长春坐火车到哈尔滨，到哈尔滨还没出站，接待人就来接洽，我们就接着上火车，但不知道往哪儿去。当时坐的车还不错，是过去满洲国的票车，也就是现在的客车。那个票车很豪华，可以睡觉和洗漱，车上的工作人员都是苏联人。后来火车经过了齐齐哈尔，当时从齐齐哈尔到满洲里的铁路管理者都是苏联人。我们经过一些小站后就到了海拉尔，然后到了国境边上的一个小城市满洲里。

满洲里当时是由我们控制，国民党的县党部和我们在这里争地盘。这里有两个车站，一个是我们的车站，还有一个是苏联人的车站。两个车站背靠背，铁路也连在一起，但火车道不一样，苏联的火车道比中国的宽。当时文凤山部长两口子都来了，他的老婆是护士长，还带着一个小护士。那时苏联援助我们一批武器，这批武器是苏联收日本人的，放在赤塔那里，他们要把这批武器转交给我们。因为苏联的车到了满洲里以后就不能再走了，只能在这里转到我们的车上，我们就来这里接收这批武器。当时我方主持接受的是东北民主联军总部副总司令肖劲光。我们在这里从1946年5月待到11月，工作很累。苏联除了送武器外，还送了一部分日本人的大衣、毛线衣、护腿、靴子等物品。

拉完装备后，我们大部分人就撤到了佳木斯。当时，东北民主联军总部后勤部的一部分人在佳木斯。由于东北民主联军没有军械部门，所以我们在佳木斯成立了军械局。总部派来了局长王逢原、副局长汪忠诚。汪忠诚是个老红军,他和红四方面军的徐向前在一起干过,他还跟我们讲徐向前当连长时他当指导员的事。我们三十几人到军械局以后,其他人都叫副官。我不叫副官,王逢原局长管我叫司统计,就是统计军械的。在佳木斯东边靠近火电站的地方有一个面粉厂,面粉厂在解放时候被烧了,但它的办公楼还在,军械局就驻在那里,我们都在小楼上住。当时军械局有好多仓库,我要用统计表统计仓库里有些什么武器,然后交给总部。佳木斯东边有一个水电站,水电站东边有一个仓库。那里的冬天太冷了,我还得戴着皮帽子、穿着皮大衣到仓库里去检查。在佳木斯过了 1947 年春节以后,有一个姓赵的会计被发现是特务,后来他跑了,我们还动员人去找,但没找到。由于没有会计了,他们就叫我干会计,但我不懂会计这一行。后勤部有一个管经济事务的女同志叫沃野,我就找她教我。我就这样当了一段时间会计。

5　历经辽沈战役、平津战役

1947 年春,东北战局发生了很大的变化,很多部队都打到松花江以南去了。军械局分出一部分人组成东北东线战勤军械处,军械处的处长是我们原来军械局弹药科的科长,他带着我们组成了军械处。我们就离开佳木斯到了吉林,住在朝阳镇,战勤司令部也在这里。那里有我们的一个仓库,大部分弹药都在这个仓库里。吉林辉南县山边上也有我们的一个仓库,这个仓库的任务就是要为南下部队供应弹药。当时军械处管着很多仓库,通化柳河县也有一个仓库。我们支援部队的武器很少,主要是炮弹和子弹。我在军械处担任弹药股股长,管弹药统计和分发。当时东北的战勤军械处一共有三个处,三个处都不在一个地方,我们是二处。

攻打锦州的时候,我们就在锦州北边一个村的临时仓库里分发炮弹,各个纵队都去领炮弹。炮弹不是随便发的,要按照基数发,规定了一个基数多少发炮弹,仅限于几个基数,多了不给。攻克锦州以后,我们没在锦州待多长时间,就同作战部队返到大虎山,打国民党的廖耀湘西进兵团。打完辽沈战役后,东北全部解放了。我们东线战勤军械处就到了沈阳休整。说是休整三个月,实际上没有休整多长时间,然后部队就开始入关了。当时东北部队分三路从山海关、冷口、喜峰口入关,我们走的是山海关。这时军械处改为东北民主联军后勤部军械部。入关以后,部队在唐山过了1948年春节,就开始计划打天津。天津打下后,北平和平解放。我们就驻在丰台,接管了国民党的丰台大仓库。

6 献身于新型武器试验事业

北平解放后,我们被编入第4野战军后勤部军械部,跟着部队南下到了中南军区。第4野战军司令部和军械部驻扎汉口,当时我在军械部弹药处担任弹药科科长。开始时军械部部长是张明远,后是陈文彪。我们在武汉驻的时间不长,1952年,整个中南军区从武汉搬到广州。到了广州以后,军械部不属于后勤部,它和中南军区炮兵司令部合并了。1953年,我离开军械部,因为上面组织了一个炮兵速成中学,专门训练在职干部。我就报名参加速成中学。速成中学要考察我们的文化程度,主要考式子运算,没及格就不要。我得了2分,没有及格,但我想进去。这时,中学里的干部看我身体好,就把我要了。他们还派了一个老师帮助我复习式子运算,补习了一个多月。后来,我考了3分,勉强及格,所以就留校了。我在那里学习了两年的初中文化。

完成初中学习任务后,他们就把我们送到武昌的武汉高级军械技术学校,但是由于武高前一期学生还没毕业,我们只是预备班,进不了武高,所以军械部就把我们带到新乡,那里有一个六预校,也是学文化的,我们在那里学了一年高中物理和数学知识。1957年,武高的前一期学生毕业了,我们就去了。我报的是军代表系,主要学习火炮、弹药、枪械等等。我在弹药进修班当班长,这个班有30多个人。我在此学习到1958年就毕业了。

后来,军械部来了一个干部科科长,专门分配我们这些毕业生。他把我分配到东北白城靶场,代号是0012部队。1958年3月,我从学校毕业以后,就来到这个基地弹药所。所里就两个科,一个是弹药科,一个是引信科,我担任引信科科长。在离白城30里处的平台有大面积草原,经过勘察后,我们就在那里建靶场。这是一个常规基地,试验的项目都是陆军兵器,有各种火炮、枪弹。在这里建有火炮所、雷达指挥仪所、仪器所等。除此之外,还有一个轻兵器所,专门管理轻兵器的试验。弹药所只管炮弹试验。轻兵器基地建立起来以后,武高训练的好几批干部都来到基地里。我很快就当了弹药所副所长。

中苏关系恶化以后,苏联把专家都撤走了。中央考虑搞三线建设,基地也搞三线建设。1973年,我来到陕西华阴建靶场。东北白城基地叫第31训练基地,后来分了两个靶场。白城靶场叫1场,后来脱离了基地;华阴靶场叫2场。1981年,我被任命为第31试验训练基地的副司令,1983年担任司令员。1985年我离休了,享受正军级待遇。

精彩纷呈的
从军历程

程雪青

"重伤不哭，轻伤不下火线，进攻在前，退却在后。"

★ 口 述 人：程雪青

★ 采 访 人：张连红　张若愚　来碧荣

★ 采访时间：2018 年 2 月 4 日

★ 采访地点：江苏省南通市中医院住院部

★ 整 理 人：黄炜炬　张若愚

【老兵档案】

　　程雪青，1924 年 10 月 1 日生，江苏省海门县树勋乡人。幼时给地主做长工，1942 年参加新四军海门县富安区队游击连，1943 年编入新四军东南警卫团第 6 连，1943 年 3 月加入中国共产党。抗战时期经历游击战、伏击战，并亲历苏中四分区火烧竹篱笆破坏日伪封锁线，参加启东大同村战役等。1947 年任北兴游击营第 3 连连长，1948 年进入教导大队学习并留在其机关任军事干事。1955 年授大尉军衔，1963 年任南通人武部副部长，1964 年任启东人武部部长至离休。

1　给地主打工的贫穷童年

　　我叫程雪青，是海门县树勋乡人。为了纪念两位在抗日战争中牺牲的烈士范树方和丁洪勋，所以这个地方就叫树勋乡。我小时候家里很穷，一无所有。我有两个哥哥，一个 22 岁时得了癌症就死了，另一个 30 岁跟一个寡妇结了婚。

　　我 10 岁时念过两年私塾，学《百家姓》《三字经》《千字文》，但字都不认识，就照着书本硬记。后来我上了半年洋学堂，当时动员招不到学生，洋学堂便放口号"三代不读书,好像一圈猪"。我上到二年级,因为交不起学费我就失学了。后来我当兵后才知道洋学堂里的先生是地下党,他给我们讲过三民主义,还讲过孙中山先生的"革命尚未成功,同志仍需努力"。

失学回家后,家里叫我捡垃圾去,还要我去捞水草。我家穷到连租人家一间草房子每年2块钱的租金都出不起,我是靠邻居、靠朋友、靠亲友养活长大的。我15岁就离了家,经亲戚介绍在一个地主家里做小长工,一直干到18岁。2块钱一个月,因为这家有老长工,我就属于小长工了。此外,我还给一户人家农闲时帮忙做事,这两家合用我一人。在地主家做长工的时候,我还看到国民党杂牌军队韩德勤的部下张海清带领着三十几个人在余东抢东西,把典当的衣服都抢了。他们不是正规军,作风很差。后来余东被日本人占领了,他们就投降了日军,变成了和平军。我在我们地主门前看到他们三十几个人唱着歌跑过去,到了远处放炮仗,我们都听到响声。张海清这支部队很坏,后来又到了启东,杀了不少人。

2 参加新四军后打的两次胜仗

1942年八九月份,我到了19岁就参加了新四军。黄桥决战以后新四军东进到我的家乡。我有个邻居是新四军的一个连长,叫郜曼伯[1],因为他其实是皖南人,不是本地人,所以人家都叫他"郜蛮子"。我从小头中间有一撮白头发,大家都叫我"小白毛"。连长就跟我说:"小白毛跟我当兵去!"我问他当什么兵,

---

[1] 郜曼伯,江苏宝应人,1938年参加革命。抗日战争全面爆发后,随东北军第101师抗日宣传队一起参加新四军。历任海门县余东(富余)区区长、区游击营营长、东南警卫团第2营营长和南通警卫团副参谋长、参谋长等职。

他说当新四军，当时宣传叫朱毛部队，专门为穷人家解放翻身。当时我不知道什么是解放，只知道为了过好日子，于是我就去当兵。我去的时候区长跟我谈话，问我多少岁，又问我为什么当兵。我说："参加朱毛部队为穷人翻身。"区长说："当兵苦。"我就问："怎么苦？"区长回答说："当兵要天天晚上跑路。"我说："我不怕，苦惯了，无所谓。"区长又说："当兵要死人。"我说："我不怕，待在家里，给和平军、国民党抓壮丁，给日本鬼子要打死，总归要死，我不怕。"

就是我做长工的这个地方，乡里的民兵队长原来是何荣仁，原来在郜曼伯的部队里当班长，因为要动员当兵、组织民兵，就把他派到乡里当民兵队长，但身份不公开。余东镇的敌人有日本鬼子，有和平军，何荣仁的岳父在余东镇，抽水烟、跑赌场，能听的消息最多，有敌人那的，也有群众反映的，所以何荣仁就靠他岳父获取情报，再汇报给郜曼伯，掌握据点里面情况。那时我就穿了一件短袖衬衫、一条裤子，别的什么都没有就跟着何荣仁跑，就这样我进了海门富安区队游击连。参军后我在富安区队里当兵，日本鬼子搞"清乡"，要扩大范围，就改成富安区和余东区，富安区是第 10 区，余东区是第 11 区。

我当兵第一仗就在富余区打汪精卫的和平军。余东镇东边的杂牌军张海清部队就做了和平军，他们做强盗，到处抢吃的。我们部队吃过他的亏，那时我刚当兵没多久。我们区队在区长家里关着牲畜，我们只有两个班二十几个人在东南角和西南角轮流放哨，四面都有沟。当时我睡在凳子上，听得"叭"一下枪响了，我立马爬起来，看到东南角"叭叭叭"打了起来，张海清率着部队从东南角、西南角隔着沟打我们，子弹打过来石灰都往上弹，班长就带着我们撤退，一直向后退到明沟。虽然沟不宽，但我不会游泳，我就把枪扔了过去，另一个班长带着我过了河。我们跑到五十六里路，碰到区委书记拿着枪，他问："我们部队呢？"我们说："部队都出来了，东西都丢了，一无所有，裤子也都是湿的。"之后我们区通过耐心观察，发现敌人里面有熟悉我们情况的人，是在我参军之前在余东受了部队老虎凳的刑罚,被放出来后跑到敌人队伍里告密,让我们吃了苦。

那晚他们正绕着余东前行,我们就选择一条窄路,埋伏在这个地方,在公路挖了几个坑埋好地雷放进去,上面都盖起来。他们车一旦来了,压了地雷就爆炸。结果等到晚上8点他们也没来,我们就撤回到虞家店。第二天我们准备吃午饭,我刚下好面条,突然间有军车来了,但不是张海清部队,是一个叫高明岐的部队从悦来镇到凤凰桥,也是和平军。

这支部队出来有个原因,因为他本来有一个班,由于我们做了内部工作,要投降于我们。但我们发现只跑出来4个人,当中有个叫王强,后来直接进了我所在的部队。这支部队中了我们的埋伏,四处溃散,我们就追。我们追到土地堂一个不起眼的小镇,因为这里是我的老家,一般的路我都认得,所以由我带路。我们一直向西追,不远就看到了他们,有一个营的和平军,而我们只有一个排,30多个人。我们跟他们在一条路上,两面是沟,中间是路,他们也看到了我们。这时投降我们的王强很勇敢,是有名的神枪手,我们向他喊:"王强我们来接你了!"结果就交起火来,他个子高就看到了我,叫我跪在河边上,不要过来。正巧,我们还有一个东区大队,也是这个区的主力之一,他们有机关枪,一边支援我们一边就"哒哒哒"扫射,敌人就撤退了。这一仗打的时间不长,从下午的2点多钟,大概打了2个多钟头,敌人主动吹号撤退。我们打死了4个敌人,缴到两支枪。

投降我们的王强用的是全新的中正枪,是正宗汉阳造。我们的枪都是国民党淘汰的老枪,都是国民党撤退逃跑时扔了被老百姓收起来的,有的藏在床底下,有的藏在其他地方,最后都交给我们。我们的枪,子弹都要从上面发到下面;他这个枪因为口径小,所以子弹放进去出不来。枪管里有根来复线,好的枪开枪能把子弹旋转地打出去,击中目标,而我们的枪子弹打出去是乱跑的。我们有各种型号的枪,有俄国造、日本造、捷克造,还有国产的,枪都打不准,吓吓人、壮壮胆用。

　　第二仗是我们的东区大队围攻海门的长兴镇,这一战没有打好。海门有一个常乐镇、一个长兴镇,常乐镇的北边是长兴镇,在四甲南边,三甲的北边。在这个镇每天晚上我们都能看到和平军打麻将。在我们主攻的据点外面,东大队专门有人负责主攻。本来打算两头夹击和平军,结果我们自己人打到自己人。和平军瞧见情况不对,就都撤退了,据点也就没拿下来。第二天和平军把几家的房子给烧毁了。这个是第二战。

3　火烧竹篱笆,破坏封锁线

　　抗日战争时期我们比较成功的一战是在富安镇打下一个据点,也是我们区的中心地界,是革命工作搞得最好的地方。四甲有十几个鬼子做了碉堡,周围都是很高的芦草。事先我们打过几次,我们民兵、区队、游击队把芦草割掉对碉堡进行四面包围,"乒乒乓乓"打枪袭扰他们,弄得敌人不得安顿。敌人拉来造碉堡的民工都是被迫的,我们夜里偷偷混进据点把民工煽动起来,四面一打,他们就都跑了出来,因此我们成功拿下据点。之后敌人碉堡的四壁墙体都开裂,成了烂泥墙,我们就发动民工把碉堡外沟里的粪便、死猫、死狗都扔进碉堡里面,逼敌人出来。多进行几次后我们掌握了敌人的行动规律,发现日本鬼子早上来晚上回去,具体到几点钟都知晓。

　　有一天晚上下雨,我们一支三十几个人的区队和一支七八个人的行动队准备趁敌人晚上睡觉,把他们的桥拆了,三面都包围好,在两个出入口堵住以防敌人逃跑。南边是我们区队,东边是行动队。东边趁着天黑先跨过两条沟翻墙进入碉堡内部,两层楼的碉堡里面,敌人还在睡觉。行动队中还有一部分人就跑到房子边上，加上事先侦察好敌人睡在哪间房子，他们把上面瓦都掀开，手雷"咚咚"往下放。我们在下面就跑进门洞桥，一面跑一面"乒乓乒乓"开枪，还抓到一个日本翻译，叫罗林炮（音译）。这个翻译刚从上海来到据点这里，他的老婆也在碉堡里，没穿衣服，我们就拿了条毯子给她，叫她赶紧跑。打完碉堡后我们就赶紧撤退，据点由部队里的老兵和民兵一边拆一边烧。这是一次成功的战斗。

在1943年我们这里是日伪重点"清乡"的地区。敌人首先在江南试点，之后就到了我们苏北这里。他们把我们的地区围起来，运来长江沿岸粗粗的竹子搭竹篱笆，把我们围困在竹篱笆里面。竹篱笆南面是南通天生港，从天生港沿长江一直搭到丁堰，从丁堰向东到东海边围成一圈。就这样敌人把我们东南的几支部队通通关在笼子里，我们就在这里面活动。敌人占着据点，三里路一个哨岗，在竹篱笆旁边几里路一间房子。我们东南警卫团要到如东去就要过篱笆，当时每个班都有两把斧头、两根大绳子，我们去了以后用这根绳子扯在这边，那根绳子扯在对沟，从上面爬过去，再用斧头把篱笆砍个洞，砍了后可以出去，到了如东就是跳出封锁线，到敌人外围去了。到了如东后我们就进了各分区。

到了这一年7月1日，我们队伍壮大了，加上苏中第4分区、第3分区的支持，我们部队就决定火烧竹篱笆，破坏敌人的封锁线。这天晚上等天黑了，我们悄悄摸过去接近据点，和民兵一起烧，大家在竹篱笆上浇上汽油，点火开始烧，"噼里啪啦"作响，像一条火龙烧得厉害。从南边的丁堰到北边的如东，一直都在烧，烧了有好几个小时，敌人吓得都不敢出来，烧完我们也撤退了。烧完后，敌人也没办法，他们花了大决心、费了很大劲从江边把毛竹拖来搭建的竹篱笆被我们一夜烧毁。

这一年还发生了汤团事件[1]，我也了解一点，当时我们部队在欢迎汤景延。汤景延这个人很能干也很有实力，认识很多军阀部队里的人。我们抗日斗争很艰巨，枪支、弹药、药品都要靠外面，我们也没有机器和钞票，困难得很。所以汤景延就作为部队的代表，到南通去和敌人谈判。他在青龙港码头、协记公行都很活跃，靠着做生意赚钱养活我们部队。我们通过他把子弹、枪支、药品都弄过来。后来被敌人发现了，他就从金沙起义，其余都做好安排，这些我们都是事后知晓的。汤景延率领部队归来的那天是雨天，蒙蒙小雨，我们东南警卫团第6连在江家镇列队欢迎。汤景延很神气，穿的高筒靴子，戴的太阳镜，穿的是黄衣服，配枪非常新。部队很精干，训练有素。

4 从东南警卫团到启东东区人民自卫军

再之后，启东有一支陆兆林[2]领导的部队。原来他很穷，开小超市谋生，后来因胆大凭着几把菜刀杀敌人抗日，发展了28个大队。抗日战争开始以后，他住在汇龙镇旁边的乡下，日本鬼子与和平军要请他吃饭，摆鸿门宴，部队都在操场上，枪也都架着，敌人表面请吃饭，但进去一个杀一个。陆兆林本事大，觉着不对劲就没有去，逃到上海浦东的一个小岛上去。当时我们分区司令陶勇、政委姬鹏飞正在化名负责统战工作，就做他的工作把他动员回来。陆兆林回来的时候带着两个班，当时我在东南警卫团第6连，我们都欢迎他。大概八九月

---

〔1〕 1943年4月，新四军通海自卫团政委顾复生、团长汤景延率全团600余人假投降于日伪，5个月中与敌巧妙周旋，163天后在一夜之间从200里战线上破腹而出，带着缴获的大批武器胜利归来。

〔2〕 陆兆林（1902—1947），又名陆洲舫，1902年生于现通兴乡的通兴镇附近。1937年"八一三"后到崇明拉队伍，挂起"国民政府军事委员会江浙边区抗日护航游击总队"牌子，自封为司令。1938年其部队扩充到几千人，国民党鲁苏皖区游击总指挥李明扬委陆为24集团军苏北第4游击区独立旅长。1942年，经中共产党与新四军的多方工作，陆兆林在5月10日公开举行起义后，率部开往启东东部地区，宣布对日抗战。

份稻子收割的季节,我们给他划个地盘,叫启东东区行署,相当于几个区,让他当行署主任。我们也跟着陆兆林到处打鬼子,部队变成启东东区人民自卫军。

之后我们就在启东打了大同村战斗。这一战,我们部队三个排出了两个排投入战斗,同时情报报告有十几名伪警察会来到大同村收费,所以我们在分区附近进行排查,对水道进行摸索。那天下午拔黄豆的时候,迷雾很重,我们发现敌人跑到田地的水道里,还在拼命跑,我们一个排就去追,另一个排绕到了镇后面。镇中间是一条河,东边是沟,西边也是沟,我们从河边追到镇口,看到敌人就把手榴弹往前扔,狂轰滥炸。敌人又跑到街口上,发现机关枪架着,不能再跑了。于是我们掉头就打,有些打向后面,我们二排长亲自操持机关枪时负了伤,一个手榴弹扔到水里爆炸,炸伤了二排长。指导员脚底也负了伤,敌人的机关枪扫过来,他没能躲过去,被子弹打到负了轻伤。我和我的入党介绍人张连光带着一个排到镇上的后街去,结果遇到十几个半路进来支援的日本鬼子。鬼子也不敢向我们冲过来,因为我们子弹充足,我们就这样互相都对着打,打了将近2个小时,一直到下午4点多钟。然后鬼子就开始烧房子,利用产生的烟雾撤退到汇龙镇去了。而我们的另外一支部队,跟我们一起到了启东,在我们打仗的时候,他们到汇龙镇打下埋伏,把支援敌人的和平军一下子抓了三十几个人,打了大胜仗。到了晚上部队里开庆祝会议,别的部队都很高兴,但我们非常不好受,因为排长重伤,指导员轻伤,一个副班长牺牲,子弹打了很多,没有收获。

是在1943年,当时我已经是班长了。启东有个南洋村,那也是一个镇。我们经过了解发现敌人只有一个排的和平军驻在镇上。我们两个连队,一个连主攻,有敢死队和突击队。我们进攻后,敌人躲进了碉堡,当时我们没有炮、没有重武器,攻不下碉堡。我们就想了一个法子,用桌台折过来,上面用棉被浸了水,盖住整个桌台,我们躲在桌台底下,称为"土坦克",慢慢移动到据点旁边摧毁碉堡。

5　大练兵与丰富的部队生活

1944 年，根据地号召大练兵，分三大部分：一是扔手榴弹，要扔得远；二是刺杀，过去我们刺杀不行；三是土工作业。通过三大技术练功夫，手榴弹谁扔得好，谁就是英雄。我没劲，扔不好手榴弹，最远只能扔 30 米的样子，一般都是 25 米、26 米。最后还有实弹射击，所以又叫四大技术。我们扔手榴弹时都搭起架子，像碉堡那么高，有个窗口要扔进去，还有就是投远。

我们部队在东台弶港集合大练兵时，正要乘海船，在弶港上船时收到消息，就看到一艘日本的汽艇往东台方向去，上面有五六个日本人。当时还下着很大的雪，炮都进水熄火了，打不起来。区队副连长郜曼伯懂日语，他之前学过，就去和这股日本人进行交涉，他们写写画画，用笔交谈，我也听不懂。结果日本人就放我们过去了。

1945 年，我进入第 4 分区教导大队学习打枪、做工事、军事上如何站岗放哨、林彪的三三制战术、一点两面等等，学习的时间很短。我在学习的时候传来东南警卫团的团长王澄和政委鲍志椿双双牺牲的消息。当时的情况是他们部队团部机关驻在吕四南面的天汾乡（后因两人在此牺牲，改名为王鲍乡），侦察员在交巡，发现日本鬼子占据启东镇。于是侦察员便穿着老百姓的衣服到了镇上，结果被敌人发现，他们就跟着侦察员到了我们团部的驻地。鬼子就发动进攻，因为团长和政委都站得高，指挥战斗的时候同时被敌人的一颗子弹击中，两人都牺牲了。他们俩在东南警卫团内威望很高，在我们分区内乃至整个南通地区的抗日战争中都有名。东南警卫团斗争最积极，仗打得最好，枪缴得最多。他们缴的都是歪脖子枪，过去作为日本鬼子的新式武器，把子是弯的，可以装刺刀，夜里好瞄准。学习完毕之后教导队分配工作，把我分到东南行署，到了东南行署又把我分到富余区队当排长，一直到抗日战争胜利。

1943 年 3 月左右我加入了中国共产党,入党申请书是请部队里的指导员陈玉荣帮我写的,因为我基本不识字,写不出来。入党介绍人是顾维新和陈玉荣。刚入党的时候交几毛钱的党费,有的人没钱也不交。在部队里我一个月发一张报纸、一支钢笔、一袋牙粉、一包牙刷,毛巾大概一年两条,就挂在身上。有两身衣服,夏天是单衣,开始的第一年冬天没有棉衣,只有棉裤和绑腿,后来才发了棉衣。一年大概两双鞋子,行军打仗鞋子跑坏掉赤脚照走。下雪天时我们到长江放哨,当时还没有钟,我们就烧香,弄个烟灰铺起来,每人放哨为两根香的时间。到了老百姓的村子上,我们为了不惊动敌人,就偷偷地跑进老百姓家里。后来打伏击战时我们第 4 分区的司令是季方。指挥我们这个连队在海门三阳镇打伏击,敌人没有出来,我们突击班就冲进去打。晚上我们就睡在被窝里做工作。当时部队里党员要保密,一个人都不知道。我们连队一百几十个人,党员大概二十几个,待在草堆里面或者地窖里闭门开会。我们有规定,重伤不哭,轻伤不下火线,进攻在前,退却在后,平时需吃苦,帮老百姓挑水,睡凉地,要勤劳。

6　解放战争后的经历

到解放战争时期,那时候小区变成大区,按通昌大运河进行划分,运河南分两块,运河北分两块,我在运河北,叫西北战区。1947 年成立北兴游击营第 3 连,我当连长,1948 年部队撤销又成了区队,我就回到区队当连长。1948 年我到分区教导大队学习,就留我在教导大队的机关工作,当军事干事。当时我不愿留在教导大队,我一天写几次报告,要到战斗部队去。但领导不让我走,说这是培养干部的教学营,不能走。结果我就在南通分区的教导大队当队长,管着三个队。

1950 年,我到了军分区司令部,在军分区待了 13 年,从参谋当到科长。1963 年我到南通人武部当副部长,1964 年到启东人武部当部长。到"文化大革命"结束时,我符合当时的离休条件——第一经历抗日战争,第二年龄 55 岁,第三团级干部。所以我就跟领导说我年龄大了准备休息,我也就离休了。

1952 年 7 月我 28 岁,组织主动关心我,说我到了这个年龄可以谈对象,给我介绍一个人叫卢成秀,就是我现在的老伴。她原来也是当兵的,1949 年入党,后来被选为分区干部,在政治部工作当文书。于是我们就结了婚。1954 年,军队要正规化训练,军队女同志上到将军下到战士,通通转到地方,要削减开支。因此我老伴就转到地方去,她在南通,我在启东,长期分居,一直到我离休回到南通我们才团圆。

被日军逼迫修铁路

焦庭振

"总之，我们就是被奴役，日本人完全不把我们当人看。"

★ 口 述 人：焦庭振

★ 采 访 人：王志龙　薛刚　张英凡　蔡青　王缘　李梦

★ 采访时间：2017 年 8 月 29 日

★ 采访地点：江苏省无锡市 73011 部队无锡第一干休所

★ 整 理 人：杨帆

【老兵档案】

焦庭振，1929 年 9 月 5 日生，河南巩县人。1945 年 7 月参加八路军，1947 年加入中国共产党。解放战争时期先经历了中原突围，后在华东参加了盐城保卫战、莱芜战役、孟良崮战役等战役，又在华北参加了临汾战役、太原外围战役，后随部队从西北向四川进军，一直在卫生队里当卫生员。1951 年参加了抗美援朝战争，在部队做军医，1953 年回国。1983 年在卫生科科长职位上离休。

1　日本鬼子阻断了我的求学路

1929 年 9 月 5 日，我出生于河南巩县西村镇堤东村，父亲叫焦五常，母亲叫运占。我家里人口很多，包括祖父祖母、父亲母亲、叔叔婶婶、我兄弟 4 个、叔父家 3 个孩子、2 个嫂子和 3 个侄子辈小孩，加起来有 18 口人。家里人口虽然多，但是劳动力少，因为我祖父母、父母以及哥哥年龄都大了，叔父也不在家，我和叔父家的孩子都还小，所以家里仅有的十几亩地还雇了一个短工，是我大舅家的一个人，那时候我大舅家很穷。这个人叫运全福，是个信教的，在我家和我们一起吃大锅饭。按人口和土地数量来分,我家属于贫农,但按劳动力来分,我家算是上中农,因为我大哥焦廷口算不错,是做生意的。他在村里开了一家杂货店,用牲口贩运粮食到商店去卖,主要卖粮食和油盐酱醋,商店里也没雇人。老百姓在洗衣服时把白土当肥皂用。我二哥焦庭纯是打白土的,很辛苦,要自己下到坑里打了再拔上来卖。我们主要吃饼子和山芋,一般中午吃山芋,晚上吃汤面,汤面很稀的。白面吃得很少,一般都是老人吃。

我们村子比较大,大概有 1 000 多户人家。村里有地主,但都是土地主,不是什么官僚地主。他们一般有 100 多亩地,雇长工耕作,一般不出租。长工在地主家就是干活。长工的生活虽然不会很好,但吃得还是可以的,跟地主家里吃得一样。雇工都是本村的,和地主家相互都认识。我们村里当兵的有几十个人,有些年龄大、家里有父母老婆的后来就开小差了,有些掉了队的就离开部队。但是,我知道有 5 个牺牲了:一个叫贾宝,是打盐城伍佑时追击敌人,被敌人飞机打死的。一个姓路,因为他鼻梁上面有个疙瘩,小名叫"疙瘩",他是在保卫盐城时和国民党第 83 师作战时牺牲的。一个叫贾玉,后来改名为周玉了,他是在打太原外围时牺牲的。一个家里是杀猪的,他在部队搞侦察,在打咸阳时牺牲了。还有一个叫路田修,在我们二团搞侦察的,我到朝鲜时还听团长说:"田修这孩子不错!"他是在完成侦察任务回来的路上被敌人炮弹打中而牺牲的。

我在村里读过几年私塾,是几家合请一个老师来教。老师叫焦聚财,是我们村里的。上课时老师不给你讲道理,主要让你念和背,所以即使你背得滚瓜烂熟了也不会用。但是,在私塾背不了书就要打板子,还要罚跪。换另外一本书之前,要合上已经背过的书,老师提到哪儿你就得背到哪儿,背熟了才给你换书。当时我们主要读了《百家姓》《三字经》《大学》和《中庸》等。从 11 岁开始,我又在村里的国民小学上了几年。学校有 100 多个学生,分一、二、三、四 4 个年级。一至四年级是初小，五六年级是高小，我们这个学校没有五六年级，要继续念就得去其他地方。当时一般家庭都不愿意让女孩子去上学，学校里的女生寥寥无几，一个班最多两三个。1944 年我正在读四年级，日本鬼子打过来，学校就停学了。

2　被迫给日本鬼子修铁路

日军占领我们这个地方以后，在离我们村一里多的地方修筑了据点，把各个村子都封锁起来，所以走亲戚的时候还得看看路被封了没有，走路时见到日军都得叫他们"太君"。

当时日本人也到过我们村，老百姓全跑了，他们就乱拿东西，用粮食来喂战马。日本人走了以后，我们还得去收粮，因为日本人要征粮，而且都根据人数写有名字。有些过去给八路军干过活的村民也被杀了。有的本地人很坏，是两面派，国民党来了给国民党干，日本人来了给日本人干。他们经常欺负人，给人灌辣椒水，跟皇协军差不多。不过，这样的人不多。这些人之前在村里就不是正经人，吸大烟、打牌，吃喝嫖赌，不务正业。

1945 年我被村里派去给日军修铁路，日军要多少人，村里的保长就要派多少民夫。我去的时候带了个被子以及蛋饼、油饼等。在那儿住的是破窑洞，连草都没有铺。吃饼的时候也没有汤，就是喝生水，那生活跟畜生差不多。陇海铁路线上有一个黑石关，在孝义和回郭镇中间，我们就是在那儿修铁路，主要工作是抬铁、抬土等。大伙给日本人干活就是不积极，到点集体上工，下工了回家，不可能跟在家干活一样出力。但日本鬼子会监督你，有时还用石子打你。我那时还小，不会耍滑头，所以没有被打。总之，我们就是被奴役，日本人完全不把我们当人看。我在那儿一共干了十多天的活。

3　响应号召入伍成为卫生员

　　1945年7月，日本人快投降时，上面开始动员参军。人多的家庭是重点动员对象。我父亲年龄大了，大哥又是家里的顶梁柱，所以我就自愿去了。有些老兵进了部队还改了名字，我们村有一个人叫贾玉，去后就改姓"周"了。我问他为什么，他说："不敢用真名字，敌人抓住你以后知道了真名字，就会去你们村里逮人。"他有他的考虑，可能是怕牵扯到他家里人。但是，这种情况也不多。我们新兵比较单纯，还是用原来的名字和籍贯。

　　我最开始参军是到离我们村大概一二十里地的涉村，由老兵带过去。去了以后就要分，因为我读过几年书，他们就把我安排到老3团的卫生队去了。去了以后没怎么训练，就是慢慢教你包扎。新兵不会马上上岗，要先从换药开始锻炼，学习急救等。护理要简单一点，就是前线有伤员送下来以后，给他打水、洗脸、喂饭，他们排队换药时帮忙维持维持秩序。做卫生员这个工作比连队战士好一些，因为不用直接跟敌人对抗。在连队做卫生员，一般也是跟在指导员后面。我开始是在老3团团里做卫生员，老3团后来改成了第52团。孟良崮战役以后，我就下到营里去了，有时候也下到连里。在部队冲锋伤员比较多的时候，我就去帮他们，也到过第7连。

　　我听宣传说部队里很好，但没有亲身经历过。一到部队以后，就发现领导和同事对我都很照顾，比亲兄弟还亲。部队的生活比家里强，至少有吃的，不管好不好，但基本上能吃饱。老兵尤其是党员老兵觉悟高，他们自己会主动少吃点，让新兵多吃点。

1945年8月15日日本宣布投降，国民党要过来，我们部队回华北有点困难，就撤到中原了。我们先在桐柏山一带打唐河，后来又到了白秋，接着在光山一带活动。那时也没有回家的想法，因为马上要跟国民党打了，回不了家。但是，我会想家，记得过年时我给团里送东西，走到半路上想家了，就朝家的方向磕个头。

我大哥曾经来找过我两回，叫我回家去。我说："我不回去，部队里很好，在这儿上级关心我们，同志们也很好，大家都跟兄弟一样。"那时部队没有后方，新兵吃饭全靠去敌占区征粮食，也没有什么菜吃，只能搞点野菜。柴火是到山里边砍松树，然后拿回来烧锅。每月发的5分钱除了点灯、办公以外，就没有多余的了。

4 艰苦卓绝的中原东路突围

1946年6月底，国民党军队包围了我们中原军区，毛主席叫我们撤退。我们皮旅[1]是负责掩护整个中原军区突围的。后来大部队向西边去了，我们先是向西，再向南，后向东，最后到了华东。我们当时不知道突围时为什么要先向西走，只知跟着部队走就行了。我们的领导皮定均旅长很厉害，会指挥部队，否则我们就被国民党军队追上了。

东进突围时很苦，因为后面有追兵，前面有阻兵，我们被两面夹击了。一个旅全靠侦察人员把侦听电话线搭到敌人的电话线上，从敌人的部队里获得情报。那会儿是真苦，没有什么吃的。在河南商城一带跟敌人打的时候，我去护理下来的伤病员，可能被传染上病了。我抵抗力差，发了高烧，晚上睡觉就爬在

---

[1] 中原军区第1纵队第1旅，旅长皮定均。

同事李京生身上咬他,他叫道:"你怎么咬我?"我当时烧糊涂了,自己也不知道。后来,我的头发掉了都不知道,去理发时照镜子,才发现头发没了,就掉眼泪。下雨天行军,新兵都是拄一个棍子,晚上边走路边瞌睡,我们排长胡志长就用热水泼到你脸上,瞌睡就会好一点。突围时苦是很苦,但部队情绪很高,因为大家互相帮助。记得那时我的脚不好,队长就把他的马给我骑,否则我就掉队了。

我们到了大别山一带时,那儿正下着雨,部队给每个人发一个斗笠,跑着跑着就掉了。那时部队没有后勤,我们也没有穿军装,都穿着从家里带来的衣服。老兵、干部穿军装,他们从黄河那边过来时发了子弹和军装,我们没来得及发。突围的时候发点布,我们就用草灰染一染,颜色灰不拉几的。那时候被子都是烂被子,里面有虱子,干部们睡觉垫个门板,我们就在身下垫点草。突围时受伤的干部就留在老百姓家,给百姓点钱,让老百姓照顾。我们在大别山走了二十多天,路过了六安和霍山县等地,然后从滁县进入到苏皖边区,与前来接应的部队会师。

到华东以后,我们部队在清江、伍佑、盐城一带打得多,后来打了莱芜战役。莱芜战役结束以后打孟良崮,我那时在卫生队搞救护,在敌人飞机空袭时去抢救伤员,立了三等功。

5 华北整编后一路打到四川

我们部队到邯郸就扩军了,整编成第 13 纵队。在华北整编后第一仗打的是临汾,打了好几个月。打临汾时我们处境好多了,有了后方,生活也好了,基本每天都有包子、馒头和面条。

我们解放临汾后就去打太原。这次先打外围,第 7 连去打碉堡,碉堡外边也有敌人,晚上看不到,但知道城里有日本人,因为部队下来对我们说里面有一个日本中队。打太原时敌人进行了封锁,我们卫生员在后面还好一点,那些战士都是直接冲。我们部队用炮打,副师长就在旁边喊,叫战士们放了梯子就直接跳下去。那时候打仗都是不要命的,只考虑胜败。

打完太原以后,我们第 61 军进行了整编,缴获了国民党很多武器,各种武器都有,我们不再用杂牌枪了。别人打仗时俘虏过好多敌人,我打仗的时候就只俘虏过一个敌人。在太原外围打阎锡山部队的时候,第 7 连冲锋,我回去要担架,看见前面有一个人,我问他:"你是干什么的?"我们卫生员没有枪,只有手榴弹,是用来防身的。这个人也不是老兵,要是老兵我就危险了。我说:"走,跟我抬担架去。"这个兵也老实,就跟着我一起去了。这个俘虏是有枪的,我就把他交给了担架队。我这一生就带回来过这么一个俘虏。

太原解放后,我们部队向西进军,开进西安。城里夏天走路烫脚,就只好出西安住到郊区了。然后,马步芳和马鸿逵带兵反扑西安,这次我们部队在咸阳打阻击,打得很勇敢。二马部队的武器没有我们好,他们有刀、有枪,但是炮兵不行。我们团长叫吴占奎,营长叫张继生,副营长叫刘志兰。刘副营长原来是机枪连的连长,他跟营长要了 3 发手枪子弹向上冲,我也跟着他去了。我们打败了进攻咸阳的马家军,保住了西安。

咸阳阻击战之后,我们部队到了秦岭。山里的生活很艰苦,当时供应不上吃的,就去地里搞点野菜。秦岭山里下雨时很潮湿,新兵们不懂,就只拿布包一包脚,之后也没时间洗一洗,脚被水泡的时间长了就软了。有时候沙子滚到布里去,走路的时候很疼,但走多了就麻木了,反而会好一些。我在秦岭山里得了痢疾,当时没有药,就自己用高锰酸钾水蒸了以后灌肠。由于营养缺乏,我的腿肿得很厉害。

从秦岭出来以后,我就到宝鸡第 61 军成立的训练队里学习去了。训练队就是把老兵送进去训练训练，出来以后提干。我进去时是卫生员，出来就提成见习医生了。之后，我们部队开始向四川进军，我一直在南充第61军后勤部卫生队里当医生。

6 新中国成立后继续做军医

1951年朝鲜战争爆发，部队要人，我就去了。入朝以后我回到了老部队，被提成医生，是副连级。开始时，我在团卫生队里，后来又下到第2营当军医。那时候团里连队很多，一个营有4个连，包括3个步兵连和1个机炮连，每个连有一二百人，一个营就有800多人。在朝鲜战场，我们主要是跟美、韩军队打，打得不错。那个时候就已经挖坑道了，因为美军炮兵比较多，坑道能起很大作用。营部有指挥所，我们救护所就在指挥所后面，得保证担架抬下来以后会经过我们这儿。山里交通不好，抬着人走路很不方便，尤其是晚上，伤员下山需要好几个小时。我们一般会发两双鞋，其中一双是靴子。冬天天气很冷，战士出汗以后都冻上了，我用剪刀剪都剪不动。我们营后来成立了卫生班，卫生班里有军医和医助，还有几个卫生员。连里有卫生员和卫生战士，卫生战士就是帮忙包扎，主要救护还是靠卫生员。但卫生员照顾不了整个连，所以平常就要教大家互相包扎。有些伤口包不了就让卫生员包，有些轻伤就互相包一下，打仗之前会给每个人发两个救急包。班里、排里包不好就转到营里，营里不行再转到团里，营和团中间有个转运站。

我在朝鲜待了两年左右时间，停战以后我们部队先回来了，临时住在安徽固镇，后来到了滁县。我们第181师师部就在滁县，我就到师卫生营当军医去了。按苏联的编制叫卫生营，实际就是师医院。团卫生队叫卫生连，师卫生队叫卫生营。原先军部在睢县,后来搬到了江浦浦镇的华兴,我们又跟着过去了。其他部队在建营房,我们部队没有建。营房还没建好时,我们就住西山头的教养院,下来就是铁路。后来营房建好了,我们搬到了南京的白水桥。在白水桥住的时间很长,"文化大革命"以后才到苏北。在苏北时住在淮阴清江市,当时师部在涟水,团都分散开了。

1969年我到地方锻炼,先去了洪泽,在造纸厂待了几个月。后到医院当副书记,第2团一个指导营当书记,然后又到淮阴地区卫生局干了几年,1974年返回部队。回部队以后先到卫生科当副科长,1976年提成了科长。1983年我从卫生科科长的职位上离休,享受正团待遇。

革命的火种自幼燃烧不熄

蔡则品

"我送的信有时是口信，有时是纸条，纸条我就塞在鞋里或夹在破棉袄里，如果被发现就太严重了。"

★ 口 述 人：蔡则品

★ 采 访 人：薛刚　来碧荣　侯儒伟　孙杰　曹雨姗

★ 采访时间：2018 年 3 月 8 日

★ 采访地点：江苏省宿迁市来龙镇龙西村

★ 整 理 人：李冠　张若愚

【老兵档案】

　　蔡则品，1931 年 8 月 28 日生，江苏宿迁来龙镇人。自幼给部队送信，1945 年 5 月参加新四军邵店区大队，负责联络、供给、后勤工作，保护当地老百姓。1946 年 9 月进入华中第四工作委员会供给科工作，年底接上级命令打入敌人内部，改编为淮阴绥靖区保安支队，后改成江苏省步兵第 1 支队。1948 年编入国民党第 28 军暂 7 师第 1 团，渡江战役后在南京汤山起义，9 月复员回家。

1　自幼送信传递情报

　　我姓蔡，叫蔡则品，老家是江苏宿迁来龙镇。小时候我 7 岁开始念书，实际上书读得不少，但因为那时土匪很厉害，连抢三个庄子，加上 1942 年日本鬼子来了左庄，学校经常停办，我就没学上了。日本人来了后在左庄建圩子，那时大人都不敢去，小组长就带着我们这些小孩子逃跑。当时屋子也被日本人烧了几间。后来我去给我们村左庄的据点送信，那里的伪军中队长叫石守坤，是个进步人士，他虽然吃日本人的饭，但是替共产党做事，为我们传递了不少情报和材料,今天来了多少敌人,有没有鬼子。我们根据情况,如果对面人多,能打就打,不能打我们就退。

我从小就给部队送信,那时候很危险,我们就找了当地管事的人叫作蔡崇代的,他和我都是一家的,是我的大爷爷,我就给他磕头,他人也很聪明,让地方保护我们。另外区长刘裕民是我的表叔,所以我们互相信任,他们才敢用我。蔡崇代家那面是敌占区,而我们这边则是共产党也能到、伪军也能到的地方。在王屯那有一道封锁线,由伪军和维持会把守,一般大人不能过去,只有小孩子可以借口走亲戚过去,所以都是我去送信,也不会引起注意,蔡崇代家也就成了我们的中转站、联络站。我送的信有时是口信,有时是纸条,纸条我就塞在鞋里或夹在破棉袄里,如果被发现就太严重了。有时候也是很危险的。

2　参军干革命

我母亲去世早,家里弟兄三个只有我哥哥是劳动力,而那个时候大家都热衷于参军。在 1945 年 5 月,因为我经常去送信,和我们的区长关系比较好,他就叫我出去当兵,我就正式参了军,是邵店区大队。因为我小的时候跌倒过一次,跌得很厉害,后来手就一大一小。跌伤的那只手伸不直,等于是残废,不能拿枪。加上我参军之前就给地方支队送过信,所以我就搞联络工作、供给工作、后勤工作,还有就是通知老百姓,保护老百姓。

就这样一直到日本投降之后,我还是在地方区队里面。那时候我们邵店区还是属于国民党控制,因为面积很大后来就分成了来龙区和邵店区,所以我就到了来龙区。后来还有一阶段我得了重病,休息了很长时间。1946 年 6 月,华中四工委在淮阴成立,在高邮、宝应一带活动,那时候人生地不熟,别人也都不认识，一直没有得到很好的发展。四工委的主任是张荫棠[1]，他先是从新四军第9旅下来到邵店区当区长，之后来到四工委当主任。9月，侍岭镇的区长是属于华中局第四工委会的，成立了部队名叫淮扬纵队，后来区长就把我从部队带到四工委，我们四工委一共是60多人，还不够一个连队的人数。刚开始我在里面给陶勇当秘书，当通信员，当了十几天他就调回边区了。那时候都分区，我们就以宿迁为界，县西是苏皖边区，运河东是淮海区。于是我就到了供给科，一面保管东西，一面通信。

3 打入敌人内部

1946年12月，我们原先准备北撤来保存实力，已经到了黄海边上的新沂，但突然接到上级命令，要我们潜入敌区潜伏，打入敌军内部做统战工作。所以我们留了下来，而附近这两个区的领导人带着部队沿铁路向北撤。当时区长有三个孩子没法带，一个男孩两个女孩，都委托给了我们。把孩子给我们的时候他们心里也很难受，但孩子太小没法带，自身都有困难，没有办法。把他们送过铁路后，我们部队就向南转移。

我们由四工委主任张荫棠带队，他还是淮扬纵队的纵队长。过了柴油坊，在蔡口子那里等候打入敌区。淮阴有一个国民党专员叫张少华，是张荫棠的堂哥。这人是个文人，不敢跟我们派去的韩义渠接触，我们派韩义渠去了三次跟他联系。而韩义渠既是张少华的姑爷义是他的老表，最后因为他的家属说："看渠哥来了多少趟，你就给他介绍一下嘛！"这样他才把我们介绍给绥靖区司令张

---

[1] 张荫棠，男，化名张少武，1947年2月接上级命令，在其领导下以淮扬纵队为代号，进入国统区作长期隐蔽斗争。后担任国民党第28军暂7师副师长兼1团团长，于1949年4月23日上午在南京汤山率领部队起义。

和中,介绍张荫棠与司令认识。就这样我们才成功打入敌人内部,队伍也改编成绥靖区保安支队。当时我们报给敌人说我们有800人,实际上连一个连的兵都没有,全部是报空、讲假话。如果不这样他们就没有办法给我们单独建制,也就不能工作了,所以当时我们就报了800人的数字。这样我们就成为淮阴绥靖区保安支队,可以单独行动,单独驻扎。开始时我们的番号是5655,属于绥靖区的公安队。后来改成步兵第1支队,属于江苏省,番号是6759。国民党对我们不放心,没有发枪给我们,我们部队3个营的枪全部是我们自己买。我们去淮阴找国民党的孙连城,他们部队换上好装备后,把换下来的土枪都放在仓库里,然后我们去买。当时我们有个处长专门蹲在淮阴,留在留守处专门和他打交道。买回来的枪看起来和正常的枪一样,实际上不一样。炮也是我们自己造的,我们在军械所里造82炮、60炮。只有弹药是国民党供应。

我们在淮阴的时候,国民党一共派来十几个黄埔军校毕业的军官,打算是一连一个,后来因为他们一进连队我们就不能工作,我们就成立了一个新闻室,里面有一个老的新闻主任,所有暗处的老共产党员和这些国民党在一起谈心。我们大体上都知道部队里凡是老党员,没有当班长的,最起码都是连长。只要是党员,最低也是副连长。那些国民党派来的人在南京解放我们起义时都被俘虏了,到那时他们才明白我们是共产党的部队。

4 编入国民党军部队

当时我们在泗阳王集一带,后来到了洪泽县一个叫高良涧的镇上,在那里驻防了几个月,时间不长。我们部队里面有一个副司令叫夏铄武[1],原来当过

---

〔1〕 夏铄武,惯匪出身,抗战时期任睢宁县伪县长兼保安纵队司令。

睢宁县县长，所以对国民党的上层人物熟悉，由他当副司令，张荫棠是司令，再加上参谋长是刘裕民区长，这三个是主要人物。我们去驻防的时候穿着一身加厚的灰军装，改成了单衣裳，但天冷以后单衣裳没法再改成加厚的，我们就没有衣服穿了。后来华中局准备送衣服给我们，国民党也来点名发衣服。但国民党一来我们只有几十人，却说是七八百人，人数不够不就被发现了吗？于是当时国民党来点名发衣服时我们就请当地老百姓来充数。点过名后，就发了新军装，所以华中局也就不送衣服来了。

在高良涧我们发展了很多人，足足有一个团，还有八大处编制，不过当时我们也没有那么多处，有军需处、军医处、参谋处、副官处等，书记处人少，就只有一个书记室。我们就成为国民党江苏省步兵第1支队，是一支独立的部队。那时候给我们发了衣服，做了军装，也有了军衔，夏铄武成了上校，参谋长是中校。我们是三三编制，1个团3个营，1个营3个连，还有1个警卫连，总共有1 000多人。我们这个团比一般的团人数要多，但我们一直和共产党在暗中联系。有时候我们假打仗，就有理由写报告，上面就会补发子弹。实际上我们有两本账本，一本是真实的账本，还有一本是应付国民党的账本。后来华东局派了一个秘书来帮助我们工作，叫黄辛白，解放以后他当了高等教育部部长。还有白涵、施奉献和王洁，他们不穿军装，都是便衣。施奉献挂在副官处，实际上是管理军械的。凡是送子弹、送多少、送去哪里，都是由他联系。王洁是管理便衣队当队长，后来转业到了合肥。这些人都是共产党员，身份隐秘，但我是怎么知道的呢？因为我当时在我们部队军需处，那边叫后勤处，里面只有3个人，一个是张荫棠的弟弟做科长，一个是我，还有一个是张荫棠的侄子，我和他俩也都有亲戚关系。上面来的人都有华东局的介绍信，我当时看见了才知道的。连潘汉年都来过我们部队，他是来检查的，待的时间不长，大概在1947年年底。

1948年春天，我们到宝应的鲁家庄驻扎了很长时间，因为在这也有留守处,相当于前线。部队人数增加多了,粮食衣物等等供应不上,在宝应这我们还裁剪了一批人,他们都哭着走了,因为我们人都在敌区,家在解放区,发现回不去。后来我们处长向粮库借粮,一个团透支粮库一个月的粮食,就这样靠着借粮度过,不裁剪部队了。后来我们驻扎在界首,在那里时间也很长,再后来到了泰州。这时我们已经编入国民党第 28 军暂 7 师。暂 7 师有 3 个团,第一团是我们部队,第二团是淮阴绥靖区保安队,第三团是泰州县保安队。

5　汤山起义[1]

我们从泰州到南通,过江到了昆山巴城,后来又到了上海吴淞,再从上海回到南京,驻扎在孝陵卫,这时已经接近解放了,但是还没有解放。第 28 军军部驻扎在浦口,离我们有几十里的路程。我们在南京也做了很多工作,比如说秘密地在夜里发传单,通过在胳膊上绑着毛巾来识别是不是自己人。我们发朱德、毛泽东的人像,宣传解放的内容,做一些宣传工作。这时部队虽然是属于我们自己领导,但想把部队直接交给共产党行不通,还得打才行,毕竟还有两个团,我们才一个团。

临解放前夕,大概在 1949 年 4 月 20 前后,上面才给我们部队发了 800 支步枪、四五挺重机枪和 80 挺轻机枪。起义前一天的中午,国民党开始发洋钱,因为他们管钱的人年龄大了,就让我们科里出人去帮忙,一共是两麻袋钱。到了夜里他们不知道把钱放在哪,我就说放在老百姓家里,我们也在老百姓的床

---

〔1〕 1949 年 4 月 23 日,国民党整编第 28 军的暂编第 7 师在中共地下党组织的正确领导下,以暂 7 师副师长兼第 1 团团长张少武(张荫棠化名)等为首,在地下党负责人杨帆的指挥下在南京汤山举行起义,为策应陈兵两浦的解放军胜利渡江做出一定贡献。

底睡一夜。后来回去的时候分成4麻袋,用2匹马驮着。当晚我们部队连夜朝着汤山进发,我也带着洋钱向汤山运。在汤山那里我们一团走在前面,和另外两个团蒙头干,后来打乱了,自己人和自己人都打了起来。对战的时候放走了一部分,俘虏了一部分,大概有500多人。起义的计划只有少数人知道,要是有多数人知道他们一个都跑不了。

所以我们部队在汤山起义后回归到共产党。我们再回南京的时候,因为前委过了南京已经到上海了,我们没联系上,就把俘虏都交给吴化文的起义部队第35军了。这时张荫棠犯了错误,他不服从编制。因为我们的部队离开了国民党第28军,就要再重新组织起来重新编制,张荫棠不同意,不服从编制,说:"吴化文的部队为什么不重新编制?"上面说:"人家有功,是国民党的起义部队。"开始组织上找他谈话的时候我们也都听到了,组织上说张荫棠在敌区有一定贡献,但是思想意识已经跟不上了,必须要学习。其实这说的是实话,我们在敌区这几年,没有国民党的那几套是没办法融入进去的。但是张荫棠有点瞧不起吴化文,他觉得吴化文是国民党起义过来的,怎么能指挥他呢?结果我们这一个团的干部全部受处分。我也受影响,我当时已经在部队的教导队里了,以学习会的名义被发展党员,因为这个处分我最终也没能入党。

6 离开部队复员返乡

我们留南京学习,开始在狮子山,后来在军政大学学习到9月底。先是说留一部分人等分配,后来不分配了,说留几个有文化的,结果没有一个留下来,全部送回家,发了遣送证和军返费给我们。

1951年来龙区成立,区里找我,说可以供吃,我就搞测量,在测量股工作,干了四五年。后来我在农业上干了十几年,又到工业上干了十几年。

　　我是 1945 年结婚的,那时鬼子已经投降了。我和我妻子是五六岁就定下来的娃娃亲,她是县政府组织的织布厂里的工人。我们一共生了 6 个孩子,第一个还是我跟随部队临走前时出生的,可惜有病死掉了,其余都是我从南京回来以后生的,2 个儿子,3 个女儿。

被俘获释后仍坚持参加新四军

臧仁先

"老百姓是水我们是鱼，没有老百姓我们这个部队不能活。"

★ 口 述 人：臧仁先
★ 采 访 人：叶铭　薛刚　胥宝　李章敏　施金涛
★ 采访时间：2018 年 2 月 5 日
★ 采访地点：江苏省泰州市靖江生祠堂镇板桥村
★ 整 理 人：叶铭

【老兵档案】

臧仁先，1927 年 10 月生，江苏靖江人。1943 年参加新四军游击队，1944 年被伪军俘虏。获释后，臧仁先仍然向往新四军，加入新四军老 1 团，先后参加车桥战役、天目山战役。抗战胜利后随军北撤，参加华东野战军解放战争历次战役。1949 年渡江战役后因为身体原因退伍回乡，新中国成立后在家乡参加建设。

1　从军被俘

我叫臧仁先，臧就是西藏的藏去掉草字头，仁是人字旁的仁，先是先生的先。我 1927 年 10 月生，今年 92 岁。

我 7 岁开始读书，读到十四五岁去做香。我的父亲开始叫我学道士，我没肯去，才做香的。做的香是烧香的香，做了一年。那里规矩重，要打要骂，我都没肯再去。我是 16 岁去参加游击队的，主要在靖江北面打游击。17 岁时，乡长叫我，还有一个保长，到板桥岱收公粮。谁知道才进了里面去，和平军下来了。我们没处跑，我躲到同去的那个游击队战友他家房里。他家老头子说："你不好躲,被和平军抓我家吃不消。"我就只好出去。我背个粪桶走到我们村队部的后边,那里有个垄头。到了那,看到和平军,我就说我是在板桥岱那做香的。那个伪军先对我说:"那个小鬼把粪倒在垄头。"后来他追过去弄枪举着我,冲我打了两枪拐子,骂道:"妈了个逼!"我说:"你干什么?"他说:"埋了你!"我说:"埋就埋。"这样,我就被和平军抓炮楼里了。

后来我们党委书记晓得我被和平军抓了去,就去和我们第4连连长讲。这个连长是做过地下工作的,他对伪军说:"你如果说对我们的小鬼不好,打了他,你们和平军下来一个我们弄死一个。"伪军把我关在费家岱炮楼里3天,总算没打我。我一天吃两顿干面,三天吃了六顿。我家老子送来两只大猪,值150块,把我赎回家的。伪军警告我不能当新四军,我假意对他们说不当新四军。在伪军的据点,那些伪军让我帮他背下子枪,我说:"我背不惯,我们是老百姓,在家种田的。"伪军说:"你要再当游击队可以啊,把你弄到泰兴去坐黑水牢。"我说:"随你去坐什么牢,我不怕。"

2 参加老1团

我被放回家之后第二年的正月廿八,在西来参加华中老1团[1],老1团团长是廖政国。我们新兵连就到下港去补充老部队,我们去是穿的便衣,到那边通通换成灰色军装,不是黄的,黄的到1949年解放才穿。当时搞国共合作,帽徽是青天白日。官兵的口袋不同,我们当兵的口袋是补在上面的,当官的是中

---

[1] 老1团部队沿革:闽东游击队、闽北独立师1部改编的第3支队第6团→第1支队第6团→江南抗日义勇军第2路→江南抗日义勇军第1团→挺进纵队第1团→苏北指挥部第1纵队第1团→第1师第1旅第1团→苏浙军区第4纵队第10支队→山东野战军第1纵队第1旅第1团→华东野战军第1纵队第1旅第1团→第20军第58师第172团。

山装。口袋里面写的是你住哪个省、哪个乡、哪个村。如果说被打死了,把那个口袋解开看,就知道是哪个地方的,再告诉地方,家里才会知道。

至于衣服,一年发两套单军衣、一套棉衣,穿坏了自己补。我们自己绑绑腿,尽管要走 100 多里路,还是都穿的草鞋。我们军装的衣服旧虽旧,不好归不好,但要穿整齐,扣子要扣好了,帽子要戴正了。吃晚饭之前,军风军纪要整洁,领导看见不好,要罚你站在那整好了。我们那时装子弹的是九龙袋,是皮的,地方部队是布的袋子。当兵要带 85 发子弹,5 发子弹在枪里,80 发子弹在九龙袋里面。我们部队是正规部队,总是用皮盒子,刺刀也是皮的。每人身上还灌了 4 个手榴弹,还有帆布包、背包这些,身上蛮重的,枪的重量就有 7 斤半。

除此之外,身上还有 8 斤米袋子,以便到哪里住下来要吃。炊事员雇人背着锅子跑,锅子到哪里我们住哪里。我们要打仗的时候,就把锅子放下来烧饭。我们伙食很好,不过只有打仗,才有肉吃,有鱼吃。我们只要吃到肉,就知道今天要出发,要打仗了。不打仗时都是豆腐或者其他的菜随便吃吃,汤总是盐汤。我们值星排长到开饭的时候就吹哨子,一个班再围在一起吃饭。那儿放个菜盆子,值星员去打,打了再放好了。15 分钟吃稀饭,10 分钟吃干饭,哪怕碗里只有一口,吹哨子就要拿走。我们靖江人不吃辣,那个时候炊事员也问:"你们靖江人有多少人不吃辣的? 站队站出来我们另外烧。"泰兴人喜欢吃辣的,还有山东人也喜欢吃辣的,我们不吃辣的,吃辣吃不消,都是另外烧的。

在黄昏头,有的时候部队搞紧急集合,4 分钟要到操场上。领导开始检查,丢了其他的东西无所谓,如果丢了武器、丢了手榴弹、丢了枪支,就要吃禁闭。我们平时训练,枪背在身边,刚开始是"稍息""立正""左转弯""右转弯",到操场上再跑步半个小时。跑步跑得吃力,再正步齐步走。每天"三操两讲",吃了早饭,班里再上一会儿政治课,政治课上完了上军事课。军事课就讲怎么打法、怎么抓枪,政治课就是让你谈谈思想。一个星期要开一次班会,自我检讨在这一个星期有违反哪些纪律，做了对群众有利益的事也要说，有功也要说，有错误也要说。不但要自我检讨，还要互相批评，还要唱"三大纪律"歌。指挥部对我比较器重，军事方面我们警卫连总是我教操、教打枪，还有教跑步怎么跑、立正怎么立。动作怎么做呢？立正两肩要抬平，小腹要收，胸部要挺，眼睛平视。我们有口令有动令，立正，说"正"时你才能动；向右看齐，说"齐"，头才能动。此外还有枪上肩怎么背法，怎样举着枪上肩。枪上肩也有 3 个动作，首先背起来抓起来，再"一二三"，再往肩上扔，枪要背直了，不能举前面去，那样就不好了，枪托要在后面。

还有就是验枪，验枪是要看你的枪擦得干不干净。首长用白布到你枪膛里一摸，摸了如果是黑的，那就是对枪没有保护。枪是第二条生命，你这个枪不好，上战场上打失败了可不行。还有就是学瞄准怎么瞄，你坐在那、站在那怎么瞄，趴在那怎么瞄，枪怎么放，怎么往前爬。打起来的时候，人怎么前进？军事纪律规定作战时要分散，不能靠在一起，靠一起手榴弹一来就坏了。部队打仗要有策划才行，攻起来冲锋的时候不能弯腰驼背向前，因为你挂彩，挂心口的是很少数，总是挂两肩。向前冲锋的时候，冲锋号一吹，就要快，刺刀上好了，要分三堆快速往前跑。拼刺刀，主要看谁力气大，看谁技术好。我也会用刺刀的，拼刺刀的十个动作我都会弄。

部队里也有文化学习，我们中多数人不识字，是文盲，我们有文化教员的，主要教政治课，我们也学习文化课知识。

我们团长本来不要我们靖江人，结果到新兵连首先抓住我问："小鬼你读了几年书啊？"我说："我读了 7 年。""读到什么？"我说："读到《诗经》。""你当不当通信员？"我说："我来嘛，随组织分配。"我就去做通信员了。此外还弄 7 个大个子扛机枪、扛炮。有一个是我们老乡余家岱的方贵庚，分到第 3 连去，结果在天目山两条腿就被打断了。我们一般打阵地战很多，游击战很少。说老实话，我们老 1 团到哪里战斗力都比较强。二鬼子据点一般是地方部队打，我们都是和正规部队打。我们参加老 1 团就打仗，打车桥，捉到 20 个鬼子，缴到 2 挺重机枪——1 挺三八式，1 门九二式[1]，2 门破舰炮——1 挺上海造，1 挺金陵造。

3　南进北撤

后来我们又去江北打游击，打六沟还有草甸。打草甸的时候我们是晚上坐船去的，因为和平军和鬼子在这个草堂里。他们不晓得我们去，前面侦察员已经到了他们站岗的地方，他们那个站岗的带班还说："当心啊，当心共军来袭击我们！"此时我们已经待在他身边那个沟边，听到他说的话。我们上去抓住那站岗的、带班的，两个人被挽着。我们部队再上去，打一夜，打到我们连长说："小鬼我肚子饿了，你去买点吃的嘛。"我说："好的呢。"这时，还有一个指挥部没解决，我们炮兵唯一一个大炮对准团部那儿，团长的老婆抱着孩子，说："你去告诉他（新四军），不要找我们麻烦的，就投降下来。"可是一会儿，伪军团长说他不投降，随我们打。我们把团部所在的庙里弄一个洞，对那打，一炮就是一个大洞。虽然他这会儿又喊投降，我们警卫连还是上去，把他们通通都戳死在那炮楼底下。

打完草甸，我们在那里整训，部队进行整编，实行四四编制，也不叫老 1 团，叫龙胆大队。四四编制，一个班就是 24 个人，一个排 4 个班，一个连 4 个排[2]。1945 年 2 月，我们从扬中大运河向南过江。我们是一个连放警戒向东，

---

〔1〕　九二式重机枪是日本军队在二战中最有名的重机枪，以哈奇开斯机枪为蓝图，推出了此枪，该枪身和枪管布满散热片，使用精度更高的 7.7 mm 机枪弹，射速每分钟 500 发，战场上威力极大。
〔2〕　此时老 1 团番号应为苏浙军区第 4 支队第 10 团，老人对部队番号编制记忆有误。

一个连放警戒向西,我们侦察员通知据点伪军说:"我们大部队要过江南下,我们不是动你们的。你们如果动一动,用枪打一打,我们就把你们这个据点解决掉。"伪军据点再也没敢动。我们分六路纵队跑步,扬中在江当中,过两条江,从扬中出发25公里到镇江。从镇江上去,我们看到粟裕司令坐在骡子身上,骡子身上拖了篮子。看见那火车来了,那骡子"哗啦哗啦"直跳起来喊。我们等火车走过去才通过的。路上还有土匪捣乱,在山上对下打枪,我们上去一个连,把他们打了下来。那时我们晚上走公路,白天不走,就这样到了浙江金华。

我们在江南也打了败仗,那会儿我们在山上吃午饭,鬼子从山上翻下来了。撤下山的时候我鞋子都掉了,山脚下我们就一个步兵炮,团长冲我们炮兵连连长说用炮,用机枪冲。我们团长说到天黑解决,于是天黑第3营跟鬼子拼起刺刀。这次算是打了个败仗,团长撤职,政委调地方。那会儿团长不是廖政国,他已经提上去了。我们吃了不少苦头,一跑跑三四十里路,我们的仗打了无数次,大多蹲在山上打。我们白天不和鬼子拼,在山上睡一觉,到晚上再摸他们的炮楼。他们那里的炮楼不是砖头砌的,是树搭的,在山顶上。

之后我们又开始打天目山,我们团部住在白水湾大庙,天目山15里路高,有13道岗位到山顶。我们一个连背手榴弹,挑柴草、粮饭,向上送,把第八道、第九道岗位拿掉了。第二次骗他们说我们是送柴草的,一到山顶,我们听那个电话线,听到敌人同师长师部通话,说不好,新四军打上来了,要弄增援。我们在天目山那打到8月份,然后准备过钱塘江上浙东。上面有命令过来说,鬼子无条件投降,叫我们北撤,说毛主席在重庆谈判,说江北归共产党,江南归国民党。我们就从那儿的天生港北撤。

我那时跟团长当警卫员兼通信员,一到港边,团长说:"小鬼啊,带两个通信员弄条狗子回来吃。"我们有三大纪律,但对狗不讲纪律,因为他咬我们夜行军,"哇啦哇啦哇啦"的,我们到哪里就要把狗解决掉。但老百姓认为你不能打我家狗啊。老百姓是水我们是鱼,没有老百姓我们这个部队不能活。我们当然对狗子是反对的,因为我们是夜行军,不把鬼子打了老百姓怎么过太平日子! 我说:"你们快点回家睡。"等我把门关起来,狗子往门口一趴,我们用刺刀戳的,回去剥剥,吃到十二点多钟了。团长夜里都睡着了,一会儿有人来让团长过江,兵刚好也到了,团长喊不醒,政委说我先过去。一会儿,有信来了,说轮船沉下去了。我们两个连还有炮兵连、机炮连、警卫连,还有文工团,都是在早上过江的。一到泰兴,向长江看看,还有船上的烟筒,那么高,烟筒上爬了三四十个人没有死,其余全都淹死了。我们到黄桥住了下来,我们老 1 团泰兴人多,有些人就哭啊,哭有什么用呢?

后来上面叫我住家,我叫人帮我送个信到靖江。我告诉家里人说不好走,离得远了,离得近的话好往家走走。我们在那儿住了一个星期,我家老子又给我送了一把米,泰兴那个时候没有米吃。我家是让老三送米的。我说:"你回去啊,我们要把鬼子赶出中国才能回去啊,不然不能回去的。"我家老三就回去了。

我们在游击队那个时候没有什么武器,就是 500 条步枪和手榴弹,其他什么东西都没有。那时候我们当兵没有好武器,总是套筒、湖北条子,我们去当兵打不上靶,就是在木头柄上装刺刀。步枪是什么,就是套筒。三八枪一枪闷,一打进去就是豆一样大的,出来也是豆那么大的洞。那个套筒枪要打你的头,一打头都没了。我们打天目山国民党,国民党有那个卡宾枪,我们打败了他们一部分,弄到这个卡宾枪。后来打国民党和鬼子有九二式重机,再马克式重机[1],那是灌水的。九二式重机是四个角的,抬着走的。我们是和国民党以及鬼子打,才弄到好武器的。

---

〔1〕 7.92 mm 二四式马克沁重机枪是金陵兵工厂以德国造 7.92 mm 08 式马克沁重机枪为蓝本,在 1935 年仿制而成的重机枪,因为 1935 年为民国二四年故而得名。

4 解放战争

回到泰兴后我们又北撤，我们从东台，到盐城，又住到涟水。之后又北撤，一下子到山东。毛主席说，我们不在于一时的得失，保持有生力量。我们住到山东，又打转，对南打宿迁，慢慢一个城一个城攻克的。到1948年，我们在华东，还有中原大别山站住脚了，把国民党通通围困在徐州解决的，这是1948年下半年打的。那会儿我们打了两个多月，打到连云港，当时我家侄儿在华中第95团第3营第8连，他们打到徐州去，我们打的连云港。解决下来我们又向南打，还有残余的国民党兵，他们向南京溜。我们从淮阴，对南追击。追击途中，我们前面一个班侦察员已经过去了，我们大部队，被国民党两挺重机枪，两挺轻机枪火力封锁了。我们一个连没有一个下来，团部又叫第4连上去。这时南京有飞机去，一个炸弹把公路炸成两段，水往上直涌，第4连上去又说不能再打了，等到天黑解决。我们埋伏下来，等到天黑再去，我们集中4门炮往里面轰，结果国民党一下子溜了。

我们那时候连地方部队只有200万人，国民党800万正规军，全部都被消灭掉了，因为他不受老百姓拥护，我们部队到哪里都帮老百姓。如帮助老百姓收割，不能吃人家的，茶都不能吃，因为一针一线不能碰人家的。我们住到哪里，摘门板睡觉，之后要替人家装好了。人家缸里没有水，要帮人家挑水。老百姓就拥护我们，我们部队行军路边上茶之类的水都帮我们弄好了的。国民党搞独裁主政，他是求升官发财，不是为人民群众。

为什么我们200万部队在地方慢慢扩大，国民党800万正规军全部都被消灭掉了？我们打仗的时候啊，不是说硬打，我们宣传员有铁桶桶喇叭，离得国民党不远搞宣传。我们是共产党，我们是为人民服务，为贫下中农，你们如果说是富农地主，我们就跟你们打。你们投降过来，我们是宽大政策，不搜你们腰包。

你们说愿意回家的,我们发路费,发钱让你们回去,你们家里有老婆有小鬼,或者有母亲父亲,愿意待部队里跟我们,我们鼓掌欢迎。有多数人待我们部队里的,少数要回去,不然部队怎么一扩一扩就这么多人的啊!例如在连云港,我们上山上去一个班,带了国民党一个营下来。他一个个都把枪举着朝上,都跟我们走,都跟我们跑。国民党除了有些头头,是他的死党,受了国民党的教育,拒不投降,不过你不投降我们也对你不客气。

5 退伍回乡

后来毛主席说我们过江,南京就没要打,我在那个地方拉肚子不能走。我们团长说:"小鬼,你回家吧,回地方也好革命哪!"他写个条子叫我退伍回来的。我是 1953 年 3 月 10 号入党的,我在部队是团员,再到家转党的。回去后,税务上叫我去工作,银行里叫我去工作,然而有人反映我,说我有贪污。我一分钱都没有贪污,党委书记让我回去帮农村搞合作社,我那时候也不知道搞农村怎么搞法,但每个人都相信我。后来我又做了人民代表。

驰骋江淮
打鬼子

管国桂

"共产党之所以能胜利，靠的就是老百姓的支持！"

★ 口 述 人：管国桂
★ 采 访 人：王骅书　王金鑫　陈于可慧　卢珊　周贤楷　薄凡
★ 采访时间：2016 年 7 月 13 日
★ 采访地点：江苏省盐城市滨海县滨海港镇首乌村
★ 整 理 人：王金鑫

【老兵档案】

　　管国桂，1928 年生，江苏省滨海县人。1945 年参加新四军，1946 年加入中国共产党。曾任新四军第 2 师第 6 旅第 16 团第 3 营营部通信班通信员，华中野战军第 10 纵队第 6 旅第 16 团第 3 营营部通信班通信员，华东野战军第 12 纵队第 34 旅第 100 团第 3 营营部通信班通信员，第三野战军第 34 军第 102 师第 305 团第 3 营通信班通信员，南京警备司令部通信班副班长，空军第 5 师军械兵、军械师、副连长等职。曾参加淮南保卫战、涟水保卫战、淮海战役、渡江战役等，获三等功 1 次。1955 年，被授予少尉军衔，后晋升中尉军衔。1958 年转业回乡，先后任副主任、新河大队书记、公社党委委员和公社办公室主任等职，直至退休。

1　克服对战争的恐惧

　　我为了讨生活，很小的时候便和大自己八九岁的大哥逃荒到了安徽的洪泽湖地区。1945 年四五月份，我在盱眙、泗洪参军入伍，加入了淮南新四军第 2 师师长罗炳辉率领的部队。当兵后，部队发放我一把七九步枪、头十发子弹、一个手榴弹、一套灰布夏季军装、一双老百姓做的布鞋和一副绑腿。我的大哥对此很支持。此后，我的大哥独自流浪到了苏南溧阳。我则在第2师第6旅第16团第3营营部通信班任通信员，随部队活动于安徽的盱眙、六合、天长地区，转战于张家岗[1]、自来桥、火烧桥等地。

当时的通信班里一共有12个人，主要负责跑步送信、传达口令。每次作战时，班上要有6名通信员跟在30多岁的营长、安徽人张民庆身边，以随时向3个连的连长传达命令。营长张民庆会根据战场形势，随时向各连传达进攻、固守或撤退的命令。所以，我们班上有时会是好几个人，甚至是所有人到同一个连去传达命令。第3营的各个连长听到命令后，便会立即按命令行事。也就是在传达命令的过程中，我认识了第9连的陈连长。

当兵后，没有经过集训，我便跟着部队在名叫自来桥的地方第一次与日本鬼子作战。当地因有一座坐落在山涧小溪上的桥名叫自来桥而得名。虽然是一场小仗，但是，在战斗中，我与日本鬼子之间，面对面相隔仅几十公尺。原本我并不知道打仗会死人，当战斗结束后看到死人，我感到了害怕，我的班上12个人只剩下我1个人。但是，我意识到既然自己已经当了兵，那么打仗时别人冲锋，自己也应该跟着冲。在之后的战斗中，刚开始的时候我还感到害怕，但打着打着我便不知道害怕了。

■ 2 参军不代表入党

就这样三四个月后，日本投降，抗战胜利，但是当地少数日本鬼子仍未投降，我随部队与日本鬼子一直作战到10月份。起初我以为自己当兵，便是参加

---

[1] 今滁州市定远县境内。

了中国共产党，但后来教导员、安徽人郭崇庆党代表组织找我谈话，问我："愿不愿意入党？"我说："我不是已经参加中国共产党了！怎么还要入党？"教导员向我解释说："参军不代表入党，中国共产党是一个组织。"于是我表示愿意入党，经过组织上一年左右的考察后，我在教导员郭崇庆的介绍下，于 1946 年八九月份在盱眙县加入中国共产党。原本教导员告诉我有三个月的候补期，但是当时部队在与国民党的作战中，一直在转移，活动于盱眙、天长、六合一带，直到四五个月后，才由教导员召开营部党支部大会，我在营部十几位老党员的见证下正式入了党。

1946 年冬，我随部队前往涟水，准备包围涟水。在过黄河上浮桥的时候，我遇到了自己家以前的邻居项声才，他是老八路。我们两人虽然在不同的部队，但都是前去保卫涟水。到达涟水后，我随第 3 营修建了一个月的工事，在涟水西边十几里的第一道防线张渡进行防守。战斗爆发后，我所在的第 3 营第 9 连在一天下午便被打光了，只剩几十人。我随部队同敌人打了三天三夜，部队基本被打光，于是我的邻居项声才便误以为我牺牲了。项声才回家后，便将我当兵和牺牲的消息告诉了我的父母，于是我从小定的娃娃亲被取消，自己家也被定为烈属。

3　重返淮南，血战长山

1947 年，为策应刘邓大军在大别山作战，我随所在的华东野战军第 12 纵队第 34 旅第 100 团[1]于 1947 年 11 月重新进入安徽淮南地区作战。到了

---

[1] 即原新四军第 2 师第 6 旅第 16 团。

1948年2月，已任第12纵队司令员的老旅长陈庆先[1]亲率第34旅第101团、第102团也进入了淮南。此后，我们第100团在十里长山[2]山顶上与位于山腰的国民党的一个团进行对峙。当时第34旅拟定第101团和第102团从后驰援形成包围圈，准备彻底消灭国民党的这个团。我们第100团同国民党军从早上一直打到下午，原本按照计划包围圈已经形成，就要达到预定目的，但是打到下午，我们从山顶发现敌人应该不止一个团，一个团按道理只有两三千人，但是山下竟有一万人。

于是，营长命第8连派一个排的战士下山去抓一个俘虏上来。当时两军最近相隔20多公尺，所以很容易便抓到了一个俘虏。经过讯问，我们才得知原来昨天夜里青年军第203师的一个旅的兵力从安徽前来增援，加上原有的一个团，山下的国民党军共四个团一万余人。而我们第34旅只有三个团，想要消灭敌人已几乎不可能。但是，当时山上只有我们第100团第3营一个营在固守，两旁部队都在几十里外。于是，营长张民庆和教导员郭崇庆一合计，认为目前情况已经很危险了，两人决定采取先声夺人、虚张声势的策略。

之后，教导员郭崇庆带着我坐到了山边的石头上，告诉山下的敌人他们已经被包围，想要以此吓退敌人。但是当时两方相隔只有二三十公尺，很危险，我对郭崇庆说："教导员，敌人会打到你的！"郭崇庆勇敢地说道："你怕什么！什么事没有。"之后仍继续喊。然而，就在这时教导员郭崇庆被敌人击中脑门，我立即将教导员背起，连拖带背地送往不远处的营部。营长看到时教导员已经牺牲，而当时已经到了预定进攻的时间，于是两旁的第101团、第102团立即从后

[1] 陈庆先(1908—1984)，原名陈长发，湖北黄陂人。1932年参加中国工农红军，1933年加入中国共产党。曾任中国工农红军第4军排长，新四军第2师第6旅第18团团长，新四军第2师第6旅副旅长、旅长，华中野战军第10纵队兼苏北军区司令员等职。1955年被授予中将军衔，获二级八一勋章、一级独立自由勋章、一级解放勋章。
[2] 今盱眙县境内。

面进攻敌人,而敌人进攻山顶已经一天,仍久攻不下,于是国民党军便全线溃退,退往盱眙。原本这场战斗中,我们第 34 旅可以至少消灭敌人一个团,但是只消灭了一千余人,而我们自己也付出了沉重的代价。

4 转战淮南,警备南京

第二天,国民党军共 13 个团前往十里长山,准备围攻我们第 34 旅。由于部队携带的物品过多,没能提早转移。于是,旅部同第 101 团、第 102 团立即向津浦路转移,我所在第 100 团留下来与敌人的 13 个团周旋在六合地区的大山里。在与敌人周旋 40 多天的过程中,我们没有补给,忍饥挨饿。甚至有一次,我们被敌人围困在六合的一座大山中,由于火炮过重,只得将其埋在了山里。我们每天都与敌人作战,一天要打好几仗,最终第 100 团整个团被打散,只能以营为单位。就这样,在与敌人周旋一个多月后,国民党军认为我们第 100 团大部分已被消灭,便放松了包围,最终我随部队在三次下山都失败后的第四次突围中,突出了国民党包围。

此后,我随部队参加淮海战役,跟随部队攻打邳县。打了一天一夜后,结束战斗。而后部队转战邳县南边,在邳县驻扎了两天。淮海战役结束后,我所在的通信班的武器都换成了汤姆逊冲锋枪。之后,我随部队攻打伍佑、便仓等地。1949 年 2 月,中国人民解放军全军整编,我被编入第 8 兵团第 34 军第 102 师第 305 团第 3 营通信班,随部队从镇江西边的十二圩渡江至句容。4 月 25 日攻占句容后,我随部队驻扎在汤山[1]。之后,我所在的第 34 军改为南京警备部队后,我调至南京警备司令部通信班任副班长,仍负责跑步送信。

---

[1] 今南京市江宁区境内。

5 跟苏联人学修飞机

1950 年 9 月,空军第 5 师在徐州成立后,我调至空军第 5 师,在徐州担任军械兵。苏联派了一个师飞达徐州后,我跟随苏联人在伊尔-10 飞机上学习。当时,苏联人讲话我听不懂,他们先示范,再由我实践操作。那时,一架伊尔-10 飞机的地面部队由机械师、机械员、机械兵、军械员、军械兵和特种设备携带员组成,我负责维修检查和护理飞机上的火炮、机枪、炸弹、照相系统、瞄准系统、信号系统。

飞机上有 2 门 23 厘米的机关炮,3 挺 12.7 口径的机枪,2 颗 100 公斤的炸药,每门炮 150 发炮弹,共 300 发。飞机飞行时,乘坐着一名飞行员和一名射击员,飞行员操纵飞机和机关炮,射击员负责机枪以保护飞机。朝鲜战争爆发后,苏联人坐火车离开,将三十几架伊尔-10 飞机交由空军第 5 师使用。11 月,我随部队调往东北参加抗美援朝,我和部队最初驻扎在东北的沈阳北边的开原机场,之后驻扎在吉林九莲沟机场。

到了 1953 年,部队的飞机换成了喷气式的米格-15。此后,我随部队调至大连瓦房店机场,担任管理 4 架飞机的军械师。我由于长期保证了飞机安全,立了三等功。当时部队的军官每年有 40 天的休假期,部队里流行谁的家乡好玩,休假的时候,大家便互相一起去玩。当时,正担任军械兵的战友李泽功家住在北戴河,那里有风景区,于是我与战友们打算一起去北戴河,但是去的人太多,无法容下那么多人,我便没有去,就在部队里休假。

休假的时候,我与师里招待所的一位招待员确立了恋人关系。但是,我的战友李泽功回北戴河后,觉得自己的姑姑和我很合适,于是回到部队后,便把自己的姑姑介绍给了我。我说想请李泽功的姑姑到瓦房店见一面。当时李泽功的姑姑初中毕业后,在北戴河北边的昌黎县留守营做幼儿教师。家中姐妹三人,还有一个大哥,父亲是农民,哥哥是税务所所长,姐姐则在在秦皇岛。

双方见面后,女方觉得我身体健康,为人忠厚老实,于是我们两人便在一起了。但是,当时我的战友帮我隐瞒了年龄,有人便对李泽功的姑姑说:"你怎么跟了这么个老头子!"李泽功的姑姑说:"谁说的,你看看,哪里像老头子了!"1956年年底,28岁那年,我与18岁的妻子在部队里结了婚。结婚后,我们两人住在招待所。

6 回乡担任乡干部

由于部队认为我很有前途,我曾先后三次被派往文化学校学习文化。婚后的1957年,我第三次前往东北空军文化速成中学学习,然而,到下学期底反右派运动兴起,我们被迫停止学习。1958年3月份,中央认定学校是右派学校,当时学校里大部分人都是文人,结果学校里有数十位文人被定为右派。最终,中央下令,上至校长和政委,下至炊事员,集体转业到北大荒垦荒生产,不允许回原部队。不去北大荒的人一律作为退伍军人回家,已是副连长的我认为自己没有错误,于是作为退伍军人转业回到了滨海。

一年后,我的妻子来到滨海。此后,我与妻子共育有三个儿子与一个女儿。我回家后便参加劳动,乡长王宝贵先后三次请我到大队任职,但是我都谢绝了。1958年之后体制改革,当时几个乡成立一个公社,几个大队又成立一个管理区,王宝贵再次请我任职,于是我出任了副主任。半年后,管理区解散,重新划为各个大队。我被安排至新河大队做了16年的大队书记,后调至公社做了公社党委委员和15年的公社办公室主任。回忆往昔战斗生涯,可以说共产党之所以能胜利,靠的就是老百姓的支持! 同时,我也很庆幸打仗时,伤皮没伤肉,没有事。

满身伤痕
见证对党
的忠诚

管保俊

"就算是死也不能背叛我们的组织！"

★ 口 述 人：管保俊
★ 采 访 人：王骅书　张鹤军　尤劲峰　蒋媛媛　彭华伟
★ 采访时间：2017 年 7 月 11 日
★ 采访地点：江苏省盐城市响水县六套中心社区引河集村
★ 整 理 人：蒋媛媛　王金鑫

【老兵档案】

　　管保俊，1923 年生，江苏省响水县人。1941 年参加革命工作，同年加入中国共产党。曾任镇交通指导员、盐阜区滨海县八滩区副指导员等职。抗战时期从事地方行政与教育工作，曾参加八滩王桥战斗。

1　教书育人，听党指挥

　　我叫管保俊，18 岁开始教书，并秘密入了党。当时我家里共 5 个弟兄，我有两个哥哥和两个弟弟，六弟走得早。那个时候我们家算是有田的，但比较少，一共就一亩六分多地。因为家里人口多，又遇上战乱年代，收成不好，所以生活总是很困难。

　　小时候虽然生活困难，但我一直很喜欢读书，算起来我读了有 12 年呢，那年头我就算读书多的了。第一次教书我才 18 岁，教了一段时间就停下来了。我 18 岁就入党了，在镇里做交通指导员。那时，区里、城里都有带枪的、当兵的，随时都会有情况发生。我至今还记得入党介绍人的名字，一个叫郭明哲，另一个叫纪有深,他们都是地下党,在后来的战斗中都牺牲了。1942 年我 19 岁的时候,被组织上介绍到八滩去,随后就在八滩一边教书一边工作。教书的时候,负责上课、上操的全是我,虽然辛苦,但是教书育人也是自我价值的一种实现。

我们当时的区长叫夏百,是一名红军战士。后来负责的闫维华同志是科长,谭军是正指导员,我是副指导员。记得一年半之内,我一直按照组织调动被派往各个地方开展工作,后来被调到八滩纪委,算是做地方工作了。我参加过八滩王桥战斗,那是我记忆犹新的一场战役。那时候,我们打了三天三夜,土墙头、土大炮都往外喷火,战况惨烈,我们用大车堆上湿棉被朝外推,战士以大车为掩护向外进攻。那个时候最缺少的就是人手了,随便你是什么人,只要你肯参加工作、听从指挥,我们都要。

但是,当时入选的战士只有两种选择,一种是上前方,另一种是保后方。两种任务不仅非常艰巨,还要相互之间有良好的配合,这对刚入伍的战士们无疑是巨大的挑战。还好,因为是抗日打鬼子,中国人的心是连在一起的,在战场上没多久就磨炼出来了。最终,我们熬过了筋疲力尽的三天三夜,取得了王桥战斗的胜利。共产党是人民的代表,不是资本主义的代表,我们没有钱,不靠钱来拉人,战士们来打仗也不是为了钱,但是对参加战斗的战士们也象征性地发两三块钱补贴,所以共产党对战士是负责的,是为人民服务的。

2　严刑逼供,宁死不屈

1943 年,在靠近现在滨淮农场的铁道底下,我被敌人抓住了。被抓的场景我记得很清楚。当时还是早晨,天刚蒙蒙亮,我正在家吃早饭。突然,我的同学带两个人来就把我逮去了，把我抓到牢里就往我的鼻子、眼里灌辣椒水。辣椒水呛得我什么知觉都没有了。我被关了十天，十天里遭受了许多非人的折磨，我当时就感觉自己已经不行了，身体垮掉了。

我那个时候还是个小伙子，血气方刚，意志也坚强，即使关在里面也跟他们作斗争。抓起来的时候我被关在三套，我当时就想好了，就算是死也不能背叛我们的组织！幸亏当时是伪军抓的我，如果被日本人抓住，那是怎么都逃不出来的，日本军队都是没有人性的，会想尽办法把人折磨死。我因为当时不在部队上，受了那么多刑，也没有交出敌人需要的线索。伪军看我没有什么价值，看管慢慢松了，所以我才有机会编了一个理由，骗过看守我的伪军放我出来，不然也没有后话。但是这短短的十天遭遇让我的身子都废掉了，在家瘫了八年。

3 临危不乱，勇敢脱身

在响水口工作的时候，印象最深的就是"躲猫猫"，也就是躲敌人。那时候我分文没有，家里特别穷，所以虽然参加了革命工作，我也抽时间打短工帮助补贴家用。我还记得，那时我躲在三姨奶奶家为人家扛米卖。人家扛米能扛 100 斤，我从小瘦弱，一次只能扛 50 斤，坚持下来也不容易。从早扛到晚，回到家就像散了架，腰酸背痛，难以入睡。

有一次特别惊险。我把手枪带进县城，进去时卡口不查，但是出来的人要一个一个搜身。当时我穿着坏布鞋、坏大褂子，脸上全是烟灰、烂泥，一手拿瓶酱油，一手拿着糕，还买了条云龙香烟。得亏碰到下雨天，我灵机一动故意滑个跟头，卡口就没仔细盘查我，只是把我一拉，就让我过去了，我抓住机会赶紧逃走。

一走走了六七十里,到了一个叫柴塘沟的地方,又有一个卡口的人说:"你让我翻一翻[1]。"当时卡口边上就站着日本鬼子。我心里想,这是想要我的钱喽,让我贿赂你们放我走。我是穷人,也没有钱给他,他就开始搜我的身,我一看不好,情况不妙,心里就想好了对策。他一摸,摸到我别在腰间的手枪,脸色都变了。说时迟,那时快,我赶紧掏出枪,一枪打到他的小肚子上,把他推进柴塘后飞奔而去。当了兵的人脑子要灵活,还要有点真本事,人不灵活又没有本事,在战争年代会死得很快。我遇到过许多危险情况,最终因为自己有一点本事,才能够化险为夷。

4 死里逃生,无怨无悔

我家在新荡,靠农场那边,解放战争的时候就在老家休养。1949 年,新中国成立以后,我没有任职,还在家休养。组织上曾经安排我做美术教师,但是我因为身体不好,不能长时间站立,所以不能教书了。我的身体是当年落下的老毛病,不能站,一站浑身疼。有时候想想我这满身的伤痕,也算是我为祖国作贡献的见证吧!

我教书的时候是 18 岁,学校负责人看我是识字人,就安排我去教书了。当时没有人知道我是地下党,我们参加地下党工作是极其保密的,谁都不让知道,即使是家里的亲人也不让知道,就是到现在也没人知道。后来书不教了,我就跟组织转移了。

当年的敌情非常紧张,工作也特别多,不仅要做好分内的事,还要服从组织

---

[1] 方言,意为"搜身"。

安排,晚上帮老乡们点麦地,农忙季节帮老百姓种田。因为我读过书、写字好,所以从事文字工作比较多,组织也注意保护我。回想当年参加革命,我死里逃生一共有 13 次,其中落在敌人手里就有好几回。好在我严守了党的机密,头脑还比较活,运气也不错,最终都能转危为安,死里逃生,回来继续为组织工作。

忠心耿耿
坚守后方

樊金邦

"那个场景70多年过去了仍历历在目，一辈子也忘不掉。"

★ 口述人：樊金邦
★ 采访人：王骅书　王金鑫　陈于可慧　卢珊　蔡雪纯　周贤楷
★ 采访时间：2016 年 7 月 17 日
★ 采访地点：江苏省盐城市滨海县东坎镇
★ 整理人：王金鑫

【老兵档案】

　　樊金邦，1926 年生，江苏省滨海县人。1945 年 7 月加入中国共产党，同时正式参加革命工作。曾任盐阜区滨海县模范班班长、基干民兵班长、盐阜区滨海县七套区樊集村村长、华中第五分区滨海县新民乡乡长、滨海县百货公司副经理、粮食局樊集粮管所支部书记兼党委委员、商业局输运股股长、公安局东坎镇派出所指导员等职。

1　杀鸡入党，歃血宣誓

　　1940 年 9 月左右，共产党、新四军来到滨海地区。当时的政策是一家有两个儿子不动员参军，有三个儿子才动员。我是家中独子，党和部队考虑到如果我在战场上牺牲了，我们樊家就断后了，无法向我父母交代，就没有让我参军入伍。加之地主反动分子还有势力，当时党的政权不稳固，所以我一直在地方工作。

　　1943 年春天，也就是 18 岁那年，我当上了中共滨海模范班的班长。第二年,任基干民兵班长,使用的是从地主那里夺来的长枪。1944 年陈家港战斗爆发时,我带领民兵战士们负责在中山河[1]附近的大有搭建船桥,以方便新四军第 3 师第 8 旅第 24 团渡过水深的中山河。由于我的"八父八母"[2]为人纯洁,家庭出身贫苦,所以我于 1945 年 7 月经七套区的区委张雨声介绍加入中国共产党。宣誓入党时,由于地方政权不够稳固,于是我们这批入党的党员采取了歃血盟誓的方法,大家面朝党旗,双膝跪地,右手握刀,左手抓鸡,宣誓:"坚决听党话,跟党走,不出卖,不叛变,不自首,不投降。"然后手起刀落,杀鸡取血,共饮鸡血酒并发誓:"违誓者犹如此断头鸡一样。"当初宣誓入党的仪式今天看起来虽然并不可取,但是那个场景 70 多年过去了仍历历在目,一辈子也忘不掉。

2 废乡划村,担任村长

此后,上级发放委任状,正式任命我为盐阜区滨海县七套区樊集村村长。当时的村已经是民主政权,尤其是 1946 年实行废乡划村,撤销了国民党的乡后,村取代了过去的乡。村里是由村长、指导员、财粮员和中队长四位干部和农会会长分管各项事物。村长和指导员后来定为二十四级干部,财粮员定为二十五级干部,中队长定为二十六级干部,农会会长不算干部。从县长到村长都有委任状和印章,由上级统一颁发进行任命。

我作为村长,主要负责动员村民参军。一般由三到五人组队前去动员贫苦农民子弟参军,每年春季动员一次。当时的原则是一家有三个儿子的,动员符

---

[1] 位于江苏省北部,别名新淮河。
[2] 八父:祖父、父亲、伯父、叔父、姑父、外祖父、舅父、姨父;八母:祖母、母亲、伯母、叔母、姑母、外祖母、舅母、姨母。

合年龄要求的去一个当兵。每个乡和村都有规定的征兵名额,当然,当时也存在着逃兵役的现象,我们七套区里就有一户姓刘的外来的人家通过自残的方式来逃避兵役。但是,这种情况在我所在的新民乡中从未发生。

3 升任乡长,在家结婚

1946年,我被任命为新民乡[1]的乡长,下辖樊集、陆塘、刘庄、许里四个村。身为乡长,我不仅要为新兵牵毛驴戴红花,送新兵到部队,还要安排村中的代耕队为军属代种、代耕以及代收。部队后勤人员携县里发放的征粮证和征草证找到我们新民乡,我就要在乡里为部队提供公粮和公草。

乡里根据"好地多征,坏地少征"的原则,将土地分为各等进行征收,制作"草串"[2],征收后盖章。依照夏天征收小麦、秋天征收玉米的惯例,县里会根据部队的人数,下达征购粮食的指定数额。我们将小麦和玉米就地加工,在固定的磨坊中,采用大磨用驴拉加工、小磨人工加工的方法,日夜不停,磨成粉后,由部队的司务长来交接带回部队。当时,新民乡没有公安司法机关,上级如果下来抓人,也要经过我签字后才能抓走。

1947年,22岁那一年,经亲戚做媒、父母做主,我同从未见面的妻子顾凤英结婚,那年她19岁。我家送了四件布料给她做嫁妆,六块银圆作为聘礼,由媒人送过去。两家都是樊集人,所以很近。当天,婚礼在家里举办,顾凤英穿着新衣,头顶盖头,用牛车送到我的家中,由父母双全的全福奶奶牵到新房,由我亲

---

[1] 又名玉龙乡,因是解放战争时期革命烈士刘玉龙的故乡,樊集村人刘玉龙牺牲后改名玉龙乡,后撤销行政区划,划归今盐城市滨海县滨淮镇。
[2] 即每户该交的粮食数目单。

自揭盖头。1948 年,我的长子就出生了。此后,我们两人先后育有一儿两女。

3 组织民工,支援大军

淮海战役爆发后,地方一次性组织了长备民工支援前线,分为担架队和运输队。运输队用小车运送粮草和弹药上前线,小车由滨海出,射阳出挑夫。由我的堂哥樊金发带队,组织民工前往淮安兴安镇集合,组成班、排、连,由区政府组织安排分工,时间长达一年。在这次民运中,有人逃跑了,有人则火线入党,我堂哥就是火线入党,回来后担任了区委委员。

1949 年渡江战役期间,地方政府也临时组织了民工运送粮草,用船运草,用小车运粮。当时,我正在七套区工作,负责民政。那时,区里有司法区员、社会区员[1]、民政区员和文教区员。县里设有督学,负责管理文教。大军过江时,地方准备了三套班子,等到江南解放后,立即派往南方各地担任相应的职务,组成解放区的干部队伍,当时我没有被派往江南,仍在区里工作。

4 解放后的生活

1950 年 5 月,我调至滨海县百货公司,1952 年升任副经理,1967 年调至公安局工作。"文化大革命"中,我被认为是当权派,被调到粮食局樊集粮管所任支部书记和党委委员。"文化大革命"结束后,我又先后调至百货公司和花纱布公司工作。

---

〔1〕后称公安区员。

　　几年后，我先后任滨海县商业局输运股股长和公安局东坎镇派出所指导员，那时连自行车也没有，只能步行去上班。之后就离休在家。2014年，我妻子顾凤英去世了，她是86岁走的。我们俩一生中，除了曾经闹过一次矛盾外，一直感情很好。现在我同我儿子生活在一起，生活很安定。

一次战斗
负伤七处

樊　辉

"在那个时候，我们很想打仗，几天没打仗就浑身不舒服。"

★ 口 述 人：樊辉

★ 采 访 人：王志龙 张英凡 蔡青 李梦 袁子安 张楚昀 郑敏

★ 采访时间：2017 年 7 月 24 日

★ 采访地点：江苏省无锡市 73011 部队无锡第一干休所

★ 整 理 人：周云英

【老兵档案】

樊辉，1926 年 12 月 28 日生，山西晋城县柳树口乡大掌村人。1943 年 9 月参加八路军，1945 年 5 月加入中国共产党。参加过锋头、冯封、河西和温县等战役战斗。解放战争中参加了解放垣曲、北晋、陵川、安阳、太原、扶眉和秦岭地区的战役战斗以及汶川剿匪；解放后还参加了抗美援朝战争中的五次战役、东线作战和夏季反击战等。先后担任过第 181 师师长，第 60 军副军长。曾荣获三级解放勋章。1983 年离休。

---

1 孤儿的苦难生活

1926 年 12 月 28 日，我出生在山西晋城县柳树口乡大掌村。父亲弟兄 5 个，他排行老四，母亲姓赵。在我 4 岁时，父亲就去世了；12 岁时母亲又去世了。我是家中独生子，因此也就成了孤儿。大伯在徐州一带做生意，家里条件比较好。大娘是徐州人，说话我们听不懂，所以来往很少。二伯家勉勉强强能够维持生活。他家里有两个姑娘和两个男孩，其中大姑娘已出嫁，大男孩在徐州跟着大伯做生意,二姑娘还很小,家里还有一个小男孩。三伯家里也有两个姑娘和两个男孩。在我们还没有分家的时候,我经常到二伯家,因为二娘比较诚实,与我母亲的关系也比较好。

抗战开始的时候,大掌村有不到 40 户人家。村里的山上有梯田,但是完全靠天收,产量很低,勉强维持家庭的吃饭生活。我记得每天吃的早饭是小米打下来的米糠,很少能够看到中午有人吃小米。晚饭喝稀饭,稀饭倒出都可以照见月亮。这就是当时的生活。

村里的其他经济来源主要是靠养鸡,每家有三四只鸡,鸡蛋用来换油、盐和染料等物品。村里也没有地主,都是农民耕种自己的地。我们家因为大伯和堂哥做生意,属于中农,经济条件算是比较好的了。

母亲在世时,我上过几年小学。学校没有名字,就在村子里唱戏的戏台下面上学读书。小学一共有十几个孩子,老师是本村一位姓樊的老人。我学完了《三字经》《百家姓》和《千字文》等五本小书,然后还读了《大学》《中庸》《论语》(上、下)《孟子》(上、下)和《诗经》。那时候只知道死读书,不知道什么意思。白天老师坐在桌子后面,我们背朝老师背诵书。老师一听有人背错了,就拿大烟杆子的铜头打在学生脑袋上,很快就鼓出一个大包。我们回家以后也不敢跟家长讲。老师经常打学生的板子。老师的板不是一般的板,是用花椒树制成的板,打起来很痛。有一次,我们几个学生把板藏到外面,老师找到后就打我们。还有一次,晚上背书,外面天气很冷,我们就跪在外面想白天的内容,想不起来他又打我们板子。我平时还要放牛和干其他事情,读书是断断续续的,一直读到 12 岁母亲去世。

母亲去世后,我就到了二伯家,但是没有上学,待在家放牛。在我 15 岁那年,二伯、二娘先后去世,我大哥用土葬办的丧事。之后我就到大哥家里住了两天,后来没办法又到三伯家。这样三伯家里的孩子就更多了,生活很困难。三伯去世后,三娘怕我拖累他家,到秋天就跟我分家了。我分到一间房子和两斗带壳的谷子。一斗有 30 多斤,把壳子脱掉后,真正能吃的不多。就这样,我无依无靠,独自一人生活,有时需要到处讨饭吃。有一年闹饥荒,村里人乱吃榆树皮和树叶,吃了以后身体浮肿,因为没有医疗条件,很多人都死掉了。我住的房子在街上,早起沿街一看,一夜之间死了很多人。死得早还有人抬,死得晚都没有人抬了。我爷爷 70 多岁,是一个堂嫂在照顾他。后来我听说他在临死之前还在喊:"给我一口米汤喝!"当时村里饿死的人非常多。

2　挑水上山给日军用

1941 年日本人来到我们这里,他们住在靠北面的锋头、南岭和潘村一带,距离高都很近,离我们村大概有一二十里左右。在日本人占领后,原来的政府都变成了为日本人办事的伪政府。日军不直接住在晋城里,而是从林漱口到南岭、锋头和井场这一条线派军驻扎。从战术上来讲,就是不能让城里孤立起来,要有外围防御力量。他们大多住在山上,在山上修大碉堡。日军不住在山下平地,一是因为没有电线,二是很容易被国民党军队攻打。

日军征派中国民工用木桶挑水向山上送,一般一个村两三个人,我也挑过一次。山下两三里有一条河,我们把木桶灌满水,然后经过南镇上山,上山有一条石头小路很陡峭,挑一会儿就要休息,中间要休息几次。水桶一碰到石头晃晃荡荡,很容易洒水。我们也不敢洒出太多水,怕被日本人打。我们到了山上的据点,站岗的日军怕水里有毒,就让我先喝一口水,没有问题再挑进去。我进到碉堡里,看到日本人扛着枪戴着钢盔走来走去。有很多老百姓在里面施工挖战壕。山上有好几个碉堡,一个碉堡有三层楼那么高,一般是山上、山腰和山脚各一个,围成三角形。我倒了水以后,赶快往山下走。

我们村虽然没有受到日军残害,但是有一次,四五个皇协军到我们村里来抢粮食,正好遇到一个童养媳和她婆婆用篮子从地里拐一些地瓜回来,当她们走到距离皇协军不到100米时,皇协军开枪把她们打死,抢走了地瓜。

3 趁送公粮参加八路军

1943年9月,我和四哥两个人给八路军送公粮。我挑了4斗,有100多斤。我们走了大概10多里地,就来到我舅舅所在的神直村路口,实在是走不动了。我就跟四哥商量说:"你把粮食送过去,我走另一条路去秋树坨村找部队去当兵。"他同意了。秋树坨南面靠近河南焦作,我知道那里有八路军的决死团[1]。我一个人走了20里地去当兵,这是为什么呢? 因为当时家里的粮食不够吃,我想冬天去当兵,夏天回家种地。到了秋树坨,一个看似干部的人对我说:"当兵可以,但要看看你行不行,跑个200米给我看看。"因为只有跑得动他才要你,跑不动就不要你,所以我拼命地跑了200米。他见我不错,就留下了。我被编入了八路军太行军区第8军分区决死第7团的第7连第7班,班长是赵富奎。当时的第8军分区驻扎在山西陵川、晋城和河南焦作交界处的一座大山的山沟里,决死第7团的团长是郑其贵,后来是陈一鸣。

我刚进部队的时候没有发枪,就发了一套灰色衣服,衣服的臂章上有"八路"两个字。那时候的训练,一是爬山跑步,二是投手榴弹,三是练习刺杀。手榴弹主要是太行山黄岩洞兵工厂制造的,一个人有三颗手榴弹。当兵一年后我

---

〔1〕"决死团"原属1937年8月中共和阎锡山合作组建的山西青年抗敌决死总队。1939年12月阎锡山发动反共高潮后,决死队编入八路军序列,成为中共全面掌控的军队。

才有枪,是汉阳造。我们用布缝包,在皮带上吊两个包,一个装着十多发子弹,另一个装着刺刀。

4 两次夜袭伪势力

我入伍以后,基本上分散在敌占区打游击。其中印象深刻的是破坏铁路,打伪政府。那时候破坏铁路没有炸药,就十几个人一起把铁路的木头翻掉。沿着铁路附近有很多碉堡,主要是伪军驻守,重要城池是日本人把守,我们打伪军多。1943年10月份,我打的第一仗是在晋城的锋头。锋头是晋城到陵川必经之路的一个要点。日本人在此建立了碉堡,外面是伪军站岗放哨,日本人在碉堡里面。碉堡有大有小,有高有低。低碉堡是从地下往上挖,地表上露出来七八十公分,碉堡里面还是很坚固的。那时候,我们吃过晚饭就从秋树坨村出发,走了三四十里地去夜袭。我们没有什么武器,每人只有三四个手榴弹,第4班和第7班各一挺机枪,我帮助机枪班扛枪。这场仗我们没有打进碉堡,因为碉堡有铁丝网和战壕,只偷袭了外围的伪军。我们先侦察清楚了情况,趁伪军睡觉的时候抓了三四个人,其他伪军都跑掉了。此外,我们还弄了一些菜和粮食。我方没有伤亡,打完仗以后,又回到秋树坨。

在河南焦作一带有日本人的重要据点,也有很多伪政府。1944年,我们夜袭焦作附近的冯封伪政府,这次主要是去拿粮食。我们带上枪打进去以后,有些伪军跑掉了。他们的门关着,我们进不去,就搭"人梯"翻墙进去把门打开。山上的碉堡里都是伪军,我们就从敌人的碉堡中间插进去打。天快亮的时候,伪军准备夹击我们。我们撤离时有点急,把茄子看成猪肉,拿着茄子赶快往山下跑。那一天晚上下大雨,由于穿的是草鞋,很快都磨烂了,石头扎着脚很痛。

5 边生产边打击敌人

山西晋城的南渠村地处一个大平地,我们连队在这里种地,自给自足。当时山西比较穷,老百姓没有粮食,我们靠自己种地搞生产,没有老牛拉地,就靠人拉。两个人在前面拉着竿,后面一个人按着锄头耕地种苞谷。到了吃午饭时间,我们采些野菜,拿回去用开水烫一烫,再放些盐就吃。那时候炊事班就背着一个行军锅,又不带粮食,每个人一个月就发几两咸盐。我们打游击、睡觉、吃饭等都是以班为单位进行的活动,以班为单位轮流做饭。小米饭煮熟后的锅巴,谁做饭就归谁。一般是把锅巴存起来,等到饿了吃。我们一天到晚基本上就是吃饭、睡觉、走路和打仗。如果有空闲的话,也打打棒球。

在那个时候,我们很想打仗,几天没打仗就浑身不舒服。1945 年春的一天,日本人从晋城经过高平往长治,然后撤向太原。这时候我们侦察清楚了情报,晚上在河西镇伏击。但是,等了一晚上日本人也没有来,第二天早上八九点钟他们过来了。他们主要是日军的马车运输队,有二三十个人。我们是一个排,有 30 人左右。战斗开始后,我们先用手榴弹和步枪打。日本人没有预料到这个情况,仓促应战,最后看抵挡不住了,就丢下马匹和车子撤到山上。有两个日本人没来得及跑上山,就被我们打死了。这次伏击我们缴获了两把三八式步枪,还有一些马匹和运输用的车子。

6 从强攻转向围困敌人

1945 年 8 月到 9 月间,我们攻打河南的一些敌人据点。在温县和怀庆等地驻扎了李端章的 1 个旅 3 个团的伪军,他本人住在怀庆。我们第一仗打的是温县,这里驻扎了他的第 82 团和 1 个小队日军。当时我们决死第 7 团有 5 个连, 1 个连 100 多人。我们晚上出发,行军几十里地,记得温县城外的地里还长了成熟的棉花。温县的县城是土城墙。我们的第 2 连和第 3 连搭梯子攻城,这时候完全靠机枪班、投弹班和突击班。先是机枪开火射击,然后投弹班上去往城内投手榴弹,接着突击班从西北方向架梯子往上爬,上去以后抓了三四十个伪军,其他敌人跑到南面的黄河滩了。

这次攻城很顺利,最后打日本人的碉堡,我们打了很长时间。日本人的高碉堡距离南城墙 300 多公尺,是原来的戏台子拆掉后修的,有 10 层楼高,直径五六公尺,外面有几间民房。还有低碉堡,露出地面不超过 1 公尺。还有战壕和铁丝网。我们第一次破坏铁丝网进到战壕,没有进到低碉堡。第二次进到低碉堡,但是没有炸药,就靠机枪和手榴弹,很快就被敌人打出来。两次进攻,我们部队伤亡很大。

我清清楚楚地记得有一天晚上,我们在一个小学里吃包子,连长宋民纯给霍青坚、卜信喜和我三个人下达了去破坏铁丝网的任务。我们把剩下的包子放在小学的抽屉里,约定明天早上谁没有死就回来吃包子。那天,前半夜下大雨,后半夜雨停了,我们三个人出发到达民房。民房靠近碉堡的地方有一个门,组长霍青坚叫我先出去,我第一个开门冲出去,躲到磨盘下面。组长第二个冲出去负伤了。卜信喜第三个冲出去就牺牲了。到了第二天天明,铁丝网还是没有被破坏,连长没办法,就开始发起进攻,把门板卸下来架在铁丝网上跳过去,进到碉堡里第二层伤亡了四五个人,又撤回来了。

最后,我们采取围困的办法,不让他们下来找粮食和水源。围困了他们 17 天后,通过新第 1 旅第 2 团打焦作时抓来的几个日本人去喊话。开始两边的日本人对骂,后来碉堡里面的日军答应投降。我们都在下面等,不久就听到碉堡里有人在唱歌,然后听到一阵枪声,突然间大火燃烧起来——被围的一个小队日本人都自尽了。

7 沁阳突击战中七处负伤

温县战斗结束后,我们到了焦作休整,部队由五个连扩大成九个连,编成了三个营,一个营有一个重机枪排。通过休整以后,1945 年 10 月份左右开始攻打沁阳。沁阳城有伪军的两个团,一个是李端章的伪军团,一个是河南地主的保安团。第 1 营打的是外围的泰山庙大据点,第 2 营打的是火圣庙大据点,第 3 营打的是东关据点。第 1 营第 2 连是打泰山庙的突击连,我是突击连的第 7 班班长。我们晚上沿着沁河堤上运动,到碉堡外围的民房里观察敌情,可以看到铁丝网和战壕,战壕里面有水,战壕后面是土墙,土墙上面就是碉堡。

我们偷偷用剪刀剪断铁丝网进去,战壕有两三公尺宽,就搭起竹板走过去。过竹板的时候由于人太多,结果一晃很多人掉下去。过去了以后,三个班搭竹梯子爬上碉堡。三个班长都是十几岁的年轻人,碉堡面积也不大。我们没有注意,不知道是不是踩到地雷了,我们几个人一下子都负伤了。我的腿上、背上、左腹下一共打了七个洞,战友们把我抬到野地里。我在那里冷得不得了,同班战士束凤祥给我盖了四条日本鬼子的黄毯子。天亮以后,我才被抬走。攻下沁阳以后,我到沁阳城里住院,住了两三个月。其实是炮弹把我打到地上,爬起来以后把脏东西带到伤口上,大腿伤口生脓严重。我打了破伤风针,后来怕感染,就把我送到城墙外的民房里。民房里一共有三四个伤员,他们都很年轻就死了。每天我的战友卢小宇给我送几个馒头,医生也不管药。因为我的伤口需要一些时间慢慢愈合。过了一段时间,我可以拄着双拐慢慢走动了,医生说我是捡了一条命。那时我喜欢吃凉粉，又没有钱买，就把身上盖的四条黄毯子全部换凉粉吃了。

解放战争中，我还参加了垣曲战斗、北晋战役、陵川战斗、安阳阻击战、太原战役、扶眉战役、秦岭战役和汶川剿匪。解放后，我参加了抗美援朝战争中的五次战役、东线作战和夏季反击战等。从朝鲜战场回国后，职务不断升迁，先后担任过第 181 师师长，第 60 军副军长。我曾荣获三级解放勋章，1983 年离休。

一腔热血保家乡盐城

颜飞

"热血男儿应该为国效力，驱除倭寇。"

★ 口述人：颜飞

★ 采访人：王骅书　张鹤军　尤劲峰　赵文静　徐彤彤

★ 采访时间：2017 年 7 月 15 日

★ 采访地点：江苏省盐城市建湖县蒋营镇

★ 整理人：吴念祺　王金鑫

【老兵档案】

颜飞，原名颜万富，1927 年出生，江苏省建湖县人。1943 年参加新四军，同年加入中国共产党。曾任区队通信员、武工队队员，建阳县总队苏海大队战士、班长，建阳独立团班长，盐阜军分区独立第 2 团班长，华中军区第 5 军分区独立第 2 团班长，华中野战军第 10 纵队第 84 团班长，苏北军区特务团班长，苏南军区特务团第 1 营第 1 连班长，华东高级学校学员，松江独立九营排长等职。曾参加盐城战役、涟水保卫战、淮海战役、渡江战役等战役。1953 年复员回乡。

1　国难当头，英勇参军

我叫颜飞，出生于盐城。小时候，我的名字叫颜万富，当兵以后介绍人给我改叫"颜飞"这个名字，希望我像雄鹰一样与敌人斗争，为国家作贡献。那会儿家里贫穷，尽管有六七亩田，但是家里人口多，每个人都吃不饱饭，又恰逢国难当头，我就觉得热血男儿应该为国效力，驱除倭寇。

1943 年，经人介绍，我参加了新四军第 3 师的武工队，成为了一名抗日战士。当时的许多领导我都记不清名字了，只记得当时的指导员叫朱世凯。当兵的时候，我刚 16 岁，因为家里穷，也没上过什么学。我去参军那天，没有家人陪伴，是独自一人过去的。朱指导员把我交给武工队时对我说："小颜子啊，你到武工队去，我这把盒子枪你带走！"我接过枪，心里沉甸甸的，手枪里面还装着 3 颗子弹。

进武工队是 1943 年，大约 7 月份，我就立即参加了战斗，到建湖去抓汉奸刘茂林和他的一个帮凶。这两个人当时在建湖坏事做绝了，枪杀老百姓，与小鬼子串通一气，坑害中国人。我记得抓他们的那天是晚上 8 点钟左右的样子，我们 6 个人慢慢地摸到建湖街上，我手里握着指导员给我的盒子枪，在向导的带领下，摸到了伪军的驻地。刘茂林是伪军队长，也是个大汉奸。我们看到伪军岗哨后，一下子冲上去，勒住岗哨的脖子，其余人径直冲了进去，当时屋子里有十几个人，他们吓得半死，被我们全部抓获，缴了他们的械。最后我们把刘茂林和那个帮凶押到大桥口给枪毙了。这是我第一次执行任务，记得很清楚。随后不久我又回到第 3 师，接着部队改编，又让我回到了建湖县，那个时候建湖县还叫建阳县，我在建阳县总队苏海大队继续当兵。

▌2 小小年纪，已是党员

我在进入部队之前就是党员了，是在地方入的党。因为当时我们区里领导斗地主的刘小三看我比较积极，便让我跟着他们打文书、印单子，也动员我入党。我想了想就同意了，当时我只有 16 岁。我的介绍人有三个，其中有一个是支部书记。因为条件艰苦，当时宣誓的时候没有党旗，就这样他说一句，我重复一句宣了誓。

入党以后，支部书记就把我带到区里，跟着他做小鬼。后来我又跟着指导员朱世凯做通信员，之后进了武工队。接着被派到建阳总队苏海大队做了一年的班长，那会儿已经是 1944 年了。当时我带领十来个人呢，每天带着他们出操、跑步，训练他们攻防战术、刺杀投弹。

3　游击战斗，解放盐城

我们那会儿打游击战，经常夜里摸黑到建阳鬼子窝边的炮楼下放枪，把他们引出来之后就打冷枪。鬼子不知道我们在哪，也不清楚我们有多少人，就都缩回去，躲到窝里不敢出来。晚上他们不敢出来与我们打，白天他们就出来"扫荡"。一般是八九个鬼子，带着很多和平军，出来就抢粮食，寻找新四军打仗。

1944 年二三月份，鬼子到乔庄"扫荡"，正好赶上我们出操，那一仗打死了我们十七八个同志。后来我们才知道，是汉奸告了密把鬼子引过来，还杀了十七八个老百姓，损失很大。1944 年 4 月份，我们向北奔高作，在高作打游击。那时候老百姓对我们很好，要吃饭就在老百姓家做，有的时候手里刚端上碗，敌人就来了，只能赶紧扔下碗转移。大米之类的粮食，都是炊事班每人每天轮流背一个七八斤重的小米袋子。

1944 年六七月，正规部队来了，建阳总队就被收编了，那年夏天之前就改名叫建阳独立团了[1]。后来部队越来越正规，仗也越打越大，1944 年的 8月[2]，我跟着建阳独立团参加了解放盐城的战斗。当时我在北门驻扎，我们一

---

〔1〕　此处有误，据《地方大事记》记载，1944 年 5 月，建阳县总队上升为新四军盐阜独立团，所剩部队后于 12 月编
　　　为建阳独立团。1945 年 9 月，改编为盐阜军分区独立第 2 团。
〔2〕　此处有误，应为 1945 年 10—11 月份。

个连 180 人上去的,被大刀砍死了 100 多个,剩下来的只有四五十人。当时,我们打的是孙良诚部队,我们拿着枪,顺着梯子往城楼上爬,敌人就在城楼上拿着大刀,我们上去一个,他们就砍一个。我刚爬上城头就被一个大刀手打倒了,是我下面的战友举枪把敌人打死了,我才捡了条命。不一会儿,我们越来越多的人攻上去了,敌人宣布投降,这才把盐城打下来。1944 年,新四军已经开始反攻,盐城解放后,鬼子也不敢凶狂了,我们建阳独立团那时驻扎在陈家港。

◼ 4　星星之火,热血抗日

　　1945 年 8 月 15 日,部队里传来了日本鬼子投降的消息。我们只知道当时苏联人出兵了,后来才知道美国人向日本国内投了原子弹。鬼子投降以后我们就和国民党斗了。接下去打淮安。我们打的是淮安东门,当时我还是个班长。淮安的东门里面有个夹层,我们先是躲在夹层里和敌人们打,最后爬上城墙才把淮安打下来。这一仗足足打了一个多月的时间。打下淮安以后部队掉头向南开拔,先到高邮,随后又奔兴化,没过多久,兴化解放,我们又指向宝应。我们也不可能知道上级首长的意图,那个时候战事频繁,今天打高邮,明天打兴化,部队的身影犹如窜来窜去的小火苗。部队从苏中撤到苏北以后,在涟水遇上了国民党的第 74 师,我发自内心觉得那场仗打得是真不错啊!我们建阳独立团已改编,隶属第 11 纵队,几团的记不太清了[1]。那个时候兵都打没了,我从班长又变成当兵的,打到阜宁后又有人参军,我又恢复了班长的职位。就这样一会儿是大头兵,一会儿是班长,反反复复地当了十几回。

　　在涟水打的仗,史书上有记载。涟水保卫战打得太惨烈了,从涟水河往西

---

〔1〕　此处有误,应为华中野战军第 10 纵队第 84 团。

十几里的路上全都是尸体,我们的、敌人的,到处都是。我们就在涟水打阻击,敌人为了过河,把尸体堆得老高,然后推到河里,随即就踩着尸体向我们攻进,我们心中充满愤怒,拼了命地打,坚决不让他们打过来。敌人急了就扔炮弹,这里轰一炮,那里轰一炮,我们就躲到炮弹坑里面,一边躲,一边继续打。

再后来,我记得就是渡江战役了。1949 年春天,我在泰州那边上船渡的江,船上有机枪、山炮,是能够承载三四十人的大船,一路上很平稳地过了江,过了江以后就看见江阴的山峰了。大军渡江的时候,我在苏北军区特务团,到苏南的时候就变成了苏南军区特务团。在特务团的时候,我是第 1 营第 1 连的一个班长,在无锡做保卫工作。1949 年,我先从无锡去上海,又从上海回无锡。在无锡待到了年底,在那边保卫省政府,枪都换成了捷克式轻机枪。在省政府,我们驻扎了一个排,任务就是站岗、放哨,负责安全保卫。

5 祖国新生,辗转各地

1949 年新中国成立的时候,我还在无锡,部队驻扎在苏南行署。庆祝新中国成立,我记得在部队里喝了酒,吃了肉。接下来就准备打老蒋,解放台湾。我被送到常州华东高级学校,准备去武装部参加城市的军事管制。在常州,我们三个大队集中在东门天宁寺里学习台湾话,整整学了一年的闽南话和台湾的风俗习惯。

1950 年,我们两个师都已开到五门岛了,但是抗美援朝战争爆发了,解放台湾从此就搁了浅。随后,我又被调到松江靠上海郊区的地方当排长。那是地方武装名称叫松江独立第 9 营,在 1951 年镇反运动中杀了不少反革命分子。当时把反革命分子抓来后,往墙上一靠,就枪毙了。需要处决的人数多,就带上机枪押到海边扫射,然后就地掩埋。我是上过战场的人,多少战友就在我身边倒在敌人的枪口下,想到这些战友,对待反革命分子我决不会留情。镇反结束后,组织把我分到南汇县〔1〕去工作,我回答说:"我已经一只眼睛瞎掉了,不去南汇了。"于是就回乡生产待命。

后来生产待命的小册子被武装部收去,给我换了一个复员证,并给了1 000斤米作为复员费,让我回乡生产待命。我想,待命的小册子已经上交了,要做好待在家乡的长期准备,就这样在大队部做机电工做了几十年。

6 为国负伤,身残志坚

我打了那么久的仗,眼睛就是在战斗中被炸瞎了的。炸碉堡的那一年,我才17岁,炸药包送上去,点着了没响,我回头去看的时候又炸响了,火药里有个米粒大的小铜丝,不偏不斜正好炸进眼珠里面去,顿时满脸是血。我挂彩后到射阳合德疗养院待了一个月,右眼从此瞎了。伤好了之后又回到部队,继续南征北战。

我从参军到退伍一共10年的时光,从无锡退伍回来的时候我就26岁了。回来以后,家里人给介绍了一个比我小4岁的姑娘,她也没有嫌弃我瞎了一只眼睛,当年就和我结了婚,还给我生了10个孩子。只是当时生活的条件不好,2个孩子早夭,还有2个孩子走失了,留下来了4个男孩、2个闺女。孩子多,家里没钱供他们念书,6个孩子都没上学,和我一样做了农民。后来孙子、孙女也没上成学,我这一辈子就这样过来的。

---

〔1〕 原上海市南汇区,今属浦东新区。

转战苏皖驻
防南京城

潘如桂

"我既然出来了，就不回去了，我要当八路军！"

★ 口 述 人：潘如桂

★ 采 访 人：王骅书　王金鑫　陈于可慧　卢珊　陈泽　蔡雪纯

★ 采访时间：2016 年 7 月 17 日

★ 采访地点：江苏省盐城市滨海县东坎镇江南新城华苑 27 幢 24 号

★ 整 理 人：王金鑫

【老兵档案】

　　潘如桂，1928 年生，江苏省响水县人。1944 年参加新四军，1947 年加入中国共产党。曾任华中野战军第 10 纵队第 84 团警卫连第 1 班副班长，华东野战军第 12 纵队第 34 旅第 101 团警卫连侦察员，第三野战军第 34 军第 100 师第 299 团班长、连长、营长，浙江省温岭县人武部训练科科长等职。曾参加陈家港战斗、涟水保卫战、盐南阻击战、铜城战斗、淮海战役、渡江战役等。1955 年被授予上尉军衔，后晋升大尉军衔，获解放奖章。1978 年转业至地方工作，任江苏省滨海县东坎镇党委副书记，1982 年离休。

1　离家出走，誓当八路

　　我出生在贫苦的农民家庭，家中仅有两间草屋和两亩薄田。我从十四五岁起开始念私塾。在 40 多岁的私塾先生陈作宣的教育下，我与其他 9 名同学一起在私塾里学习《三字经》《千字文》《百家姓》《国语》和《大学》，练习毛笔字。我先后念了 3 年的私塾，平时便帮家里割草做农活。由于新四军海潮大队的第 2

连在我家附近打游击,经常张贴标语,宣传"打鬼子,官兵平等,保护百姓"的革命主张,我便深受影响。

1944年阴历三月十七这一天,也就是我17岁那年,我同比自己小1岁的同姓朋友在放风筝的时候,劝对方和我一起去参军。当时天色已晚,于是我们两人结伴一起去参加新四军,结果半路上朋友后悔了。但是,意志坚定的我仍然坚持了下来,在走了2里路后,我来到了恒丰庄。当坐在三岔路口休息的时候,我遇到了哨兵,哨兵问我:"你来干什么的?"我说:"我想当兵!"哨兵又问:"你真想当兵呀?"我回答道:"我真想当兵!"于是哨兵立即吹哨,叫来了班长潘之美,潘之美问我:"你来干什么啊?"我回答说:"我来当兵的!"潘之美又问道:"真想当兵呀?"我说:"真想当兵。"

于是,潘之美说:"那好! 那你跟我走。"接着,潘之美将我带到了驻扎在当地地主家的第2连连部,见到了连部的杨连长与候指导员。班长潘之美报告杨连长说:"这小家伙要当兵。"杨连长同样问我:"你真想当兵呀?"我回答道:"嗯! 我真想当兵!"于是,杨连长说:"当兵好呀! 我们新四军抗日打鬼子,官兵平等哦! 那你家里怎么办呢? 拖累不拖累呀?"我说:"家里我不管了!"

但是,当初回去的伙伴将我当兵的消息告诉了由于天色已晚还见不到孩子、心里着急的我的母亲和婶婶,于是两人到部队来找我。通信员便报告杨连长说:"潘如桂的妈妈找过来了。"于是连长就问我:"你回不回去呀? 你妈妈来找你了。"我说:"不回去! 我既然出来了,就不回去了。"我妈妈喊道:"你不能当兵呀! 把你服侍那么大了!"我说:"你们回去,我既然出来了,就不回去了,我要当八路军!"那时候,苏北八路军已经改编为新四军,但我们老百姓都叫八路军。

就这样,17岁的我参加了由响水双港人杨希言领导的新四军滨海潮河大队。部队发给了我1支马枪、3颗手榴弹、3发子弹。当时子弹是老兵5发,班长15发,排长15发,班长、排长使用长枪,连长和指导员使用手枪。部队还发了一身蓝棉袄军装。当时我所在的第 2 连第 3 班的班长潘之美对我这个 17 岁的新兵也十分照顾。参军后,我平时便在部队接受训练,早上出操,进行跑步,高唱"三大纪律八项注意",以及训练刺刀与射击。

2 炸死杜瞎子,夜袭陈家港

入伍七八天后,天刚亮,我迎来了自己人生的第一仗。当时陈家港的和平军的两三个连的两三百人出来"扫荡"。他们强抢百姓的鸡、鸭、猪、羊等牲畜,以及粮食和衣服,甚至强奸妇女,并把南河北边的村子给烧了。敌人当时在南河据有炮楼,我随第 2 连在战壕阻击敌人,壕沟直通东边的陈家港和西边的响水口。而后,杨希言大队长率第 1 连增援我们。在这场战斗中,班长潘之美对我说:"潘如桂开枪哦!打哦!"我打出了 2 发子弹,还剩 1 发子弹,班长便告诉我:"别打,别打。"于是,我保留了这 1 发子弹,以保存实力,部队最终打死打伤了不少伪军。

几个月后,1944 年当年秋天,正值收黄豆的时候,我随部队参加了攻打陈家港的战斗。当时驻守陈家港的有一个营的伪军,我所在的第 3 班和第 1 班负责抓捕汉奸,第 3 师第 8 旅第 24 团负责主攻。我们游击队于夜里前往原本是土匪出身的汉奸大队长杜瞎子的家中去抓他,结果杜瞎子家中有一把盒子枪和一把手枪,负隅顽抗。第 1 班顾班长从房顶上向下放置手榴弹,当场炸死了杜瞎子。之后,第 24 团乘夜色干掉哨兵进攻陈家港,战斗一直持续到第二天结束。这一场战斗中,共俘虏了 200 余名伪军,缴获枪支无数。可惜的是,陈家港坐落于南北方向,东边有湖。夜间的时候,日本鬼子将中间的吊桥收起,于是约一个连的日本鬼子在听到枪声后,便坐着汽艇从海边跑了。

此后,部队撤离陈家港,在月港召开了庆祝大会。1945年春节过后,由于滨海独立团扩充,我所在的第3班被补充进滨海独立团第4连,老红军温逢山任团长。我随部队驻扎在月港。春天4月份时,滨海独立团攻打位于陈家港东两三里路的小北港,由第1连负责夜里偷袭,我所在的第4连和第3连负责阻击来自陈家港的敌人,我们向伪军扔手榴弹,敌人便一片慌张。战斗结束后,滨海独立团在双套于夜里同百姓们开了庆祝大会,部队搭台唱戏,点着两盏汽油灯。大会开始后,由当时的滨海县委书记兼滨海独立团政委的王学明发言,讲述抗战形势。此后分别由温逢山团长以及各连队代表发言讲话,并向部队作战有功人员颁发抗币作为奖金。戏台上唱着淮剧,前后持续了好几个小时。

3 百日大练兵,迎接大反攻

之后,部队在月港开展百日大练兵。部队里每人每天发放三钱盐和三钱油,由我们自己负责生产。小麦和玉米发放到每个班,自己解决问题,到百姓家借磨自己磨,磨好后到伙房称重,进行评比,还要自己挖野菜送到伙房。同时训练跳木马、刺杀、投弹、射击,以及摸爬滚打,为大反攻作准备。

一直以来,部队不仅讲究军事训练,同时还注重思想文化教育。平时独立团里会教授我们学习唱歌,高唱《我是一个兵》《三大纪律八项注意》等歌曲。还安排文化教员教授文化,进行扫盲,同时学习算数和毛主席著作,包括《论持久战》《中国革命和中国共产党》《为人民服务》《纪念白求恩》等等。平时每天下午、晚上,还要开干部讨论会,进行讨论,交换意见,每周星期六下午开展党日活动,进行交流。

同年5月份,我随全团在响水西南方向,离郑集子十多里的地方,击败俘虏了数百名下来"扫荡"的伪军。在这场战斗中,独立团的第1连牺牲了很多人,部队缴了敌人一挺机枪。部队进行大反攻后,陈家港等地被逐一收复,大量伪军投降,大汉奸徐继泰则投降了国民党。

日本投降后,内战爆发,我们也摘掉了中华民国的青天白日帽徽和国旗。部队也于1946年进行了整编,上升为华中野战军第10纵队。我们滨海独立团与阜东独立团合并为华中野战军第10纵第84团,团长姓邓,而我也调任第84团警卫连第1班副班长[1]。当时的警卫连共120多人,贾勤任连长,李四贵任指导员。身为副班长,我仍然还在使用中正式步枪,但是子弹已由过去3发增为25发,还发了些手榴弹。同时,我还要为部队携带十几发的枪榴弹,还要背由部队兵工厂制作的铁锹,而战士们则携带兵工厂造的洋锹。

1946年10月19日至11月1日的涟水保卫战中,第10纵队负责守卫涟水,第1师负责增援,我所在的第84团死伤280多人,警卫连连长和指导员也在这场战斗中牺牲。此后,我随警卫连在涟水北边抵抗国民党军一个团达24小时,警卫连第1班班长和另一名班长英勇牺牲。1947年2月,华中野战军第10纵队改为华东野战军第12纵队,我所在的华中野战军第10纵队第30旅第84团改为华东野战军第12纵队第34旅第101团。当时部队正驻扎在高邮,警卫连的连长告诉时任一班副班长的我说:"团里要补充侦察员,经党支部决定,你调团里当侦察员了!"于是我调任第12纵队第34旅101团侦察员,后任班长,武器也改用了盒子枪。当时,我正随部队驻扎在盐城附近的东坎一带,而华野第11纵队则驻扎在东台、如皋一带。

---

[1] 据《地方大事记》和战史记载,1945年9月,滨海独立团、建阳独立团部分部队与盐东独立团合编为盐阜军分区独立第2团,团长戴修福,政委孙海光。1945年11月,改称华中军区第5军分区独立第2团。1946年5月8日,改编为华中野战军第10纵队第84团。

4 血战盐南，进军淮南

1947年阴历五月麦收时节，第101团攻打响水口。当时响水口的北边是徐继泰所部，响水口里驻扎着国民党的5个连，很难攻克。我携侦察员前往第3营传达命令，结果第3营被敌人冲散，第7连连长牺牲，我同去的侦察员手臂被打断。在这场战斗中，部队伤亡巨大，第101团死伤200余人。此后第101团攻打阳河，双方死拼，最终才取得了胜利。同年8月的盐南战斗中，第11纵与第12纵同敌人进行决战。当时天下着小雨和小雪，地上结冰，我随部队在伍佑连续作战五天五夜，第3营第17连原本120多人最后仅剩13人生还，炊事员将从仓库拿出的猪肉做成的猪肉面干饭送到第17连时，第17连的战士大都牺牲了，只剩17人，没有人去吃了，炊事员看到后都哭了。

战斗中，不少战士在壕沟里被冻死。战斗结束后，我因在战斗中作战英勇而火线入党，是班长蔡金如介绍的，指导员崔树民让我填的表。当时第34旅驻扎在东坎，我则随第101团驻扎在坎南乡，县政府送去了猪、羊等牲口，同时召开万人大会。在即将过年时，第101团调驻于滩[1]。大年初三时，第34旅为配合刘邓大军千里跃进大别山，和实现华东野战军饮马长江的目的，奉命进军淮南。

1948年2月，我随第101团在安徽天长的铜城镇南边两三里处，阻击来自天长、六合的援军，第102团的一个营负责主攻，最终于当天解放铜城，俘虏了全部一个营的敌人。此后第101团进攻古城。古城不仅靠着山，同时防守的地方部队异常顽强，结果部队伤亡巨大，第101团第3连连长英勇牺牲。战斗持续了两天两夜，敌人在撤退时，还销毁了带不走的机枪等武器。

---

[1] 今滨海县天场镇大套村境内。

紧接着，部队准备进攻位于古城南边离六合不远的竹镇。当时的第 101 团团长是朱敬德[1]，副团长是周正勋[2]，参谋长为河南人乔志阳。周正勋副团长带着我们几个人前往竹镇侦察敌情，得知敌人夜里从南京、上海方向调集两个师直奔而来，情况危急，我们立即返回。结果刚过桥，敌人便赶到，炮兵连和敌人率先交火，炮兵连牺牲了很多人。于是，第 2 营第 4 连紧急前往支援，结果整个部队被敌人包围，战斗持续到半夜。我随部队进行突围成功撤退，但是，在撤退两三里路后，北边的敌人赶到，结果我们第 34 旅文工团被敌人俘虏了。

5 长山大战，牵制敌军

此后第 34 旅以 3 个团的兵力在十里长山牵制敌人 13 个团的兵力，以便刘邓大军成功进入大别山，前后一共持续 38 天。十里长山环境恶劣，四处都是国民党的乡政府和区政府，百姓都被赶走了，部队没有吃的，我们只能挨饿作战。虽然敌人中青年军实力弱，很好击溃，但终归敌我兵力悬殊，在牵制敌人 38 天后，我随部队从津浦路突围。在突围的过程中，来自湖南的第 101 团第 2 营王营长英勇牺牲。

之后，部队突围至青阳、古良，攻打洋河，在青阳补充新兵，进行百日大练兵训练，并在洋河当地进行批斗地主、三查三审、诉苦，在这过程中我带头诉苦。在休整期间，部队里给我们每人发放棉衣和两双鞋，然后部队向北进军，攻打徐

---

〔1〕 朱敬德(1911—1976)，出生地不详。1932 年 11 月参加中国工农红军。1934 年 6 月加入中国共产党。新中国成立后，曾任江苏省军区苏州军分区副司令员。1976 年 11 月 15 日，于南京病逝，享年 65 岁。

〔2〕 周正勋(1919—1998)，山东鱼台人。1938 年 12 月加入中国共产党。1939 年 6 月参加八路军。曾任新四军第 3 师第 7 旅政宣大队分队长，华中野战军第 10 纵队第 84 团教导员、营长，华东野战军第 12 纵队第 34 旅第 101 团副参谋长、参谋长、副团长等职。1962 年，晋升为大校军衔。1998 年 7 月 6 日，于南京病逝，享年 79 岁。

州。我们在赵墩车站同一个营的国民党军交火,最终消灭敌人。

而后,我们同第 11 纵队一起追击黄维兵团,当时情况紧急,我们只顾跑步前进,将背包丢弃,都来不及吃饭,百姓们站在路边给我们递馒头吃。我们一天行军 120 里,最后一直追到安徽的灵城,包围住了国民党的一个师。于是,我们部队主攻东门,第 13 纵队主攻西门。当时的灵城外有护城河、铁丝网和树桩,我们从七八里外便开始挖掘战壕,直到城外。战斗持续了七天七夜,部队虽然伤亡很大,但最终消灭了敌人,我所在的部队也付出了伤亡两三百人的代价。

6 南渡长江,驻防南京

1949 年正月,我随部队驻扎在安徽来安过年,当时的部队有三分之一的人员由国民党军反正过来。此后,渡江战役中,部队由扬州六圩渡江。在渡江过程中,我们遭遇国民党两艘军舰袭击,第 102 团[1]团长陈大海同志不愿当俘虏跳江而死[2],而第 101 团[3]第 1 营作为前锋打前站。部队渡过江后,由镇江坐火车前往南京,经南京东门进入南京,负责驻防南京。

1956 年,已是连长的我认识了正在做副乡长兼妇女主任的王素琴。两年后我们两人结婚,那时素琴同志还不到 20 岁,此后我们两人共育有三男一女。1978 年,已是大尉营长的我转任浙江温岭人武部训练科长,同年以行政十七级转业。国庆过后,我调至滨海县东坎镇,任党委副书记,升至行政十六级,到1982 年正式离休。

---

〔1〕 已改称第 34 军第 102 师第 306 团。
〔2〕 据战史和当事人回忆录记载,陈大海烈士因久于陆战,不具有水上作战经验,加之天黑,误以为船已靠岸,急于登陆,不幸壮烈牺牲。
〔3〕 已改称第 34 军第 100 师第 299 团。

巾帼从军记

穆天爱

"听说可以去参军抗日，我非常高兴，就报名参加了。"

★ 口 述 人：穆天爱

★ 采访人：叶铭 莫非 袁健 张英凡 李得梅 过灵瑜

★ 采访时间：2016 年 10 月 13 日

★ 采访地点：江苏省无锡社会福利中心

★ 整 理 人：王喜琴

【老兵档案】

穆天爱，1923 年生，湖北宜昌人。抗战爆发后在重庆南开中学求学，考入复旦农学院后，1944 年响应知识青年从军号召加入青年远征军教导团。抗战胜利后在三青团总部工作，1946 年去无锡，解放后从事教育事业。

1 少小离家去重庆

我是湖北宜昌人，小时候家里条件比较好，我们家是做食油生意的。当地人传说我们家床底有条龙，所以才那么发达。我们家离江近，交通便利，上了岸就可以运货，家里边还有马，骑马过了将军坡，就可以到我们家的店。我爸叫穆山，我叔叔是地方上选出来的国大代表，他看不惯国民党的腐败，所以不太愿意做这个官。后来日本鬼子来了，我叔叔就带着老婆孩子和丈母娘跑到四川。

抗战爆发，父亲把我送到了重庆，我在这里考取了重庆南开中学。我在南开中学的时候看到过周总理和蒋介石。我那时候个子小，他们来学校演讲，我是爬上一个架子才看到的。我们那个学校是个特别好的学校，校长是张伯苓。

我们学校管得很严,有专门的老师管我们的生活起居。我在南开的成绩报告单都是写在草纸上,那是很一般的纸,那时候物资比较紧张。我的体育不好,体育成绩一直是"丙"。我的成绩总体是比较一般的。在重庆,日本鬼子飞机飞过来就轰炸,那时候拉警报很多,警报一响就要赶紧出去。我们的防空洞都是有编号的,都是提前分好的,飞机来了我们就躲进去,而且防空洞里还有马灯,点亮马灯可以继续写作业。

在南开的时候,伙食很差,经常吃馒头,学校食堂的菜也很一般,去防空洞的时候没菜,就只有馒头。日本飞机随时会过来轰炸,馒头比较方便携带。虽然那时候条件很艰苦,吃得也不好,但是我觉得自己那时候比很多人要好多了,毕竟我还有学上。但我们的学费也很贵,每个月都要交伙食费,很贵的,简直就是贵族学校。但是我们上化学课还可以做实验,在那个艰苦的条件下还能做到这样,很不容易的。

四川的交通工具,一个是骑的马,一个是滑竿。我骑过马。我上学时,爸爸每次用袋子把银圆装好,然后托人送来。那时候我们宿管有个阿姨,帮我把银圆换成小面额的钞票,她每次会从中间抽一笔钱,数额不小呢,但是没办法,我也不懂,还是要找她换。

我和傅作义的女儿傅冬菊在一个宿舍,当时傅冬菊和宿舍另外五个人都是共产党,我们宿舍是在三楼或是二楼,拐角有个放卫生用品的小房间,就放些扫把、拖把之类的,很隐蔽,她们几个人就经常在那儿开会。晚上她们点着蜡烛开会的时候,我就给她们把风。我在门口睡,离门近,如果老师过来查房了,我就咳嗽一声,提醒她们。她们六个人的名字我还记得。这六个人现在有的还健在。我们班真正的地下党就这六个人。我们班还有个军阀的女儿,生活很好,穿的都是阴丹士林布[1]和绸缎。

2 参加青年远征军

中学毕业后,我和我最好的朋友王大玢一起考取了复旦农学院。王家的家庭条件非常好。进复旦也要考试的,当时复旦校长叫章益[2]。我在复旦读书的时候,条件很艰苦,我们住的房子很简陋,床是上下铺,复旦的伙食也很差,厨师穿着白衣服,但是衣服下摆有血迹,指不定会传播什么不好的病。在复旦期间,我还加入了三青团,当时我们是直接开会集体加入的,没有发证件,也没有组织活动。

后来因为抗战局势恶化,1944 年国家号召青年学生参军入伍。听说可以去参军抗日,我非常高兴,就报名参加了。送行的那天是复旦的校长亲自送我们的,我们乘着火轮船出发,船上面挂着彩带。可是送到前线的女兵,很多都受到美国教练的侮辱。去的时候是一个人,回来的时候都大着肚子回来,政府觉得这样不好,就不让我们去了。我和王大玢就留在会计处工作。王大玢后来去了北京,我也想去,但我没有她那么顺利。王大玢到北京之后在一次舞会上认识了覃异之将军。

抗战胜利后,我到了南京,在三青团中央工作,这个工作是我自己找的,靠近金陵女子学校。我哥哥嫂子当时在汉中路,离我上班的地方还有点距离。我在南京上班的时候,基本都是走路过去的。我那时候穿高跟鞋,上班经过上海

〔1〕 用阴丹士林染料染制的布匹,颜色鲜艳,耐日晒和洗涤,又被称为洋靛。自民国早期开始在中国行销,被用来制作长袍、旗袍、学生制服等。

〔2〕 章益(1901—1986),字友三,安徽滁县人。1922 年毕业于上海复旦大学,1938—1943 年任国民政府教育部总务司司长等职,1943—1949 年任复旦大学校长。

路和汉中路。那时候南京是柏油路。我当时在三青团做录事,专门做团员的登记工作,就是做团员卡片的抄写,把新加入的团员名字抄写在一张卡片上,一个人一天抄 100 张或者 150 张,不过卡片上面就一个名字。

我就是在三青团中央工作的时候认识的我丈夫,他那时候也是录事,四川人。他跟我一个办公室,我们这个办公室里基本都是女同志,每次他打水从我们中间经过,都低着头,也不看我们。我就觉得他这一点蛮好的,后来就嫁给了他。

1946 年的时候,三青团中央遣散人员,我跟丈夫到了无锡第一米厂,他在那边做科长。

3 解放后投身教育事业

50 年代的时候,政府准备给老百姓扫盲,就把我找出来做这项工作。我扫盲很认真。我把生活中常用的字先教给他们,一点一点做起。我大儿子会画画,那时候还帮我画图。后来,在区政府的支持下,我们就开始办民办学校,再后来我们的民办学校被收编,我就进入五爱小学。我丈夫是 1970 年去世的。"文革"以后,我一直在五爱小学教书,一直干到退休。

附 录

"寻访千名抗战老战士"活动
指导老师及志愿者名单

（按姓氏笔画排序）

南京师范大学

指导老师： 王志龙　叶　铭　肖晓飞　余　歌　张连红　张若愚

志愿者： 王月仙　王泽颖　毛　天　吕　航　刘　丹　刘美珍　汤　冉
芮江蓉　杨天贤　杨玉煊　杨珊珊　吴鸿轩　邹玉蓉　沈博文
沈嘉豪　张文超　张梦予　张雪儿　邵泽玥　季婷婷　周子健
河海晨　赵雨璐　赵学研　胡欣欣　姜　云　秦龙澍　夏涵斌
路雨婷　阚嘉宁

江南大学

指导老师： 陈　明

志愿者： 马韵竹　王　姝　王　缘　龙　珍　田思远　刘芷汀　李岚钰
李　彤　李　梦　李梦雪　李得梅　汪瑞琳　张英凡　张　迪
张楚昀　张煜梵　陈　悦　尚微微　周　延　周　乾　郑　敏
赵书洁　徐江华　徐　响　陶　韬　葛　锐　葛　煜　蒋纯懿
程爱林　蔡　青　潘祺琦

中国矿业大学

指导老师：杨忠习　孙　婷

志　愿　者：丁　一　丁子于　马礼杰　王丽婷　叶佳怡　朱子斌　刘久奇

刘思雨　刘燕婷　孙　敏　杨　帅　李　宁　李迎春　李　迪

吴　鑫　张　悦　张　硕　张　楠　张　鑫　陈凡宝　陈泽宇

赵　赫　秦丹阳　袁　野　郭万海　谢玲玉　鲍　姣

常州大学

指导老师：尹　毅　王　华

志　愿　者：马梦飞　王华亮　朱月红　朱　珠　任书键　刘红贝　江晓婧

孙　恬　李　兰　李隆杰　吴于卿　吴　俊　何昊轩　张庆江

张　俊　张俊如　张祥坤　陆世平　周　方　赵久艳　赵依婷

赵治平　赵　瑜　胡建飞　侯玉杰　袁　杰　贾晶晶　顾倩宁

徐　令　高巨峰　曹继元　舒　菲

苏州大学

指导老师：李　睿

志　愿　者：丁怡水　马晓亮　王　艳　王博文　王　朦　毛玉敏　尹　舒

有少文　朱啸宇　安燕萍　李　庆　李雨荞　李金鹏　吴　芸

沈　尧　张琳宁　陈思雨　武莹莹　周天纬　赵胜男　费　雯

贺一铭　秦佳怡　顾梦寒　钱　欢　徐　啸　桑芝燕　曹文静

游　健　窦悦珊　樊楸扬

南通大学

指导老师：蒋志超

志 愿 者：王佳杰　王意潋　王　霞　韦　薇　朱冬旭　刘惜墨　杨雨露
杨寅寅　李爱雯　李　敏　李　聪　吴天嫒　余红维　张玉佳
张铁磊　张　悦　张　雯　张　翠　陆世琦　季嫒嫒　周高群
郝凯凯　施　佳　闻　昊　姜　颖　贺　宇　徐　佩　黄佳花
黄　颖　章雯洁　管　帅　潘思源　潘　慧　霍元浩

淮海工学院

指导老师：朱小明　崔家新

志 愿 者：王文青　王　奕　王　桢　田　玲　冯义朋　刘　岩　刘　娜
刘　莹　刘慧龙　孙施乐　严文娟　杜金键　杨　钰　李玉成
李　浩　吴林香　张宝建　张瑞丽　陈义慧　郑　栋　柳文淑
侯金来　徐晓妍　殷诚浩　曹　正　隆海玉　赖秋成　裴　辉

淮阴师范学院

指导老师：闫超栋

志 愿 者：丁雅丽　王亚梅　王　聪　孔宇中　叶　枫　冯　燕　朱　沐
朱　珠　朱窈佳　刘　艺　刘育林　汤慧敏　祁晨静　纪泽妍
孙　珊　孙梦茹　孙梧斌　孙　璐　李　杰　吴　韩　张宗琪
张溪萌　张赛赛　陈　运　苗雨茂　周晓萱　周　梦　宗　琪
赵苏仪　姜昀涛　顾志伟　钱梦颖　黄　吉　蒋文静

盐城师范学院

指导老师：杨日晨　王骅书　葛媛媛

志 愿 者：王金鑫　王　筱　尤劲峰　仇宏赟　付　婷　包明彪　朱　宇

　　　　　朱　姝　伏彬彬　芦　一　杨　康　李迪雅　李　凯　李佳豪

　　　　　吴　帅　吴念祺　陈　泽　陈　霁　周贤楷　庞汶钊　赵文静

　　　　　赵红玲　胡中娜　洪　宏　徐彤彤　高心悦　曹恒威　彭华伟

　　　　　葛　菲　蒋成伟　智日晨　谢卓池　蔡雪纯　戴　畅

扬州大学

指导老师：肖　薇

志 愿 者：王君华　王　菲　史　海　刘雅颖　江云帆　严嘉钰　杨田甜

　　　　　杨　臻　李　玲　李　雪　李　蓉　何卓妍　沈　政　张世菊

　　　　　张依宁　张盼盼　陆怡静　周艳平　贾　师　崔聪聪　董　治

　　　　　韩宾伟　虞汤昊

江苏大学

指导老师：王　飞

志 愿 者：丁欣雨　王竹筠　王伟豪　王安琪　王　雨　王　学　王彦东

　　　　　王　峰　王甜甜　王　婷　王楚涵　毛欣玥　方艺舒　左丹妮

　　　　　叶　鸣　朱宇丰　伍维彬　江无咎　汤　珍　杨　鑫　肖绍琰

　　　　　吴玙烨　余　婷　邹　鑫　张卫东　张美玲　陈子鸣　陈祥丽

　　　　　邵　会　范雅鑫　林静雯　周玉兰　周　标　承　洋　孟　娜

　　　　　赵乐瑄　赵晶晶　郝睿扬　胡　洋　施　凡　施　雨　秦阿梦

　　　　　秦露露　袁　帆　钱　钰　倪凯凯　徐晓丹　徐凌珂　徐璐思

凌旻　黄梓雁　黄琪　章雯雯　彭曼芳　蒋露茜　谢顺超
潘森强　薛可心

泰州学院

指导老师：陈志峰

志愿者：丁琪玥　王凉芬　王敏慧　王媛竹　史蕊　印浩莹　朱琳
杨瑄　杨稳稳　李章敏　李照斌　宋芸　宋雨　张诗慧
张姐　陆惠敏　陈威　陈慧玲　陈赟　罗倩　赵娜
茹雨椰　胥宝　袁春春　夏露　高菲　唐云　崔玮
葛晶晶　谢熔　蔡伯齐　颜珊珊　衡海江

宿迁学院

指导老师：邓平安

志愿者：王宇轩　王妍　左僖柔　石雨霞　毕子杰　刘天奎　刘书荣
刘彤　刘虎　刘函　刘研　闫彭彭　许梦洁　孙杰
李冠　李超　吴岑钰　沈思瑜　张茂瑞　陆诗怡　陈晨
周静　侯儒伟　顾雯雯　徐一路　徐沈桢　曹仁焕　曹雨珊
蒋华平　蔡忠萍　颜子松

江苏高校传媒联盟

指导老师：李润文　吴琰

南京工程学院

志愿者：刘宇　张涛

南京工业大学

　　志　愿　者:王慧钰　史华艳

南京大学

　　志　愿　者:王　金

南京航天航空大学

　　志　愿　者:吕　雪

南京审计学院

　　志　愿　者:徐杨柳

南京晓庄学院

　　志　愿　者:袁子安

南京邮电大学

　　志　愿　者:刘世林

南京中医药大学

　　志　愿　者:陈薇羽

中国传媒大学南广学院

　　志　愿　者:高陈斌

金陵科技学院

　　志　愿　者:高红霞

常熟理工学院

　　志　愿　者:姚雪莹 唐启淞

江苏城乡建设职业学院

　　志　愿　者:徐增辉

江苏工程职业技术学院

　　志　愿　者:赵雪娇

淮阴工学院

　　志　愿　者:刘云姣　江雨晨　贾瑷菱

徐州工程学院

　　志　愿　者:朱晓乐　张　蕾　郑文婧　胡　烨

徐州医科大学

　　志　愿　者:李佳英　陆　悦　黄　悦

江苏师范大学

　　志　愿　者:王宇璇　过灵瑜